FOLIO BIOGRAPHIES

collection dirigée par

GÉRARD DE CORTANZE

# Robespierre

par

**Joël Schmidt**

**Gallimard**

*Crédits photographiques :*

1, 3, 13, 14, 15, 16 : akg-images. 2, 5, 8, 12 : Photo Josse / Leemage. 4, 6, 9, 17 : Selva / Leemage. 7 : Jean Bernard / Leemage. 10 : Album / Oronoz / akg. 11 : akg-images / Erich Lessing. 18 : MP / Leemage.

© *Éditions Gallimard*, 2011.

Historien, romancier et critique littéraire, Joël Schmidt a publié une cinquantaine d'ouvrages dont de nombreux consacrés au monde antique, entre autres : *Dictionnaire de la mythologie grecque et romaine* (Larousse, dernière édition, 2005), traduit en une dizaine de langues, *Vie et mort des esclaves dans la Rome antique* (Albin Michel, ouvrage couronné par l'Académie française, dernière édition : 2003), *Lutèce, Paris des origines à Clovis* (Perrin, prix Cazes-Brasserie Lipp, ouvrage couronné par l'Académie française, 1987, dernière édition : coll. Tempus 2009), *Spartacus et la révolte des gladiateurs* (Mercure de France, 1988), *Sainte Geneviève et la fin de la Gaule romaine* (Perrin, 1989), *Le Royaume wisigoth de Toulouse* (Perrin, dernière édition : coll. Tempus 2008), *Les Gaulois contre les Romains, la guerre de mille ans* (Perrin, 2004, dernière édition : coll. Tempus 2010) et, dans la collection Folio Biographies, chez Gallimard, *Jules César* (2005), *Cléopâtre* (2008), *Alexandre le Grand* (2009). Joël Schmidt est membre du comité de lecture d'une importante maison d'édition parisienne et d'une douzaine de jurys de prix littéraires. Pour l'ensemble de son œuvre, il a reçu en 2004 la médaille de vermeil de l'Académie française et, en 2010, le Grand Prix de littérature de la Société des gens de lettres.

## Avertissement

Nos livres d'histoire nous ont montré jusqu'à une date récente le portrait d'un Robespierre, vêtu avec soin, comme le grand bourgeois qu'il était, avec son jabot qui enserrait son cou, avec sa perruque bien poudrée, avec son air impassible qui aurait pu s'apparenter à celui d'un chat avec ses yeux verts perçants derrière ses lunettes aux verres olive en forme de lorgnon. Ils ne l'ont pas ménagé, parce qu'il fut l'un des organisateurs de la Terreur, et sa mort, survenue le 9 thermidor 1794, fut perçue par la plupart des historiens comme un soulagement.

Pourtant, derrière cet homme aux mœurs austères, à la vie privée sans histoires, derrière ce travailleur acharné qui ne prit jamais de vacances ni de loisirs, se cache inévitablement une énigme, celle qui fait de lui un personnage plus complexe que son apparence veut bien le laisser croire.

Certes, symboliquement, il n'existe pas à Paris de rue Robespierre, preuve de l'opprobre où il est toujours plongé, tout comme, sachons-le, il n'existe pas une rue ou avenue Napoléon-Bonaparte, pas plus qu'une rue ou avenue Napoléon-III, comme si le règne des Napoléonides devait être banni à jamais, considéré comme une simple parenthèse dans l'histoire de France. Pourtant les études robespierristes n'ont pas disparu à la suite d'Albert Mathiez ou d'Albert Soboul, qui fut un de mes maîtres à la Sorbonne et publia un ouvrage sur les sans-culottes. Il est parmi les membres actifs de cette société historique des hommes et des femmes qui ne sont pas forcément historiens, ni des fanatiques, ni des sanguinaires, et qui entendent que l'œuvre de Robespierre soit étudiée et non caricaturée.

Le surnom d'« Incorruptible » qui lui est resté et à juste titre, lui qui, avec les Danton et les Barras, se trouvait entouré d'hommes sans scrupule et de concussionnaires, doit à mon sens nous ouvrir la voie pour tracer la vie, la pensée et l'œuvre d'un homme politique qui n'a pas d'équivalent dans l'histoire de France, justement parce qu'il est étranger à celle-ci. Cette dernière phrase va susciter chez les thuriféraires de Robespierre un beau chahut. Cela mérite une explication.

Surnommé « le Romain » par ses professeurs, tant Robespierre était, déjà tout jeune, fasciné par les personnages de la République romaine, et notamment par ceux qui la défendirent lorsqu'elle était agonisante, le révolutionnaire français, d'une culture latine sans égale, comme nombre de ses confrères des différentes assemblées de la Révolution, ne put jamais se détacher du modèle des Brutus, Cicéron et autre Caton d'Utique.

Hanté par leur personnalité, leurs exploits, leurs

discours qu'il connaissait par cœur, Robespierre entra dans la Révolution française comme s'il vivait au Ier siècle avant notre ère, et à la Convention nationale comme si elle était le reflet du Sénat romain. Toute sa geste, toutes ses décisions, tous ses discours furent inspirés par ceux de ces personnages qui avaient combattu César, c'est-à-dire la tyrannie, pour que vive la République, quels que fussent les moyens les plus sanglants pour la défendre, quels que fussent les risques personnels qu'il lui convenait de prendre. La question est la suivante : comment l'idée républicaine, poussée jusqu'à ses dernières extrémités — idéal d'une nation française qui se transforme peu à peu, dans l'esprit de Robespierre, par le jeu d'événements prévisibles ou imprévisibles de l'Histoire, en une idée quasi abstraite —, pourrait atteindre son but, celui d'une France parfaite et utopique dont tous les citoyens seraient des sujets libres et heureux ?

Robespierre est entré dans la Révolution vêtu d'une toge imaginaire, portant avec lui toute la splendeur d'une République romaine en danger de mort, comme l'était à ses yeux la Révolution française attaquée par ses ennemis de l'extérieur et de l'intérieur.

Ce sentiment de Robespierre en faveur d'un patriotisme républicain absolu et sans concession, comme l'étaient ses modèles romains, devait se métamorphoser, tout naturellement, la fin justifiant les moyens, en une chasse implacable contre tous ceux qui s'opposaient par leur hostilité, voire leur mollesse ou leur neutralité, à l'avenir paradisiaque d'une France républicaine, vertueuse, incorruptible et pure. Robespierre voulait réussir là où les républicains romains avaient échoué et faire du Français une sorte d'homme nouveau, ce qui est bien la marque d'une idéologie totalitaire.

Pour atteindre ce régime politique parfait, délivré des dangers de la dictature césariste qu'il craignait par-dessus tout, Robespierre se devait d'être dictateur, mais au sens où on l'entendait dans la Rome antique, *provisoirement*, et uniquement lorsque la République était en danger.

Pour aboutir à cette logique chimérique, et non démente, qui devait entraîner la France dans une aventure provisoirement sanglante, non par goût du sang, ni par haine personnelle, mais par la simple vénération de la vertu républicaine à l'ancienne, pour devenir son personnage de Romain, au point de ne plus faire qu'un avec lui, Robespierre devra passer, comme tout homme, par des années d'apprentissage, de doute, d'espérance, de volonté et de découragement dont il convient à l'évidence d'étudier les points les plus forts. Ceux-là mêmes qui firent de Robespierre la réincarnation d'un républicain romain sans concession, émule des grands ancêtres de la Rome antique qui avaient bercé ses études et sa jeunesse.

# Enfance, adolescence, jeunesse studieuses et solitaires

Maximilien-Marie Isidore de Robespierre naît à Arras le 6 mai 1758, au moment où la guerre de Sept Ans livrée par Louis XV contre une coalition austro-prussienne fait rage. Contrairement à ce que pourrait laisser supposer sa particule, Robespierre n'est pas noble. À l'origine sa famille a pour nom Derobespierre. Elle appartient à la bourgeoisie juridique et compte dans ses rangs des procureurs, des notaires, des avocats, autrement dit : des robins. Le père de Maximilien, François, fait partie de cette dernière confrérie, comme son grand-père. Sa mère, également roturière, est issue d'une lignée de brasseurs, ce qui constitue une sorte de noblesse dans le nord de la France. Elle a pour nom Jacqueline Carraut et mettra de nombreux enfants au monde, Maximilien étant l'aîné, suivi de Charlotte, puis de Henriette, morte à dix-neuf ans, et enfin d'Augustin, son cadet qui suivra la carrière de son frère.

Cette succession de maternités est fatale à la mère de Maximilien. En 1764, elle meurt en couches en mettant au monde un enfant mort-né. Maximilien est âgé de six ans. À ce jour, le père de Maximilien ressent certainement avec douleur son veuvage, mais il reste fidèle à sa profession et se bat pour qu'une adresse soit envoyée à Louis XV dont le fils est tombé malade pour lui dire la compassion de la corporation des avocats. Il part sans doute en voyage on ne sait où et en revient en 1768, puis repart en Allemagne, se montrant quelque peu instable et agité. On le retrouve à Mannheim, sans bien savoir à quoi il s'occupe, puis il revient à Arras où il recommence à plaider. Quelques années passent, et il disparaît totalement, si bien que des rumeurs circulent sur son éventuelle présence en Amérique ou encore en Allemagne. La carrière politique de ses deux fils lui était-elle connue ? Nul ne peut l'affirmer. Ce qu'on sait aujourd'hui, et cela depuis peu, c'est que le père de Robespierre est mort à Munich, le 6 novembre 1777, et que son acte d'inhumation indique qu'il s'était vu décerner le titre de maître des langues.

Les présences et les disparitions du père constituent une vraie catastrophe affective et économique pour Maximilien qui, avec son frère et ses sœurs, est recueilli par son grand-père maternel qui se fait aider de ses sœurs. Robespierre est l'aîné, il en a conscience, et il joue un rôle de substitut du père avec un courage et un sens des responsabilités qui frappent. Il est sérieux, grave, solitaire. Mais il sait aussi qu'il ne se sortira de la ruine familiale que par le travail, aussi ne se ménage-t-il pas pour apprendre à lire ni pour étudier avec entrain lorsqu'on le place au collège d'Arras, en 1765, à l'âge de sept ans. Il est vite un des meilleurs élèves, au point d'obtenir une bourse qui lui permet de poursuivre ses études au collège Louis-le-Grand à Paris, en 1769. Il est accueilli par un chanoine de Notre-Dame de Paris qui lui servira de tuteur.

Il se montre, dans son établissement scolaire, tout aussi peu liant avec ses camarades de classe, comme le futur révolutionnaire Camille Desmoulins, ou même Fréron qui voudra sa tête lors du 9 thermidor. Il lit avec passion tous les auteurs latins, notamment Cicéron et en particulier ses *Philippiques* contre Marc Antoine. Il se plonge dans les *Vies des hommes illustres* de Plutarque, tout ému par la destinée de ceux qui ont fait la grandeur de la démocratie grecque et de la République romaine. Il s'imprègne tellement de ces héros latins et de leurs vies qu'il finit souvent par se prendre pour l'un d'eux, en grand rêveur qu'il est aussi.

Sa pauvreté au milieu des jeunes nantis qui fréquentent le collège le pousse à s'en écarter, par honte, par orgueil aussi. Ses condisciples n'ont pas pu ne pas remarquer sa tenue négligée, ses vêtements bon marché et râpés et ses souliers souvent éculés. En fait, peu l'ont observé, parce que tous le tiennent à l'écart. Pourquoi les enfants des grands bourgeois de Paris et de la noblesse seraient-ils entrés en relation avec un personnage aussi sauvage et aussi mal vêtu qui n'est pas de leur monde ? Robespierre, apprend-on, ne peut même plus sortir de son collège, au moment des permissions, n'ayant pas une culotte convenable à se mettre. Il a dû en souffrir et accumuler des rancœurs à l'égard de ses camarades de classe, riches et pleins de morgue. Son admiration pour la Rome antique s'accroît, et pour ces hommes qui n'ont pas hésité à mépriser le pouvoir et la mort au nom de leur idéal républicain.

Il a dû souffrir de sa pauvreté certes, mais aussi de sa solitude dans ce collège qui a bonne réputation quand il s'agit d'évoquer la qualité des études, mais qui semble être presque un bagne pour les élèves pensionnaires comme Robespierre. Un emploi du temps strict, levé tôt, couché tôt, des repas frugaux, l'obligation de les prendre dans le silence, pendant qu'on fait la lecture de textes édifiants, et un rythme de travail soutenu, au moins un thème latin, deux versions, grecque et latine, par semaine, et pour dormir des lits pourvus de paillasses, et un chauffage qui laisse à désirer lorsque les hivers sont rigoureux. On exige que les élèves soient habillés correctement et à leurs frais. On mesure donc la honte de Robespierre d'être pratiquement obligé de se cacher pour ne point montrer son indigence. L'abbé Proyart, écrivain catholique, contre-révolutionnaire et antimaçonniste, note dans sa *Vie de Maximilien Robespierre*, publiée en 1850, chez M. Théry, libraire éditeur à Arras :

> Aucun de ses maîtres ne contribua autant à développer le virus républicain qui fermentait déjà dans son âme que son professeur de rhétorique. Admirateur enthousiaste des héros de l'ancienne Rome, M. Hérivaux que ses disciples en plaisantant surnommaient le Romain, trouvait aussi au caractère de Robespierre une sorte de physionomie romaine. Il le louangeait, le cajolait sans cesse, quelquefois même le félicitait très sérieusement sur cette précieuse similitude. Robespierre, non moins sérieusement, savourait les compliments, et se savait

gré de porter l'âme quelconque d'un Romain, fût-ce l'âme atroce d'un parricide ou celle d'un Catilina conspirateur. Cette affection particulière du maître disposa merveilleusement le disciple à profiter plus longtemps de ses leçons et à faire sous lui deux années de rhétorique[1]*.

Bien préparé, on peut dire que pour Robespierre, Rome, en plagiant *Horace* de Corneille, est l'unique objet de son assentiment. On n'en saurait pas davantage si, sur Louis-Pierre Hérivaux, professeur de rhétorique à Louis-le-Grand, Proyart n'ajoutait dans son ouvrage malveillant :

M. Hérivaux, que nous avons beaucoup connu, est une des victimes de la Révolution française, dans l'ordre moral, que nous regrettions le plus. C'était un homme d'une physionomie noble et prévenante, très érudit et s'énonçant avec grâce et dignité, quelquefois peut-être sur un ton un peu trop magistral. Ses principes de Morale comme de Politique étaient si purs que l'Abbé Royou l'avait associé pendant un temps à ses travaux littéraires... Quoiqu'il ne fût que laïc, on lui avait vu pratiquer exemplairement les Vertus chrétiennes jusqu'à l'époque de la Révolution. Alors ses idées républicaines lui renversèrent la tête au point que ses amis ne le reconnurent plus, et que ses propres enfants furent obligés de fuir devant sa manie démagogique. Abandonné de ce qu'il avait autrefois de plus cher, il se consolait dans l'espoir que son disciple Robespierre ferait incessamment renaître en France les jours de l'ancienne Rome, et surtout dans ce précieux système d'égalité qui le justifierait pleinement du reproche que lui faisait l'orgueilleuse délicatesse de nos mœurs, d'avoir, après la mort de sa femme, épousé une autre femme, vertueuse à la vérité, mais sa servante[2].

Robespierre redouble sa classe de rhétorique. À cette époque ce n'est pas un signe de paresse,

---

* Les notes bibliographiques sont regroupées en fin de volume, p. 323.

cela est réservé aux meilleurs élèves. Cette classe à laquelle, autour de ses seize ans, se plie Robespierre enseigne certes la poésie et l'éloquence, mais surtout les historiens de l'Antiquité romaine, comme Tite-Live, Salluste et Tacite, et parfois des philosophes grecs comme Platon ou latins comme Sénèque. Robespierre rédige des compositions en langue latine selon le goût de l'époque, c'est-à-dire sur un ton plutôt déclamatoire.

La rhétorique, les professeurs de Robespierre la choisissent notamment chez les auteurs latins qui en ont été les théoriciens, comme Quintilien et Cicéron, sans oublier Aristote chez les Grecs. Bien entendu, l'éloquence antique n'est pas abandonnée, Robespierre en fera un usage parfois immodéré dans ses discours imités des grands orateurs romains, dont en premier Cicéron, et cela à travers des structures et des plans rigoureux.

Certes, Démosthène n'est pas oublié, mais Robespierre préfère de beaucoup l'amplitude de l'éloquence romaine. La poésie est également étudiée, comme celle d'Homère et de Virgile. Des sujets de rhétorique nous sont parvenus, donnés par les professeurs, sur lesquels Robespierre s'est sans doute essayé, comme « Éloge de la clémence de César envers Marcellus qui l'avait insulté par le passé ». Le professeur, pour bien montrer à ses élèves comment ce sujet peut être traité, leur lit notamment des passages du *Pro Marcello* de Cicéron.

Le Concours général existe, dont on a gardé quelques sujets proches de ceux que Robespierre a dû peut-être étudier et composer, comme : « Un sénateur exhorte Pompée à défendre Cicéron contre Clodius ». C'est tellement vrai que dans ses discours dans les assemblées, la lutte de Cicéron contre Catilina, qui voulait abattre la République romaine, puis contre Clodius, qui exila Cicéron pendant quelque temps, revient sans cesse pour illustrer, telle une métaphore, un événement ou un personnage de la Révolution.

Il existe aussi une épreuve de discours latin, comme, par exemple, « Discours tenu par Pompée pour dissuader la populace furieuse de supplicier les pirates ». Pompée, en effet, avait, à partir de 67 av. J.-C., mené une politique armée répressive et couronnée de succès contre les pirates de la Méditerranée. Avec l'épreuve de vers latins, Robespierre n'entend nullement devenir un nouveau Virgile, mais s'astreint à une discipline : choisir un texte latin en prose puis le transformer en vers. En 1775, il remporte pour la seconde fois un prix de vers latins, c'est dire combien il domine cette langue dite morte. Le sujet, « Éloge de la justice », constitue un singulier clin d'œil de l'Histoire à un homme qui devait en être, à un moment de sa vie, l'implacable servant.

Cette rhétorique et toutes ces épreuves, qui ont été enseignées à la plupart des grands personnages de la Révolution, ont permis à ces derniers de manier aisément la langue française et surtout de gonfler de pathétique et d'emphase, par des envolées lyriques ou par des démonstrations juridiques fort pointues, des sujets graves ou dramatiques qui se prêtaient à ce genre d'éloquence.

Camille Desmoulins qui fut le condisciple de

Robespierre, avant d'être le premier à prôner la révolution dans les jardins du Palais-Royal le 12 juillet 1789, écrit, dans un numéro de son journal *Révolutions de France et de Brabant* daté d'octobre 1792, un petit article où il s'adresse à son condisciple en évoquant leurs études communes :

> Ô, mon cher Robespierre, il n'y a pas longtemps, lorsque nous gémissions ensemble sur la servitude de la patrie, lorsque, puisant dans les mêmes sources le saint amour de la liberté et de l'égalité, au milieu de tant de professeurs dont les leçons ne nous apprenaient qu'à détester notre pays, nous nous plaignions qu'il n'y eut point un professeur de conjurations qui nous apprît à l'affranchir ; lorsque nous regrettions la tribune de Rome et d'Athènes, combien j'étais loin de penser que le jour d'une constitution mille fois plus belle était si près de luire sur nous, et que toi-même, dans la tribune du peuple français, tu serais un des plus fermes remparts de la liberté naissante [3].

D'autres futurs hommes de la Révolution fréquenteront le collège Louis-le-Grand, Augustin, le frère cadet de Robespierre, Duport et Lebrun qui seront des membres de la Convention. Mais Robespierre les battra tous en faisant de brillantes études, comme en témoigne son palmarès. Il sera, en effet, deuxième prix de thème latin au Concours général de 1772 — il n'a alors que quatorze ans —, auquel il ajoute un sixième accessit de version latine. On le retrouve deux ans plus tard, toujours dans le même concours, avec un quatrième accessit de vers latins et de version latine. L'année suivante, il remporte deux seconds prix en latin et un quatrième accessit de version grecque, puis en 1776, le premier prix de rhétorique. Il n'y a plus aucun doute :

Robespierre est fait non seulement pour être avocat, mais encore pour prononcer des discours éloquents et bien construits.

Le grec est beaucoup moins enseigné que le latin qui a une place primordiale, peut-être parce que la mode est à la romanité, après les premières découvertes archéologiques au XVIIIe siècle des vestiges d'Herculanum et de Pompéi. Ce qu'on a appelé l'antiquomanie est propre en particulier au siècle des Lumières. À tel point que, entichés de droit romain, les principaux acteurs de la Révolution française passeront leur temps à copier pour leurs lois et leurs constitutions le droit romain, vivant dans une sorte de rêve, comme si depuis deux mille ans rien en France ne s'était passé et qu'imiter Rome était non seulement une évidence, mais encore une obligation morale.

Il faut ajouter que le collège Louis-le-Grand, naguère aux mains des Jésuites qui en furent chassés par Louis XV, est dirigé par les Oratoriens. Ceux-ci passent pour sentir quelque peu le soufre auprès de la papauté, parce qu'on les trouve proches du jansénisme. C'est tout juste s'ils ne sont pas considérés comme des hérétiques. Il est vrai qu'ils n'oublient pas d'enseigner à leurs élèves des écrivains jugés souvent subversifs, comme Montesquieu, Mably et plus encore Jean-Jacques Rousseau, dont l'influence, on le verra, sera considérable non seulement sur Robespierre mais aussi sur tous ses confrères qui ont fréquenté le même établissement que lui. Ce n'est pas un hasard si de nombreux Oratoriens seront des conventionnels, comme Fouché, par exemple.

C'est en raison de ses excellents résultats qu'à dix-sept ans Robespierre est chargé de faire un discours en vers à Louis XVI qui, de retour de son sacre à Reims en 1775, vient à passer devant le collège Louis-le-Grand. Dans son *Robespierre*, pièce de théâtre en trois actes, écrite en novembre et décembre 1938, Romain Rolland a dépeint la rencontre comme s'il y avait assisté. C'est une véritable scène de cinéma :

> La rue Saint-Jacques devant le portail du collège Louis le Grand. On voit la pente et le cortège royal qui gravit la montagne Sainte-Geneviève. Le jeune Robespierre, guindé dans son habit de cérémonie, est agenouillé, dans la rue, sous la pluie, devant la portière du carrosse où apparaissent les visages des royaux visiteurs. À l'intérieur du carrosse, on voit le roi qui mange voracement une aile de poulet, sans regarder le jeune homme qui, au-dehors, débite son compliment. La reine bâille et échange des propos moqueurs avec la princesse de Lamballe, assise en face qui rit effrontément, en lorgnant le collégien agenouillé. De nouveau, la rue sous la pluie. Le carrosse repart, éclaboussant le collégien qui se relève, son manuscrit à la main (il n'a pu achever de le lire), honteux et sombre. Le carrosse s'éloigne lentement, en remontant la rue Saint-Jacques. Et dans la brume qui se referme sur cette scène, on voit se profiler la guillotine [4].

Cette confrontation, forcément complimenteuse et courtoise entre la future victime et son bourreau, appartient à une de ces ironies du Destin dont l'Histoire est souvent friande. Ses condisciples, lorsque si rarement ils ont voulu s'exprimer sur lui, parce que toujours il leur échappait, ont remarqué sa droiture, sa fierté, son manque d'humour aussi, et son horreur du mensonge.

Robespierre, fidèle à la tradition familiale, fait des études de droit, est reçu bachelier en droit en 1780 et licencié en droit en 1781. Il a été si brillant que le collège Louis-le-Grand lui accorde une somme non négligeable de six cents livres. Et c'est son frère Augustin qui va bénéficier de sa bourse pour poursuivre à son tour des études au même collège. Il faut bien noter, et cela confirme notre hypothèse de départ sur la romanité de Robespierre, que le droit qui était enseigné était le droit romain. Les Danton, Desmoulins, Barnave, Pétion, Vergniaud, Barère, Barbaroux, Saint-Just, tous membres de la Convention, tous futurs collègues de Robespierre et tous, Saint-Just excepté, futurs adversaires qu'il enverra à la guillotine, en seront gavés. Le droit français était impossible à saisir en raison du caractère hétéroclite des droits locaux et coutumiers.

Robespierre retourne à Arras, rue de la Gouvernance, non loin de la cathédrale, où se trouve sa proche famille, pour laquelle il se sent les responsabilités de l'aîné. Tandis que son frère Augustin poursuit des études à Paris, il s'installe avec sa sœur, Charlotte, dans une demeure de la rue du Saumon, Henriette étant morte en 1780, à l'âge de dix-neuf ans.

Le voici, depuis le 8 novembre 1781, comme son père, avocat assermenté au Conseil provincial d'Artois. Il semble réussir dans ce nouveau métier, alors qu'il ne sera jamais un bon orateur, même si ses discours écrits sont de grande qualité. Il joint à ses nouvelles fonctions celle de juge à la prévôté épiscopale d'Arras. Il plaide certes, mais sans beaucoup d'éclat ni même de succès. Il va alors s'installer chez sa tante et son oncle médecin, les du Rut, avec lesquels il a eu quelques discussions d'affaires familiales qui seront alors résolues. Puis, à la fin de 1783, il loue une demeure rue des Jésuites avec sa sœur Charlotte, âgée alors de vingt-cinq ans. Le frère et la sœur s'entendent bien et resteront ensemble jusqu'au départ de Robespierre pour Paris en 1789.

Le témoignage de Charlotte sur les années d'apprentissage de son frère est important, même s'il peut être sujet à caution, étant donné le culte qu'elle lui voue. Ces *Mémoires* nous introduisent dans l'intimité du futur révolutionnaire qui a une vie extrêmement bien réglée, se lève tôt, se rend au palais, déjeune à heure fixe, puis fait une promenade et ensuite travaille chez lui jusqu'au soir. Puis, s'il le peut, il rend des visites à ses proches, à ses amis, à ses relations et à ses clients. Parfois des réunions de famille ont lieu avec les tantes notamment, mais Robespierre n'y participe que de mauvaise grâce, « comme s'il avait été seul[5] », lit-on dans les *Mémoires de Charlotte Robespierre sur ses deux frères*.

Cette solitude voulue sera une constante du caractère de Robespierre, homme de réflexion et de méditation et qui n'est pas du tout liant. Toutefois, l'homme est élégant, et relativement grand : il mesure un mètre soixante-cinq. Il a un charme incontestable et sait exercer sa séduction sur les femmes, notamment sur une amie de sa sœur, Mlle Dehay. Mais sans doute l'idylle n'alla pas bien loin, même si Robespierre est connu pour son côté galant qui est tout simplement à la mode chez les hommes au XVIIIe siècle. Homme secret, il a une vie personnelle tout aussi secrète. Les historiens n'en sauront jamais davantage. Il semble même que Robespierre n'a pas pour la sexualité une grande attirance.

On s'est même demandé s'il avait eu une relation sérieuse et suivie avec une femme : sans doute pas. Le futur Incorruptible est un puritain. Certes, il s'essaye, comme tous les jeunes gens de sa classe et de sa génération, aux poésies légères, et on en a trouvé quelques-unes de lui qui ne sont ni bonnes ni mauvaises, dans le goût élégiaque de son temps, comme celle-ci :

Tu veux, charmant objet
Que mon esprit docile
Tire quelque couplet
De ma verve stérile
Fera-t-il bien ?
Je n'en crois rien,
Mais veut-on que je me défende,
Quand ta bouche commande
À mon cœur[6].

Il se lie avec maître Antoine-Joseph Buissart, un célèbre avocat du barreau d'Arras, médecin, scientifique, et qui s'était illustré dans un procès à propos d'un paratonnerre, installé par un collègue, M. de Vissery, sur sa maison, et que celui-ci doit ôter à la demande de ses voisins épouvantés. Vissery ne s'en tient pas là et fait appel à Buissart pour le défendre dans cette affaire symbolique qui oppose le progrès par les sciences et la superstition du peuple. Robespierre est chargé par Buissart de plaider également la cause du paratonnerre et de son utilité contre la foudre et ses conséquences désastreuses. Vissery gagne le procès et peut remettre son paratonnerre en place. Bien entendu, on fit imprimer une brochure où on célébrait non seulement Buissart mais aussi Robespierre qui, d'une certaine façon, avait défendu une invention des Lumières contre l'obscurantisme.

Robespierre est tout heureux d'en envoyer un exemplaire à Benjamin Franklin qui, comme chacun sait, est l'inventeur du paratonnerre, accompagné d'une lettre, pleine de flatterie, voire de vanité :

Monsieur,
Une sentence de proscription rendue par les échevins de Saint-Omer contre les conducteurs électriques m'a présenté l'occasion de plaider au Conseil d'Artois la cause d'une découverte sublime dont le genre humain vous est redevable... J'ose espérer, Monsieur, que vous daignerez recevoir avec bonté un exemplaire de cet ouvrage, dont l'objet était d'engager mes concitoyens à accepter un de vos bienfaits : heureux d'avoir pu être utile à mon pays en déterminant ses premiers magistrats à accueillir cette importante découverte ; plus heureux encore si je puis joindre à cet avantage l'honneur d'obtenir le suffrage d'un homme dont le moindre mérite est d'être le plus illustre savant de l'univers [7].

Cette plaidoirie, somme toute dictée par Buissart, dont Robespierre se garde bien de citer le nom, vaut à ce dernier une popularité dans sa région et dans sa famille. Il se rend à Carvin chez des parents et, dans une lettre écrite à Buissart, lui fait part des éloges dont il a été l'objet. Le moins qu'on puisse dire, c'est que la modestie n'est pas la première qualité de Robespierre, et qu'elle ne le sera jamais. Il apparaîtra souvent comme un homme qui n'a jamais conscience de se tromper, ce qui l'entraînera sur les voies du fanatisme :

> Des citoyens de toutes les classes signalaient à l'envi leur empressement pour me voir ; le savetier arrêtait son outil prêt à percer une semelle pour nous contempler à loisir ; le perruquier, abandonnant une barbe demi-faite, accourait au-devant de nous le rasoir à la main, la ménagère pour satisfaire sa curiosité s'exposait au danger de voir brûler ses tartes. J'ai vu trois commères interrompre une conversation très animée pour voler à leur fenêtre [8].

On en sait peu sur les sept années qui le séparent désormais de 1789. Sinon qu'il s'inscrit à la Société des Rosati, sorte de salon littéraire provincial où il apparaît comme un hôte aimable et courtois. Il y croise Lazare Carnot, le fameux organisateur de la victoire sous la Révolution, et est admis à l'Académie d'Arras. Comme nous sommes au siècle des Lumières, on se doit d'écrire, et Robespierre compose des vers, dont ce poème léger :

> Crois-moi, jeune et belle Ophélie,
> Quoi qu'en dise le monde, et malgré ton miroir,
> Contente d'être belle et de n'en rien savoir,
> Garde toujours ta modestie.
> Sur le pouvoir de tes appas
> Demeure toujours alarmée,
> Tu n'en seras que mieux aimée
> Si tu crains de ne l'être pas [9].

Mais, même s'il aime, comme toute son époque, flirter avec les mots, Robespierre reste quelqu'un de sérieux et le montre en concourant en 1784 sur un sujet proposé par l'Académie de Metz : « Quelle est l'origine de l'opinion qui étend sur tous les individus d'une même famille une partie de la honte attachée aux peines infamantes que subit le coupable ? » Robespierre se lance alors dans son premier discours, n'obtient pas de prix, mais les félicitations du jury, et fait imprimer à petit tirage son premier écrit où on peut lire cette phrase d'une modération étonnante, cinq ans avant le début de la Révolution : « Nous n'avons pas besoin de changer tout le système de notre législation, de chercher le remède d'un mal particulier dans une révolution générale souvent dangereuse [10]. »

Mais ce discours a ceci d'intéressant, pour la suite de notre propos sur Robespierre le Romain, qu'il est truffé de références à l'*Histoire de Rome* de Tite-Live et à l'*Archéologie romaine* de Denys d'Halicarnasse. C'est toujours sur ses maîtres antiques que Robespierre fera reposer sa pensée et ses arguments, et cela jusqu'à la fin de sa vie.

Le moins qu'on puisse dire, c'est que le jeune Robespierre est d'un conformisme confondant et ne songe nullement à bouleverser le système juridique, et par conséquent monarchique. Il n'empêche que, dans ce discours, il y a une phrase très troublante : « La vertu produit le bonheur comme le soleil produit la lumière [11]. »

Voilà prononcé le mot clé de *vertu* que Robespierre ne cessera de répéter au cours de sa brève carrière et tout au long de ses discours. Il est fondamental qu'on s'y arrête, ne serait-ce que parce que ce terme a des racines antiques capitales et que

Robespierre veut évidemment s'en inspirer pour en faire le sésame de sa morale personnelle et politique.

Le mot de vertu est un terme stoïcien et il est souvent utilisé par Sénèque dans ses *Traités philosophiques* et dans ses *Épîtres à Lucilius*. Robespierre ne manquera jamais de faire l'éloge du stoïcisme :

> [S]ecte sublime des Stoïciens qui eut des idées si hautes de la dignité de l'homme, qui poussa si loin l'enthousiasme de la vertu qui n'outra que l'héroïsme. Le stoïcisme enfanta des émules de Brutus et de Caton\* jusque dans les siècles affreux qui suivirent la perte de la liberté romaine\*\*. Le stoïcisme sauva l'honneur de la nature humaine dégradée par les vices des successeurs de César, et surtout par la patience des peuples [12].

Ce terme de *vertu* a plusieurs acceptions selon la morale robespierriste : il peut être synonyme de prudence, de sagesse, de justice et surtout de courage, ce qui est sa traduction exacte et littérale. On le voit déjà pencher vers un idéal de perfection qui le conduira au fanatisme le plus cruel.

Ce terme de *vertu* sera souvent prononcé par les révolutionnaires les plus intransigeants, et psalmodié littéralement par Robespierre — on voit déjà poindre une petite partie de l'idéologie robespierriste. Charles de Lacretelle, qui a obtenu le prix, est tout de même assez attiré par la prestation de Robespierre au concours de Metz pour en parler dans un article de 1784 du *Mercure de France* en des termes qui déjà éclairent les facultés intellec-

---

\* Caton d'Utique.
\*\* C'est-à-dire la fin de la République et l'installation de l'Empire dans la Rome antique.

tuelles de l'avocat d'Arras d'alors, mais aussi ses défauts :

> Il annonce un esprit juste, qui voit les objets avec netteté, mais il me semble qu'il ne les approfondit pas assez, et qu'il ne les prend pas dans toute leur étendue... Il me paraît que souvent son style manque de précision, de vigueur ; ses meilleurs morceaux ne produisent pas tout l'effet qu'on devait en attendre. Peut-être a-t-il besoin de rassembler davantage ses pensées, de se recueillir dans les émotions qu'elles peuvent porter à son âme ; alors il sera prêt de l'art, ou plutôt du talent d'enchaîner fortement ses idées, de grouper ses tableaux, de varier les formes de son style, d'y jeter cet éclat qui anime, sans fatiguer [13].

S'il concourt aussi à un sujet sans intérêt à l'Académie d'Amiens en 1785, il ne reste pas un intellectuel inactif dans sa ville et devient en 1786 membre puis directeur de l'Académie d'Arras. Il continue sa carrière d'avocat où la rigueur de ses démonstrations supplée à son manque d'éloquence — il bredouille souvent — et lui vaut de gagner des causes et d'asseoir sa réputation. Le sang des condamnés lui répugne tellement alors qu'il refuse de signer une condamnation à mort et démissionne de la prévôté épiscopale. Le vrai Robespierre n'est pas encore né, qui, fidèle aux exemples de l'intransigeance des républicains romains, n'hésitera pas à les imiter sans états d'âme. Les procès qu'il gagne, et qu'on fait imprimer grâce à la vigueur de sa pensée de juriste, lui valent une grande réputation dans sa ville et sa province.

Mais déjà point son esprit revendicatif puisqu'il est l'avocat des causes les plus difficiles et en particulier des gens qui sont opprimés, persécutés ou pauvres. Il apparaît comme épris de justice, ce qui dans le milieu qu'il fréquente n'est pas toujours bien vu. C'est ainsi qu'il prendra fait et cause pour une lingère, Clémentine Deteuf, de l'abbaye d'Anchin, qu'un moine, Dom Broignart, a voulu séduire et, s'étant vu opposer un refus, dont il a accusé le frère de vol. Toute la plaidoirie de Robespierre est de démontrer le mensonge du moine et surtout de rendre responsable l'abbaye d'Anchin des agissements honteux d'un de ses pensionnaires.

La vertu est chez Robespierre une qualité essentielle et elle doit être pratiquée plus encore par les religieux. Aussi n'hésite-t-il pas à citer Montesquieu qui affirme : « Je ne vois pas pourquoi cet ordre, le philosophe écrivait "Église", serait exempt de la loi qui doit être la même pour tous [14]. » Et sa conclusion en dit déjà long sur ce que sera plus tard son combat politique :

> Ô, nous tous qui nous glorifions du titre de citoyens !… faisons tous des vœux pour qu'il ne soit aujourd'hui décidé que des calomniateurs pourront provoquer contre nous le glaive de la justice sans craindre notre juste réclamation… Demandons que les lois soient faites pour tous, que toute injustice soit réparée, quels que soient l'état et la qualité de celui qui l'a commise. Non, que jamais, sous quelque prétexte que ce soit, on ne voie l'oppresseur braver les cris du faible opprimé [15] !

Naturellement, comme à l'habitude, Robespierre fait imprimer et distribuer son texte pour mieux se faire connaître. Mais cette publicité a son revers puisqu'il finit par être désavoué à cause de son acharnement contre l'abbaye d'Anchin. Décidément, les préjugés ont la vie dure.

Mais Robespierre reste entier, sans compromis et sans compromission, axant sa vie et sa carrière sur un principe trouvé chez Rousseau, dans sa *Profession de foi du vicaire savoyard* : « Ce qui est important dans la vie ce n'est pas d'être riche et d'être glorieux, ce qui est important c'est d'être fidèle à soi-même, de vivre selon une certaine idée qu'on a[16]. » Cette pensée le suivra toute sa vie.

# Ses débuts en politique

Lorsque, en 1788, il est question de préparer les États généraux, une commission de juristes se réunit qui en élimine Robespierre, cet avocat des causes des plus démunis. Mais lorsque le 8 août 1788 les États généraux sont effectivement convoqués pour le 1er mai 1789, Robespierre se trouve le plus actif et surtout le plus clair pour dénoncer que les États d'Artois, tels qu'ils sont constitués pour se rendre à Versailles, ne représentent nullement la diversité des classes sociales, que ce soit la noblesse, le clergé ou le tiers état. Il parle, lui, des indigents auxquels on ne reconnaît aucun droit et cela dans une supplique : « À la nation artésienne sur la nécessité de réformer les États d'Artois[1] ».

Dans ce texte, Robespierre n'a pas assez de mots louangeurs en faveur de Louis XVI, auquel il demande de comprendre que le temps est venu de réformer l'État :

Ah ! Sire, hâtez-vous de le saisir ; prenez en pitié une nation illustre qui vous aime et faites qu'il y ait au moins sur la terre un peuple heureux. Oui, Sire, de cette élévation où vous place la grandeur de vos étonnantes destinées, jetez un regard de commisération sur l'espèce humaine, tout entière... Voyez cette immense famille de frères que le père de l'Univers avait réunis, pour s'élever ensemble, par de mutuels efforts à la perfection dont leur nature était capable, abaissée par les abus du pouvoir arbitraire et par les crimes de la tyrannie au dernier degré de la corruption, de l'avilissement de la misère [2]...

De même rend-il hommage à Necker, intendant des Finances de Louis XVI, le nommant « cet autre Sully, » ministre lui aussi protestant d'Henri IV, et l'apostrophant affectueusement :

Ô, vous, écrit Robespierre, que je ne nommerai point parce que toute la France et toute l'Europe pourront facilement vous nommer, vous à qui une grande âme et un grand caractère assurèrent à la fois et la mission et les moyens de donner le branle à la plus heureuse et la plus intéressante de toutes les révolutions, je cherche dans l'histoire un trait d'héroïsme propre à satisfaire à la fois un ouvrage sublime et un esprit éclairé, je songe à ce consul romain qui a déjà tant de rapport avec vous par son éloquence et qui arrache sa patrie à la ruine dont elle était menacée... Comme lui vous fûtes exilé au milieu des regrets et des larmes de vos concitoyens ; comme lui vous revîntes triomphant au milieu des témoignages éclatants de leur joie et de leur enthousiasme [3].

Étant donné que la culture latine était générale dans la bourgeoisie française, il n'est pas difficile de comprendre que derrière ce mot de consul se cache le personnage de Cicéron, qui fut exilé en 58 av. J.-C. par Clodius — comme Necker avait été renvoyé par le roi sous la pression de la noblesse, et fut rappelé de son bannissement deux ans plus tard — et revint à Rome en triomphateur.

Mais Robespierre poursuit, emporté par son enthousiasme et tutoyant cette fois-ci Necker :

> Tu vogues sous les auspices de la première nation du monde, sous l'égide invincible de l'honneur, de la raison et de l'humanité, sous la garde sacrée du grand Henri [Henri IV] qui, dans un moment si intéressant, guide sans doute, et inspire lui-même son auguste descendant [Louis XVI].

Et Robespierre de conclure, appelant à lui l'Antiquité, une fois de plus :

> Semblable à ce peuple de la Grèce qui fut l'exemple de l'humanité [il s'agit du peuple athénien] tu dois régner désormais sur les nations dont tu seras l'arbitre, par l'empire irrésistible de ta sagesse et de tes vertus[4].

On aurait tort de croire que Robespierre à cette époque de sa vie n'est pas sincère, mais il n'ignore pas qu'être royaliste est une opinion partagée par tous les Français et que cela ne peut que le servir dans sa propagande électorale puisqu'il vient dans le même temps de poser sa candidature comme député aux États généraux. Cependant son « Adresse à la nation artésienne » a déplu, et la bourgeoisie d'Arras s'émeut de ses accents révolutionnaires. Qu'à cela ne tienne, Robespierre se tourne vers le peuple et rédige les cahiers de doléances des savetiers de sa cité. Il dit haut et fort dans une réunion que le peuple est opprimé par les abus, ce qui lui vaut les foudres de ses concitoyens. Il se fait remarquer par des propos qui ne sont pas conventionnels et qui ont déjà des accents révolutionnaires :

> Nous touchons au moment qui doit décider à jamais de notre liberté ou de notre servitude, de notre bonheur ou de notre misère. Cette alternative dépend absolument du caractère et des principes des représentants à qui nous confierons le soin de régler nos destinées dans l'assemblée générale de la nation et du zèle que nous montrerons pour recouvrer les droits sacrés et imprescriptibles dont nous avons été dépouillés [5].

Le peuple approuve, mais la bourgeoisie et la noblesse le regardent déjà comme un pestiféré, voire, ce qui est pire, un traître. Pourtant, son autorité est telle qu'il est élu député du tiers état d'Artois aux États généraux le 26 avril 1789. Député ? Cet homme hanté par la gloire antique se voit davantage comme un sénateur romain habillé de sa toge et membre d'une assemblée qui ressemble au Sénat.

Outre les Romains, Robespierre étudie ses contemporains, dont Rousseau et son *Contrat social* qui n'est pas éloigné des constitutions républicaines de l'Antiquité, même si le philosophe genevois estime qu'une république n'est possible que dans un petit pays, telle la Suisse. Comme lui, il se sent déiste. Lorsqu'il entre en 1789 en politique, il évoque une rencontre avec Rousseau, peu avant sa mort en 1778. C'est sa sœur Charlotte qui nous l'apprend dans ses *Mémoires*, et c'est lui qu'il invoque pour lui donner l'inspiration alors qu'il s'apprête à être député d'Arras :

> Homme divin ! tu m'as appris à me connaître ; bien jeune, tu m'as fait apprécier la dignité de ma nature, et réfléchir aux grands principes de l'ordre social [...]. Je t'ai vu dans tes derniers

jours, et ce souvenir est pour moi la source d'une joie orgueilleuse ; j'ai contemplé tes traits augustes, j'y ai vu l'empreinte des noirs chagrins auxquels t'avaient condamné les injustices des hommes [6].

On remarquera à quel point Robespierre, comme il le fera avec les Romains républicains, rentre facilement dans la personnalité des êtres qui le fascinent. Il n'est pas besoin d'être grand clerc pour s'apercevoir que, comme Rousseau, Robespierre a souffert de la pauvreté et de l'injustice de condisciples condescendants et méprisants. La sympathie est immédiate entre les deux hommes qui se trouvent tous les deux injustement traités. Il lui dédicace en quelque sorte son entrée en politique et en fait, tout du moins en ce domaine, son mentor :

> Je veux suivre ta trace vénérée, dussé-je ne laisser qu'un nom dont les siècles à venir ne s'informeront pas ; heureux si, dans la périlleuse carrière qu'une révolution inouïe vient d'ouvrir devant nous, je reste constamment fidèle aux inspirations que j'ai puisées dans tes écrits [7].

La Révolution française n'est pas commencée, mais Robespierre en a déjà une prescience lucide qui n'est pas partagée par beaucoup à cette époque.

Sa sœur, Charlotte, prétend qu'en 1789 Robespierre était sur le point d'épouser une Mlle Deshorties. Qu'il l'ait fréquentée, c'est possible, mais il ne fut certainement jamais question de mariage, puisque ladite demoiselle épousa la même année maître Leducq, avocat d'Arras, et par conséquent confrère de Robespierre, sans visiblement éprouver le moindre regret de lâcher son prétendu fiancé.

Au début de mai 1789, Robespierre arrive à Versailles pourvu d'une garde-robe dont il sera toujours très soigneux. L'abbé Proyart, grâce à un renseignement digne de foi, en a dressé l'inventaire :

> Un habit de drap noir, un autre de velours noir avec ses culottes assorties, deux vestes dont une de satin, six chemises, six cols, six mouchoirs de poche, trois paires de bas de soie, deux paires de souliers, un petit manteau noir, une robe d'avocat, une boîte avec soie, fil, laine et aiguilles, un sac à poudre avec sa houppe, un petit chapeau à porter sous le bras, des vergettes pour les habits et plusieurs morceaux de différentes étoffes [8].

Bien vêtu donc, il participe au défilé des députés à travers la ville, sans se faire remarquer, comme l'a pourtant prétendu Louis Blanc, le révolutionnaire du XIXe siècle, emporté par sa fougue et son admiration. Il est depuis longtemps pour la réunion des trois ordres et pour que le tiers état y soit pleinement représenté, notamment par rapport au clergé. Il va loger pendant les quatre premiers mois à l'hôtellerie du Renard avec trois collègues de la même ville que lui. Il ne se montre pas sauvage et solitaire, se promène souvent, fréquente les cafés, dont un établissement, Amaury, où il va rejoindre des députés avec lesquels, on le verra dans quelques pages, il va fonder un club. Il se rend de temps en temps à Paris où se trouve son ami d'adolescence Camille Desmoulins, celui-là même qui dans les jardins du Palais-Royal le 12 juillet 1789, juché sur une chaise, appellera le peuple à la révolution.

Il a compris le premier combien cet ami, qui connaît beaucoup de monde dans la presse, pourra l'aider à faire connaître ses idées. C'est Desmoulins qui va lui faire rencontrer la famille Duplessis, puisqu'il est fiancé à leur fille, Lucie. Dans ce milieu intellectuel et mondain, Robespierre ne boude pas son plaisir de bourgeois artésien et se souvient des cercles, des clubs et des salons qu'il a fréquentés à Arras lorsqu'il était avocat.

Or Robespierre, s'il participe au serment du Jeu de paume du 20 juin 1789 qui entend que les États généraux se transforment en Assemblée nationale et donnent une Constitution à la France, le fait sans éclat et sans se faire remarquer. Le 27 juin, le roi cède et sur les conseils de Necker invite le clergé et la noblesse à rejoindre le tiers état. C'est alors que circule une chanson tout à la gloire de cette réunion des États généraux, de ce serment, de Louis XVI, et même de Marie-Antoinette :

Enfin le bonheur va renaître
Sous le plus auguste de nos Rois !
Français, chantons un si bon maître
Et soumettons-nous à ses lois.
Chantons et célébrons sans cesse
De son peuple un Père adoré !
Livrons nos cœurs à l'allégresse,
Voilà le moment désiré.

Ô mois chéri de la nature
Qui fais naître toutes les fleurs,
Des maux que l'infortune en tire
Tu viens dissiper les douleurs.
Louis, comme le soleil, brille
Par les rayons de sa bonté,
Son peuple est toute sa famille,
Voilà le moment désiré.

Ô Roi que j'aime et je révère !
Si mes chants allaient jusqu'à toi
Tu saurais que mon cœur sincère
Applaudit à ta bonne foi.
Tu ne peux souffrir l'imposture,
Sur tout tu veux être éclairé.
Douce espérance nous rassure.
Voici le moment désiré.

Quand tu déposas ta couronne
Aux yeux de tes sujets soumis,
Ô roi ! que la gloire environne,
Chacun cria : « Vive Louis ! »
Digne de régner sur la France
Par tes vertus, ton équité,
Chacun de tes trois ordres t'encense.
Voilà le moment désiré !

Le clergé et la noblesse
Et le tiers-état réunis
Tiendront à jamais la promesse
D'être tes enfants, tes amis.
Devant Dieu que ton cœur adore
Quel beau serment ils t'ont juré !
Qui ne le jurerait encore !
Voilà le moment désiré.

Vive Louis ! Vive Antoinette !
Vive leur ministre accompli !
Que la déesse à la trompette
Sonne la gloire de Sully,
Necker en ce jour le remplace,
France, il fait ta félicité.
Au fameux temple il aura sa place
Voilà le moment désiré [9] !

Robespierre ne participe évidemment pas à la prise de la Bastille qui a pourtant été lancée par son condisciple Camille Desmoulins, mais il est membre d'une délégation chargée de demander au roi le retrait des troupes étrangères qui encerclent Paris, tout comme il est chargé d'accompagner avec une centaine de collègues Louis XVI qui entend se rendre à Paris le 17 juillet 1789. Il visite la Bastille qu'on commence à démolir et écrit son impression à Buissart d'Arras :

> Que la Bastille est un séjour délicieux depuis qu'elle est au pouvoir du peuple, que ses cachots sont vides et qu'une multitude d'ouvriers travaillent sans relâche à démolir ce monument odieux de la tyrannie ! Je ne pouvais m'arracher de ce lieu, dont la vue ne donne plus que des sensations de plaisir et des idées de liberté à tous les citoyens [10] !

Robespierre revient vite à Versailles, véritable capitale politique de la France d'alors. Le sérieux, le côté distant, les manières de grande politesse, le zèle à rendre des services font remarquer le jeune député d'Arras. Necker lui envoie sa fille Germaine, la future Mme de Staël, pour l'inviter. Mais Robespierre se garde bien de répondre et préfère rester à l'écart, ayant des préventions contre un ministre qu'il a, on s'en souvient, pourtant loué. Il observe et, surtout, il ne se compromet avec personne. On le voit certes en compagnie de Mirabeau, dont il exècre l'immoralité et le libertinage, mais pas pour longtemps. Mirabeau ne s'y trompera pas qui se méfiera de lui et qui aura sur Robespierre cette phrase définitive : « Celui-là ira loin : il croit tout ce qu'il dit [11]. »

Car Robespierre ne reste pas inactif, prend souvent la parole, brièvement, mais lorsque la nation lui semble en péril. C'est ainsi que le 31 juillet 1789, alors qu'on vient d'arrêter à Provins Bésenval, commandant militaire de l'Île-de-France, considéré comme un contre-révolutionnaire, il « réclame dans toute leur rigueur les principes qui doivent soumettre les hommes suspects à la Nation et à des jugements exemplaires ». Mais personne ne fait vraiment attention à Robespierre ni à ses propos, les députés de l'Assemblée constituante faisant l'apprentissage de la démocratie parlementaire sans beaucoup d'ordre et avec beaucoup de chahut et parfois même d'anarchie. Louis Blanc, dans son *Histoire de dix ans*, aura une phrase sans doute fort crédible sur cette relation entre Mirabeau et Robespierre :

> On avait vu, au milieu des chuchotements et des moqueries, Mirabeau contempler avec une curiosité pensive cet homme au pâle visage, au sourire étrange, dont la physionomie respirait une sorte de douceur vague, en qui tout annonçait la passion de l'ordre et qui lui paraissait plein de respect de lui-même, tant il y avait de soin dans sa mise, de gravité dans son attitude et d'apprêt dans sa parole [12].

L'abolition des privilèges du régime féodal est votée la nuit du 4 août 1789, dans un enthousiasme quelque peu factice et plein d'arrière-pensées. L'Assemblée poursuit cahin-caha ses séances, car personne ne peut parler librement, tout le monde est interrompu, les députés qui ont des avis contraires se battent à coups de phrases qu'ils n'achèvent pas toujours, les discussions sont hachées, tous tentent de s'exprimer sans réellement s'entendre au milieu des huées, des cris, du brouhaha.

À tel point que Robespierre, homme d'ordre s'il en est, demande le 28 août à l'Assemblée « qu'avant de délibérer on adopte un moyen qui satisfasse à la conscience, je veux dire d'établir une délibération paisible, que chacun puisse, sans crainte de murmures, offrir à l'assemblée le tribut de ses opinions[13] ». Mais rien que pour cette courte intervention, Robespierre est interrompu plusieurs fois, tant son élocution est encore vacillante et sa voix assez faible par rapport à celles, tonitruantes, d'un Mirabeau ou d'un Danton. C'est sans doute au cours d'une de ces séances tumultueuses auxquelles il assiste que Chateaubriand remarque Robespierre et laisse dans ses *Mémoires d'outre-tombe* ce bref et mordant témoignage : « À la fin d'une discussion violente, je vis monter à la tribune un député d'un air commun, d'une figure grise et inanimée, régulièrement coiffé, proprement habillé comme le régisseur d'une bonne maison, ou comme un notaire de village soigneux de sa personne. Il fit un rapport long et ennuyeux ; on ne l'écouta pas ; je demandai son nom : c'était Robespierre[14]. »

Robespierre ne se fait aucune illusion quant à ses confrères, même ceux qui dans la noblesse apparaissent, tel La Fayette, comme des libéraux. Il s'en méfie et voit en eux des gens louvoyants et sans convictions. Il n'a de sympathie que pour les députés bretons avec lesquels il va former à l'automne 1789 un Club breton, amorce du futur club des Jacobins. Il a compris combien la presse et la propagande peuvent être utiles pour répandre ses idées déjà radicalement révolutionnaires, c'est pourquoi il renoue avec Camille Desmoulins, qui s'est fait journaliste en fondant *Les Révolutions de France et de Brabant* ou avec Barère qui dirige *Le Point du jour*.

La Grande Peur qui s'empare des campagnes et les premières émeutes qui suivent, avec les incendies des châteaux et les destructions des terriers* en plein été 1789, suscitent chez ses collègues de l'Assemblée constituante plus que de l'inquiétude, une véritable panique. Robespierre, qui croyait trouver en eux des gens capables de changer la France et sa politique, est frappé par leur désir d'étouffer la révolution populaire qui menace. Il ne se trouve déjà plus de leur bord et croit au complot aristocratique. Les leçons des Romains sont assez présentes dans son esprit pour qu'il sache que les Catilina et les Clodius se terrent toujours avant de resurgir un jour et d'assassiner alors la démocratie.

Il ne se cache pas pour dire sa vérité à ses collègues qui, dès le 20 juillet, voudraient par une motion réprimer l'insurrection parisienne toujours menaçante, celle qui s'est exprimée le 14 juillet et a conduit à la prise de la Bastille :

Qu'est-il donc arrivé à cette émeute de Paris ? La liberté publique, peu de sang répandu, quelques têtes abattues sans doute mais des têtes coupables... Eh ! messieurs, c'est à cette émeute que la Nation doit sa liberté... Et qui nous dit qu'on ne ferait pas de nouvelles tentatives ? Et si l'on déclare rebelles les citoyens qui se sont armés pour notre salut, qui repoussera ces tentatives ? Cette motion, capable d'éteindre jusqu'à l'amour de la liberté, tendrait à livrer la nation au despotisme[15].

---

* Registres contenant l'état des droits attachés à une terre, une seigneurie, une abbaye...

Robespierre fera d'autres déclarations, mais sera peu écouté. Comme lorsqu'il était collégien, il est remis à l'écart, à part, parce que ses visions révolutionnaires soit ne sont pas partagées par ses collègues, soit leur sont parfaitement incompréhensibles. La presse est assez libre cependant pour que Robespierre trouve auprès du peuple qu'il défend d'une manière incessante un vrai soutien et une oreille attentive.

Lorsque s'engagent des discussions sur la Constitution dès le mois d'août 1789, Robespierre à nouveau ne parvient pas à se faire écouter. Et lorsqu'il veut monter à la tribune, il est accablé de cris divers destinés à l'empêcher de se faire entendre. Bref il fait déjà peur. En revanche, il votera en ce même mois d'août *La Déclaration des droits de l'homme et du citoyen* qu'il amendera par la suite, la rendant plus radicale, mais qui ne fera guère débat et qui est sans doute l'expression même de la Révolution dans son désir d'universalité et dans son souhait d'être suivie partout dans le monde.

Cette déclaration supprime la monarchie absolue et valide la naissance de la souveraineté nationale. L'homme a droit à la liberté individuelle, à la liberté de pensée et de culte, de la presse, de la propriété, ainsi qu'au libre accès à tous les emplois. L'État voit son pouvoir discrétionnaire limité par la séparation des pouvoirs. L'Assemblée constituante poursuit par ailleurs ses travaux pour élaborer une Constitution pour la France conforme à celle d'une monarchie parlementaire.

Lorsque est voté le droit de veto suspensif accordé à Louis XVI par l'Assemblée, Robespierre, qui y est hostile, ne peut pas non plus se faire entendre. Il n'en publie pas moins son discours, manière d'en appeler à une opinion publique qu'il va de plus en plus jouer contre l'Assemblée constituante.

Voici quelques extraits de ce discours. On en admirera certes la rigueur de la pensée, mais aussi son élévation sur le plan juridique, ce qui le rend, sinon ennuyeux, du moins très froidement démonstratif :

> Celui qui dit qu'un homme a le droit de s'opposer à la Loi, dit que la volonté d'un seul est au-dessus de la volonté de tous. Il dit que la nation n'est rien et qu'un seul homme est tout. S'il ajoute que ce droit appartient à celui qui est revêtu du Pouvoir exécutif, il dit que l'homme établi par la Nation pour faire exécuter les volontés de la Nation, a le droit de contrarier et d'enchaîner les volontés de la Nation ; il a créé un monstre inconcevable en morale et en politique, et ce monstre n'est autre que le veto royal.
>
> [...] Les nombreux partisans du veto, forcés à reconnaître qu'il est en effet contraire au principe, prétendent qu'il est avantageux de le sacrifier à de prétendues convenances politiques. Admirable méthode de raisonner ! qui substitue aux Lois éternelles de la justice et de la raison l'incertitude des conjonctures frivoles, et la subtilité des vains systèmes, dont il semble cependant que l'expérience funeste de tant de Peuples aurait dû nous défendre [...].
>
> Il ne faut plus nous dire continuellement : la France est un État monarchique ; et faire découler ensuite de cet axiome les droits du Roi, comme la première et la plus précieuse partie de la constitution ; et secondairement la portion de droits que l'on veut bien accorder à la Nation. Il faudrait d'abord savoir, au contraire, que le mot Monarchie, dans sa véritable signification, exprime uniquement un État où le pouvoir exécutif est confié à un seul. Il faut se rappeler que les Gouvernements, quels qu'ils soient, sont établis par le Peuple et pour le Peuple.
>
> [...] Dès qu'une fois on sera pénétré de ce principe ; dès

qu'une fois on croira fermement à l'égalité des hommes, au lien sacré de la fraternité qui doit les unir, à la dignité de la nature humaine, alors on cessera de calomnier le Peuple dans l'Assemblée du Peuple ; alors on ne donnera plus le nom de prudence à la faiblesse, le nom de modération à la pusillanimité, le nom de témérité au courage ; on n'appellera plus le patriotisme une effervescence criminelle, la liberté une licence dangereuse, le généreux dévouement des bons citoyens une folie ; alors il sera permis de montrer, avec autant de liberté que de raison, l'absurdité et les dangers du veto royal, sous quelque dénomination et sous quelque forme qu'on le présente [16].

De son point de vue, qui est d'être l'interprète du peuple et non pas de la classe bourgeoise à laquelle il appartient et qui craint les émeutes populaires, Robespierre a quelque raison de se méfier. Le roi use de son veto pour ne pas ratifier l'abandon de ses privilèges par la noblesse le 4 août et *La Déclaration des droits de l'homme* du 26 août. Louis XVI pousse son avantage en appelant à son secours le régiment de Flandre qui vient renforcer sa garde personnelle.

Si Robespierre n'a nullement préparé les journées des 5 et 6 octobre au cours desquelles le peuple venu de Paris ramène dans la capitale Louis XVI, Marie-Antoinette et le Dauphin, « le boulanger, la boulangère et le petit mitron », il est l'un des rares de sa classe sociale à approuver ce coup de force et à se montrer du côté du peuple qui a gagné une première bataille en contraignant Louis XVI, son prisonnier en quelque sorte, à accepter les décrets du 4 août et *La Déclaration des droits de l'homme*.

Il en profite pour s'installer à Paris, puisque la Constituante va aussi siéger dans la capitale, aux

Tuileries. Il loge rue de Saintonge, près du boulevard du Temple, dans le troisième arrondissement d'aujourd'hui, en qualité de simple locataire. La maison a disparu dans les années 1960. Il s'installe non pas à l'étage noble du second, mais au troisième, dans un petit appartement, bas de plafond, de deux pièces. De sa fenêtre, il peut apercevoir les portes Saint-Martin et Saint-Denis. A-t-il été colocataire avec un ami, comme l'affirme sa sœur Charlotte dans ses *Mémoires* ? Cet ami, Pierre Villiers, qui, alors dragon de son état, deviendra un auteur dramatique (il mourra sous Louis-Philippe) confirmera qu'il voyait souvent Robespierre mais ne précise pas qu'il habitait chez lui. Il est sans doute et tout simplement pendant quelques mois son secrétaire particulier, puisqu'il sait écrire et s'essaye même au journalisme en publiant dans le *Mercure de France*. Il sera aussi le gardien financier de Robespierre qui envoie une partie de ses indemnités de député à Charlotte.

Bien qu'il consacre l'essentiel de sa vie à la politique, Robespierre ne semble pas vivre de manière austère. On le voit au théâtre, qui en cette période révolutionnaire est un formidable instrument de propagande, et il n'hésite pas à héler un fiacre pour le ramener. Sa garde-robe est fort complète, on sait le soin qu'il portait à sa tenue. Bref, il n'est pas du tout ce député sans le sou comme veut le laisser accroire la légende.

De même, lui qu'on a dit sans femmes (on a même pensé qu'il était vierge) vit avec une femme de modeste condition, à laquelle il verse une pension, toujours selon le témoignage de son secrétaire.

La noblesse commence à s'agiter. Les frères du roi, le comte de Provence et le duc d'Artois, ont émigré, dès le 15 juillet, et la bourgeoisie ne veut absolument pas d'un pouvoir dont le peuple serait le maître, tandis que le clergé est farouchement contre la suppression de ses privilèges temporels. À la suite de l'assassinat d'un boulanger, La Fayette et ses alliés obtiennent la proclamation de la loi martiale pour empêcher par la force tout débordement populaire. Robespierre, une fois de plus, est l'un des rares, voire le seul, à réagir contre ce vote à ses yeux inique. On s'était moqué de lui peu de temps auparavant alors qu'il tentait de trouver une formule nouvelle pour qu'on sache que le roi validait les lois : « Louis, par la grâce de Dieu, et par la volonté de la Nation, roi des Français : peuple, voici la loi que tes représentants ont faite et à laquelle j'ai apposé le sceau royal... Que cette loi soit inviolable et sainte pour tous [17]... »

Un député du Midi, s'exclamant que la phrase proposée par Robespierre était digne d'un cantique, avait provoqué l'hilarité générale et l'humiliation du député d'Arras.

Il est décidé à prendre sa revanche et, le 21 septembre, on l'écoute à propos de la loi martiale avec intérêt car, cette fois-ci, il semble qu'il improvise, mû par la passion :

> Si nous ne nous réveillons, c'en est fait de notre liberté. On vient de vous demander des soldats et du pain, et pourquoi ? C'est pour repousser le peuple, dans ces moments où les pas-

sions des grands cherchent à faire avorter la révolution actuelle. Ceux qui veulent l'exciter ont prévu qu'ils en feraient usage contre vous ; ils ont prévu que les émotions populaires seraient un moyen propre à vous demander des lois qui pourraient opprimer le peuple et la liberté ; quand le peuple meurt de faim, il s'attroupe, il faut donc remonter à la cause des émeutes pour les apaiser... On demande des soldats ! Et n'est-ce pas dire : le peuple se révolte, demande du pain, nous n'en avons pas, il faut l'immoler ? L'un demande une loi martiale, et qui l'exécutera ? Sera-ce des soldats-citoyens ? Vont-ils tremper leurs mains dans le sang de leurs frères dont ils partagent les maux ? Non[18] !

Mais ses propos restent malgré tout sans suite, et la loi martiale est votée. Robespierre fait peur par son intransigeance, par sa volonté de prendre la défense du peuple à tout prix contre l'aristocratie, certes, mais aussi contre la bourgeoisie dont il est pourtant un représentant. Ses collègues pour se défendre le calomnient. Ce sera une de leurs armes constantes jusqu'à sa mort et même après.

On reprend la discussion sur la Constitution et sur une proposition de loi, le 22 octobre, supprimant le suffrage universel au profit d'un suffrage restreint qui sera concédé seulement aux citoyens acquittant un impôt sur trois journées de travail. Cela évidemment est fait pour éliminer les plus pauvres, donc le peuple de ces faubourgs parisiens qui donne tant de frayeur à la Constituante. Robespierre ne peut admettre cette restriction. Il le dit, non sans violence, à la tribune de l'Assemblée :

Tous les citoyens, quels qu'ils soient, ont droit de prétendre à tous les degrés de représentations. Rien n'est plus conforme à votre Déclaration des droits, devant laquelle tout privilège, toute distinction, toute exception doivent disparaître. La constitution établit que la souveraineté réside dans le peuple, dans tous les individus du peuple. Chaque individu a donc droit de concourir à la loi par laquelle il est obligé, à l'administration de la chose publique qui est la sienne. Sinon il n'est pas vrai que tous les hommes sont égaux en droits, que tout homme est citoyen. S'il y avait des proportions, celui qui aurait 100 000 livres de rentes serait donc cent mille fois citoyen [19] ?

Il est hué et chahuté, mais continue cependant :

> Jetez vos yeux sur cette classe intéressante qu'on désigne avec mépris par le nom sacré du Peuple... Voulez-vous qu'un citoyen soit parmi nous un être rare, par cela seul que les propriétés appartiennent à des moines, à des bénéficiers [20] ?

Mais il est injurié, une fois de plus, et le suffrage universel passera aux oubliettes.

Certes, Robespierre va trouver des appuis chez plusieurs députés, comme Lameth, Barnave ou Duport, Petion, Dubois-Crancé, Roederer, Buzot ou l'abbé Grégoire, mais il aura toujours la prudence, propre à son tempérament de solitaire, de ne jamais avoir l'air de s'allier avec eux pour garder sa libre parole et sa libre opinion. De même, sans être jamais leur ami intime, mais observant toujours une distance méfiante, il trouvera des relais dans les organes de presse dirigés par Marat, Camille Desmoulins, Loustalot et Fréron.

Qu'un événement mette en cause un aristocrate opposé au peuple, comme ce sera le cas lorsque à Toulon l'amiral Albert de Rioms s'oppose aux ouvriers de l'arsenal, Robespierre défend la cause des seconds et demande des sanctions pour le premier, qui, de plus, ne supporte pas la cocarde tricolore. Il prononce un discours le 16 janvier 1790 qui déjà en dit long sur le futur intransigeant qu'il sera trois ans plus tard :

> S'il est des insurrections justes et généreuses, celle où le peuple repousse la force par la force est sans contredit de ce nombre, et si vous condamniez son énergie en pareilles circonstances, vous seriez ses premiers oppresseurs... On vous parle des éloges dus à un commandant de marine qui a bien servi, et moi, je réclame à la fois la commisération, l'amour et le respect pour le peuple ; je ne connais rien de grand, pour l'Assemblée nationale que le Peuple... Je crains surtout de voir un Décret de l'Assemblée nationale décourager le patriotisme et encourager les ennemis de la liberté [21].

Cette Assemblée votera une résolution peu courageuse où elle rend hommage à la fois à l'amiral et aux ouvriers !

Ces discours enflammés de Robespierre ne sont pas du goût de tout le monde. Même les Artésiens font part de leur hostilité à Robespierre et l'un d'entre eux, qui se dit avocat, lui écrit, en date du 20 décembre 1789, une lettre assez injurieuse :

> Eh bien, polisson, tu ne cesseras donc pas de rester à l'auguste Assemblée nationale où les honnêtes gens rougissent d'être avec toi. Tous tes confrères t'assurent que tu ne remettras jamais les pieds dans cette ville, et je te préviens que tous les habitants des campagnes t'écraseront aussitôt qu'ils pourront te découvrir ; ils te connaissent, mais malheureusement trop tard. Crois-moi, pars aussitôt de Paris, sans quoi on te préparera un supplice dû à tes forfaits [22].

Il a été encore plus loin moralement. Le 23 décembre 1789, lui, le bourgeois, lui l'homme d'une famille connue et appréciée à Arras, il se dépouille de tous les préjugés, qu'il a dû entendre dans le collège religieux de Louis-le-Grand lorsqu'il était adolescent, sur les juifs déicides, et prend vigoureusement la défense de ces derniers. C'est sans doute le premier discours contre l'« antisémitisme » qui ait été prononcé publiquement en France :

> Tout citoyen qui a rempli les conditions d'éligibilité que vous avez prescrites a droit aux fonctions publiques. Comment a-t-on pu opposer aux Juifs les persécutions dont ils ont été victimes chez différents peuples ? Ce sont au contraire des crimes nationaux que nous devons expier, en leur rendant les droits imprescriptibles de l'homme, dont aucune puissance humaine ne pouvait les dépouiller. On leur impute encore des vices et des préjugés ; l'esprit de secte et d'intérêt les exagère ; mais à qui pouvons-nous les imputer, si ce n'est à nos propres injustices ? Après les avoir exclus de tous les honneurs, même des droits à l'estime publique, nous ne leur avons laissé que les objets des spéculations lucratives ! Rendons-les au bonheur, à la patrie, à la vertu en leur rendant leur dignité d'hommes et de citoyens [23].

Cette motion est naturellement rejetée par l'Assemblée. Les préjugés ont décidément la vie longue ! Robespierre est cependant sensible à la fureur montante des habitants d'Arras qui continuent à lui écrire des lettres d'injures, et il publie un *Avis au peuple artésien*, pour se justifier, lui dire qu'il ne l'a pas oublié et qu'il continue de le défendre, lui qui est une part de la nation. Il achève sa diatribe par une plaidoirie en sa faveur :

Ô peuple bon et généreux ! Gardez-vous donc de vous livrer aux insinuations grossières des vils flatteurs qui vous environnent et qui n'ont d'autre but que de vous replonger à jamais dans la misère dont vous alliez sortir, pour recouvrer eux-mêmes le pouvoir injuste qui vous accablait : pourquoi réclamiez-vous, avec tant de force, il y a quelques mois, contre leurs injustices ? Pourquoi regardiez-vous l'Assemblée nationale comme votre dernière espérance, si vous vous lassiez déjà d'attendre le bonheur qu'elle vous prépare, pour vous rejeter entre les bras de vos anciens oppresseurs ?... Ne découragez pas tous ceux qui, à l'avenir, auraient le courage d'embrasser votre cause ; les riches et les hommes puissants trouveront tant d'esclaves pour servir leurs injustices ! Réservez-vous au moins quelques défenseurs [24].

# De l'Assemblée constituante au club des Jacobins

Robespierre poursuit hors de l'Assemblée ses activités politiques au sein notamment du Club breton, qui va vite devenir le club des Jacobins. Il commence à connaître les us et coutumes de Paris et y mène une vie qui lui plaît. Il se lève tôt, travaille avec son secrétaire auquel il dicte ses discours, prend soin de sa toilette, arrive l'un des premiers à l'Assemblée nationale, ne manque aucune séance, y participe souvent par des interventions peu appréciées par ses collègues, dîne au restaurant du côté des Tuileries et se rend alors au club des Jacobins qui s'est installé non loin de là, rue Saint-Honoré dans le couvent des Jacobins.

Il va s'attacher davantage à cette institution au fur et à mesure du déroulement de la Révolution, sentant que le vrai pouvoir de réflexions et de propositions se trouve dans ce club qui se situe, à travers ses membres, de plus en plus à gauche. Robespierre en devient même le président le 31 mars 1790, évinçant La Fayette qui va fonder alors de son côté *La Société de 1789* où il va retrouver ses amis de la noblesse libérale qui trouvent déjà que la Révolution a été trop loin. Un comité directeur prend la tête des Jacobins, Robespierre, Mirabeau, Barnave, Duport, Lameth. Mirabeau, qui est en relations secrètes avec la Cour, s'oppose très vite à Robespierre sur un certain nombre de points.

L'un d'eux a été débattu le 25 janvier 1790 à l'Assemblée nationale : il pose la question de la contribution obligatoire d'un marc d'argent pour avoir le droit d'être élu à l'Assemblée nationale. Furieux, Robespierre monte à la tribune pour s'opposer à cette proposition de décret. Il commence par prendre l'exemple de sa province :

> Dans l'Artois et dans les provinces qui l'avoisinent, on paie peu de contributions directes ; la corvée n'y existe pas ; la taille et la capitation y sont converties en impositions indirectes. Il en est de même des contributions supportées par les propriétaires de fonds. Les centièmes établis depuis deux siècles étaient bien loin de produire une imposition proportionnée à la valeur des fonds ; ils ont été abolis par les soins des États d'Artois. Ainsi cette province ne contiendrait qu'un très petit nombre de citoyens actifs ; ainsi, une partie considérable des habitants de la France serait près de l'exhérédation politique [1]...

Puisqu'il s'agit de recouvrer en Artois une popularité auprès des plus humbles, après les injures des gens de sa classe sociale, la manœuvre est habile. Comme l'est tout autant celle consistant à démontrer que le marc d'argent exigé rendra quasi inéligibles la grande majorité des Français qui voudraient se présenter à la députation. Robespierre propose donc le décret suivant, certes très technique, mais qui suscite chez ses collègues une ire de plus en plus grandissante. Pour eux, cela ne fait plus désormais aucun doute, c'est un traître à sa classe :

> L'Assemblée nationale considérant que les contributions maintenant établies dans diverses parties du royaume ne sont ni assez uniformes ni assez sagement combinées pour permettre une application juste et universelle des décrets relatifs aux conditions d'éligibilité ; voulant maintenir l'égalité politique entre toutes les parties du royaume, déclare… que tous les Français seront admissibles à tous les emplois publics sans autre distinction que celle des vertus et des talents [2].

C'est le charivari dans l'Assemblée, car Robespierre remet en cause des décrets déjà votés. Pour étouffer ce qu'il demande, on renvoie sa proposition au Comité de constitution et personne n'en entendra plus jamais parler !

Mais les ennemis de Robespierre ne veulent pas désarmer, notamment dans sa province où il est traité de malappris par un député de la noblesse de l'Artois. Son frère Augustin essaye de prendre sa défense, tout en lui faisant part, dans une lettre, de la haine de plus en plus grande qu'il suscite :

> Je ne puis te dissimuler mes craintes, cher frère, tu scelleras de ton sang la cause du peuple, peut-être même que ce peuple sera assez malheureux pour te frapper, mais je jure de venger ta mort et de la mériter comme toi. Tu seras surpris d'apprendre jusqu'où se porte la scélératesse de tes ennemis. Ils ont été chez les personnes que je voyais leur dire qu'elles se déshonoraient en me recevant chez elles [3].

Il en faut davantage à Robespierre pour l'intimider, lui qui convoque certainement à sa mémoire les héros de l'Antiquité romaine, ceux qui comme les frères Gracques en appelèrent à la justice sociale et furent très vite assassinés.

Le 22 février 1790, il s'écrie en pleine Constituante : « Qu'on cesse de calomnier le peuple, que les ennemis de la révolution ne viennent pas lui reprocher des barbaries[4]. »

Robespierre est souvent calomnié, comme ce jour où le contrôleur général des Finances d'Abbeville, un certain Lambert, prétend, sur la foi de renseignements erronés, qu'il a incité les habitants de cette cité à ne pas payer taxes et aides, ce qui est évidemment faux. Il n'y aura pas de suite, mais Robespierre en profitera pour faire publier sa *Réponse à une lettre de M. Lambert, contrôleur général des Finances*, où il fait surtout état de la situation de plus en plus contre-révolutionnaire que connaît la France, ce qui lui paraît de mauvais augure, dénonçant les coupables manœuvres des ennemis de la Révolution, fustigeant les amis du despotisme et de l'aristocratie, attaquant ceux qui s'opposent à l'élaboration d'une Constitution démocratique.

Une autre question préoccupe Robespierre, celle qui attribuerait dans la Constitution au roi le droit de paix et de guerre. Mirabeau y est favorable, Robespierre y est hostile. Il fera état de son refus à l'Assemblée le 17 mai 1790, toujours au milieu des huées et des violentes interruptions. Mais il fait preuve d'une belle détermination :

Le Roi sera toujours tenté de déclarer la guerre pour augmenter ses prérogatives. Les représentants de la Nation auront toujours un intérêt direct et même personnel à empêcher la guerre... Je ne crois pas qu'il soit facile de supporter l'idée de la guerre qui s'annonce. On nous parle de traité : quel traité ? un pacte de famille (qui lie par exemple les Bourbons de France à ceux d'Espagne) est-il un pacte national ? Comme si les querelles des rois pouvaient encore être celles des peuples [5]...

Quelques jours plus tard, il suscite un incident de séance en donnant du roi une définition qui va fort irriter ses collègues. Ce dernier, dit-il, est « le commis et le délégué de la Nation pour exécuter les volontés nationales ». Il est obligé de s'expliquer, sa parole ayant peut-être fort inconsciemment dépassé sa pensée, devant des collègues qui n'admettent pas le terme de commis qu'ils jugent méprisant. Mais s'il s'en tire adroitement, en affirmant que « le roi a la charge sublime d'exécuter la volonté générale ». Mais il ne peut s'empêcher de conclure : « Toute autre puissance, quelque auguste qu'elle soit, n'a pas le caractère de représentant du Peuple [6]. »

Les interventions de Robespierre, souvent courtes, sont innombrables pour préparer les articles de la Constitution, mais il est hanté par l'idée que la guerre peut être une catastrophe pour la démocratie. À propos d'incidents avec les Anglais ou avec les Espagnols, il s'opposera plusieurs fois à toute réaction de la France, sachant que la noblesse revancharde ne peut que tirer profit de tout conflit pour reprendre à la Révolution ce que celle-ci lui a arraché et que les chefs des armées ne nourrissent qu'un rêve, celui de revenir à l'Ancien Régime d'une monarchie absolutiste.

Il obtient un court congé pour se rendre à Arras. Il y restera peu de temps, si on veut en croire son détracteur, l'inévitable abbé Proyart, qui prétend que la populace voulait lui faire subir un sort tragique et qu'elle s'était portée à plusieurs reprises chez les Oratoriens qu'elle soupçonnait de donner asile à Robespierre, ce qui fera dire ironiquement à celui-ci dans une lettre à Buissart : « Je viens d'apprendre, non sans rire que j'ai été le sujet d'une expédition presque militaire, faite au collège d'Arras. Mais je suis fâché de ne l'avoir appris que par une voie indirecte et d'en ignorer les détails [7]. »

Parallèlement Robespierre continue ses activités au club des Jacobins, où, sous sa présidence, en avril 1790, il reçoit une délégation de députés corses, conduite par le général Paoli qui s'était débarrassé de l'emprise des Génois, mais avait combattu l'intervention de la France, laquelle a fini par annexer la Corse en 1769. Robespierre prononce un discours de bienvenue :

Messieurs,
Le jour où la Société des Amis de la Constitution* reçoit les députés du peuple corse est pour elle un jour de fête. Déjà, Messieurs, elle vous avait exprimé ces sentiments quand, pour admettre dans son sein M. Paoli, elle suspendit les règles ordinaires qu'elle s'est prescrites. C'est un homme qu'elle a voulu rendre à la liberté dans la personne de l'un de ses plus illustres défenseurs.
La liberté ! Nous sommes donc aussi dignes de prononcer ce nom sacré ! Hélas ! il fut un temps où nous allions l'opprimer dans l'un de ses derniers asiles ! Mais non, ce crime fut celui du despotisme. Le peuple français l'a réparé. La France libre et

---

* C'est aussi une des appellations du club des Jacobins.

appelant les nations à la liberté ! quelle magnifique expiation pour la Corse conquise et pour l'humanité offensée ! Généreux citoyens, vous avez défendu la liberté dans un temps où nous n'osions l'espérer encore. Vous avez souffert pour elle ; vous triomphez avec elle, et votre triomphe est le nôtre.

Unissons-nous pour la conserver toujours ; et que ses lâches ennemis pâlissent d'effroi à la vue de cette sainte confédération qui, d'une extrémité de l'Europe à l'autre, doit rallier sous ses étendards tous les amis de la raison, de l'humanité, de la vertu [8].

Membre de l'Assemblée constituante, il participe évidemment à la fête de la Fédération qui se tient au Champs-de-Mars le 14 juillet 1790 pour célébrer la prise de la Bastille, tandis que Talleyrand, évêque d'Autun, dit la messe. Cette cérémonie semble marquer l'union d'une France apaisée dans une révolution paisible. Mais le roi Louis XVI, poussé par Marie-Antoinette, n'est guère satisfait de la tournure des événements. Il pensait pouvoir compter sur l'armée, et sur ses officiers qui sont issus de l'aristocratie, mais l'esprit révolutionnaire atteint les troupes et leur discipline. Les émigrés lui envoient des messages secrets pour lui demander une plus grande fermeté devant les exigences de l'Assemblée. D'autres questions débattues lors de l'élaboration de la Constitution de 1791 vont encore accroître son mécontentement.

La popularité de Robespierre, qui est le seul à exprimer à l'Assemblée la rigueur de sa pensée révolutionnaire, est de plus en plus grande non seulement à Paris mais aussi en province où son nom est regardé comme celui de l'ami du peuple, comme celui d'un patriote, notamment dans le midi de la

France, à Toulon, à Marseille et surtout à Avignon, propriété du pape. Les Avignonnais demandent alors leur rattachement à la France. Le 18 novembre, après discussions, Robespierre prend la parole :

> La cause d'Avignon me paraît se réduire à deux propositions que je prouverai successivement :
> 1° Le peuple avignonnais a le droit de demander la réunion à la France.
> 2° L'Assemblée nationale ne peut se dispenser d'accueillir cette pétition [9].

Après s'être expliqué, il conclut par cette apostrophe coléreuse :

> Qui n'a pas été indigné d'entendre sans cesse réclamer les droits, la propriété du Pape ? Juste ciel ! les peuples, la propriété d'un homme ! Et c'est dans la tribune de l'Assemblée nationale de France que ce blasphème a été prononcé [10] !

Le 5 décembre 1790, l'Assemblée nationale constituante en vient à une discussion sur les gardes nationales dont on exclurait les citoyens dits passifs, c'est-à-dire désargentés. Fureur immédiate de Robespierre qui se lance dans un interminable discours (qu'il ne pourra jamais prononcer devant l'obstruction de ses collègues et qu'il fera malgré tout publier quelques mois plus tard) en s'appuyant sur son cher Rousseau, qu'il cite à propos de l'organisation militaire de la Suisse, qui est toujours une nation armée même en temps de paix et sans distinction entre ses citoyens :

Là tout habitant est soldat, mais seulement quand il faut l'être. Les jours de dimanche et de fête, on exerce ces milices selon l'ordre et leurs rôles. Tant qu'ils ne sortent pas de leurs demeures, peu ou point détournés de leurs travaux, ils n'ont aucune paie ; mais sitôt qu'ils marchent en campagne, ils sont à la solde de l'État. [...] Quoi que vous puissiez faire, les gardes nationales ne seront jamais ce qu'elles doivent être si elles sont une classe de citoyens, une portion quelconque de la nation...

Les gardes nationales ne peuvent être que la nation entière pour défendre, au besoin, ses droits ; il faut que tous les citoyens en âge de porter les armes y soient admis sans aucune distinction... Le peuple ne demande que tranquillité, justice, que le droit de vivre ; les hommes puissants, les riches sont affamés de distinctions, de trésors, de voluptés. L'intérêt, le vœu du peuple est celui de la nature, de l'humanité ; c'est l'intérêt général. L'intérêt, le vœu des riches et des hommes puissants est celui de l'ambition, de l'orgueil, de la cupidité, des fantaisies les plus extravagantes, des passions les plus funestes au bonheur de la société...

Aussi, qui a fait notre glorieuse révolution ? Sont-ce les riches ? Sont-ce les hommes puissants ? Le peuple seul pouvait la désirer et la faire ; le peuple seul peut la soutenir pour la même raison... On veut diviser la nation en deux classes dont l'une ne semblerait armée que pour contenir l'autre, comme un ramas d'esclaves toujours prêts à se mutiner... C'est en vain que vous prétendez diriger, par les petits manèges du charlatanisme et de l'intrigue de cour, une révolution dont vous n'êtes pas dignes : vous serez entraînés, comme de faibles insectes, dans son cours irrésistible : vos succès seront passagers comme le mensonge, et votre honte immortelle comme la vérité [11] !

Lorsqu'il parvient à sa proposition des dix-sept articles du décret, il insiste particulièrement sur l'article 16. Certes, il en comprend l'importance, mais ne sait pas qu'il vient d'inventer la future devise de la République française, même si, répétons-le, il reste toujours à cette époque un monarchiste :

> Les gardes nationales porteront sur leur poitrine ces mots gravés : LE PEUPLE FRANÇAIS, et au-dessous : LIBERTÉ, ÉGALITÉ, FRATERNITÉ. Les mêmes mots seront inscrits sur leurs drapeaux qui porteront les trois couleurs de la nation[12].

C'est un discours très radical que prononce ainsi Robespierre, un an et demi après la prise de la Bastille. On peut comprendre qu'il ne se soit pas fait d'amis et qu'il vive replié, sans beaucoup de contacts avec ses collègues. Il y a là un danger que l'historien peut percevoir, celui de se couper de la réalité sociale, d'une France qui, quoi que l'orateur fasse, est encore composée de classes, dont certaines, comme la bourgeoisie, puissante, ambitieuse, sont bien décidées à confisquer au peuple la Révolution. On a le sentiment inquiétant que Robespierre, très vite et très tôt, poursuit son idée : son idéal d'une démocratie pure et dure.

Il n'est pas encore partisan d'une république, mais il s'en rapproche insensiblement et sans doute sans s'en rendre compte, obnubilé déjà par les héros de la République romaine dont les discours virulents, comme les *Philippiques* de Cicéron contre les antirépublicains romains, les partisans ou les successeurs de César, ont les mêmes tonalités que les siens.

Beaucoup d'historiens, notamment marxistes, remarquent une faille dans toute la pensée de Robespierre et la font ressortir, ne serait-ce qu'à travers cette phrase qu'il prononce également dans ce discours sur la garde nationale :

> Loin de regarder la disproportion énorme des fortunes qui place la plus grande partie des richesses dans quelques mains comme un motif de dépouiller les restes de la nation de sa souveraineté inaliénable, je ne vois là pour le législateur et pour la société qu'un devoir sacré de lui fournir les moyens de recouvrer l'égalité essentielle des droits, au milieu de l'inégalité inévitable des biens [13].

« L'inégalité inévitable des biens », voilà un morceau de phrase qui laisse rêveur et qui montre que Robespierre ne saute pas le pas de l'égalitarisme à tout prix, et ne le sautera jamais jusqu'à sa mort.

Il appartient à la bourgeoisie et ne peut pas concevoir l'égalité de tous devant l'argent. C'est ce qu'on appelle en langage marxiste une aliénation. Pour clairvoyant qu'il soit, Robespierre ne conçoit pas une société où il n'y ait pas de riches et de pauvres, mais il demande simplement que les seconds aient autant de droits que les premiers, ce qui est une utopie et un contresens, l'argent, seul, permettant souvent l'obtention de droits que les pauvres ne posséderont jamais.

Jamais Robespierre ne parviendra à prendre conscience clairement de cette question. Il restera un bourgeois toujours révolutionnaire, mais il ne sera jamais du peuple, quoi qu'il fasse, quoi qu'il dise, et quelle que soit sa popularité parmi les plus démunis de ses concitoyens. C'est une faille étrange chez un homme aussi réfléchi et aussi instruit, et qui sait combien les problèmes économiques furent importants dans la Rome antique, notamment lorsque furent votées les lois agraires des Gracques à la fin du IIe siècle avant notre ère. Le peuple est chez lui pris très exactement dans son sens latin, comme Cicéron et ses alliés parlent du peuple romain : une entité quasi abstraite, une litanie rituelle.

Si ce discours ne fut pas prononcé le 5 décembre au milieu de l'Assemblée, mais publié seulement quelques mois plus tard, Robespierre en faisait la lecture le soir même au club des Jacobins.

Camille Desmoulins a raconté la scène, il montre la violence, la haine, voire la hargne qui montent entre les différentes factions d'une France de plus en plus divisée entre modérés et révolutionnaires :

> Qui pourrait ne pas partager la sainte indignation que Robespierre fit éclater le soir aux Jacobins dans un discours admirable. Les applaudissements dont il fut couvert, si fort censuré du décret du matin, parurent alarmer Mirabeau, président des Jacobins. Il osa rappeler Robespierre à l'ordre en disant qu'il n'était permis à personne de parler contre un décret rendu. Cette interruption excita un grand soulèvement dans l'assemblée, déjà indignée de ce qu'on prétendait dépouiller les citoyens non actifs du port de l'uniforme. Y a-t-il rien de plus tyrannique que le silence que Mirabeau imposait à Robespierre et la raison qu'il alléguait [...]. Mirabeau, voyant que la voix de sa sonnette était étouffée et qu'il ne pouvait parler aux oreilles, s'avisa de parler aux yeux, et pour les frapper par un mouvement nouveau, au lieu de mettre son chapeau, comme le président de l'Assemblée, (ce qui aurait signifié la suspension de la séance), il monta sur son fauteuil : « Que tous mes confrères m'entourent », s'écria-t-il, comme s'il eût été question de protéger le décret en sa personne. Aussitôt une trentaine d'honorables membres s'avancent et entourent Mirabeau. Mais de son côté Robespierre toujours si pur, si incorruptible et à cette

séance, si éloquent, voit autour de lui tous les vrais Jacobins, toutes les âmes républicaines, toute l'élite du patriotisme [...]¹⁴.

Robespierre reste heureusement en contact avec sa province natale, lit les journaux d'Arras qui lui parviennent et en particulier les *Affiches d'Artois* où, dans le numéro du 6 novembre 1790, on le met en cause dans une discussion à l'Assemblée nationale au sujet des biens ecclésiastiques. Il répond en décembre d'abord qu'il y a erreur, car il n'a pas prononcé un seul mot lors de ce débat, ce qui ne l'empêche pas d'être d'accord avec ce qui a été décidé :

> [L]a Nation a le droit de disposer des biens ecclésiastiques de la manière la plus utile au bien public et la plus conforme à leur destination... Au reste s'il faut faire ma profession de foi, la voici : convaincu avec tous les hommes raisonnables et désintéressés, de cette vérité, que le Clergé n'est point propriétaire, qu'il n'est pas bon pour la religion ni pour l'État, ni pour lui-même qu'il le soit, je déclare que je m'opposerai toujours, autant qu'il sera en moi, à tout emploi des biens ecclésiastiques qui serait contraire soit au bien général de la Nation, soit aux droits particuliers de la province que je représente¹⁵.

C'est alors qu'il achève sa mise au point publiée par les *Affiches d'Artois* par cette mise en garde à ses concitoyens qui le concerne évidemment tout particulièrement, mais qu'il élargit à toute la province française :

> Un certain parti\* s'applique, depuis le moment où nous avons commencé la pénible et périlleuse carrière où la patrie nous a appelés, à répandre contre mes collègues et surtout contre moi un torrent de libelles, de calomnies de toutes

---

\* Comprenons contre-révolutionnaire.

espèces, aussi extraordinaires et aussi absurdes qu'elles sont atroces [16].

Il conclut qu'il ne se laissera pas intimider et qu'il continuera à se dévouer au peuple et à la défense de la liberté.

Dans le même temps, Robespierre soigne sa publicité également dans les provinces appelées « belgiques », en se liant avec leurs députés, ceux de Lille, de Douai et du Cambrésis contre lesquels se développe aussi une campagne hostile. Robespierre, qui avait pris leur défense dans une motion à l'Assemblée constituante en août 1789, défense qui était restée lettre morte, a la bonne idée de la faire imprimer en décembre 1790 : « Vous reconnaîtrez, surtout, vos ennemis à certain langage adopté par tous ceux qui s'opposent à l'heureuse révolution [17]… » Après avoir rappelé que les députés qui sont favorables à cette dernière sont traités d'esprits turbulents et factieux, et que leurs écrits sont toujours qualifiés d'incendiaires, il conclut par cette péroraison qui n'étonne pas ceux qui le connaissent, fidèle à une certaine idée du combat démocratique et qui n'en changera pas, fût-ce par la Terreur trois années plus tard :

> Pour nous… quelle que soit l'issue de ce combat immortel entre le despotisme et la liberté, la sainte mission que vous nous avez confiée ne nous laisse rien apercevoir au-dessus du bonheur de la remplir ; placés entre ces deux alternatives, ou de partager le triomphe de la patrie, ou de périr en combattant pour elle, nous sommes incertains laquelle est la plus glorieuse et la plus digne d'envie ; le seul désir de votre bonheur pourrait déterminer notre choix [18].

Il tourne également ses regards vers d'autres régions de France, comprenant une nouvelle fois que si la politique se fait à Paris, il ne faut surtout pas négliger la province. Il s'est ainsi fait remarquer à Marseille par son discours en faveur du rattachement d'Avignon à la France le 18 novembre 1790 qui a été imprimé et distribué dans la ville et dans les Bouches-du-Rhône, de même son plaidoyer envers les gardes nationales n'est pas resté inconnu à Marseille, qui l'a fait imprimer et distribuer à Aix et à Toulon. *La Société de Versailles*, tancée par les Marseillais, fait une large publicité à ce discours en envoyant des versions imprimées et en soulignant qu'en prenant la défense des gardes nationales Robespierre a défendu également l'égalité politique de tous et entre tous et elle demande que les sociétés de province appuient cette intervention. Poitiers, Pontarlier, Besançon, entre autres, réagissent favorablement et apportent leur soutien, ainsi que Verneuil, Avesnes et Conflans.

Une grève ayant éclaté à l'Arsenal de Toulon en décembre, le comte d'Albert de Rioms, commandant de la marine, décide de ramener l'ordre par la force. Le peuple toulonnais s'en émeut et est sur le point de faire un mauvais sort au commandant qui finira par être arrêté et jeté en prison dans le seul but de le mettre à l'abri d'assassins éventuels. Robespierre est au courant et s'oppose à toutes les mesures répressives que demandent la plupart des députés de la droite à l'Assemblée constituante. Il s'écrie du haut de la tribune :

> Lorsque nous sommes convaincus, que M. d'Albert de Rioms a manifesté des principes contraires à ceux de la révolution actuelle... et lorsque la conduite des habitants de Toulon nous offre le caractère d'une résistance légitime contre l'oppression, rien n'est plus injuste et aussi impolitique à la fois que de donner ou des éloges ou une sentence d'absolution précise à M. d'Albert et aux autres officiers, ou le moindre signe d'improbation à la conduite des habitants de Toulon [19].

Il ne ménage pas ses mots, disant qu'approuver l'attitude répressive du commandant de la marine est contraire à *La Déclaration des droits de l'homme* qui permet la résistance à l'oppression. L'Assemblée, par lâcheté, accorde son pardon au peuple toulonnais et à M. d'Albert.

Il n'empêche. L'intervention de Robespierre est vite connue et imprimée à Toulon, des échanges de lettres et de discours ont lieu entre Robespierre et le club patriotique de Toulon, dont celle-ci adressée au frère Robespierre — notons la connotation franc-maçonne de ce terme de frère :

> Robespierre, car votre nom vaut lui seul l'éloge le plus pompeux, *La Société des Amis de la Constitution* a reçu avec reconnaissance le nouveau discours que vous lui avez fait passer... Continuez, bon citoyen, à éclairer la Nation sur ses véritables droits. Bravez l'opinion de ces hommes vils et ignorants que l'aspect de la liberté effraye et dont l'âme pétrie de préjugés est insensible à la voix de la Raison et soyez sûr de l'estime de vos frères que vous aurez si bien méritée par votre dévouement à la chose publique [20].

La mort de Mirabeau, en avril 1791, libère, en effet, quelque peu la place qu'il tenait auprès d'une grande partie du peuple, et Robespierre en profite pour se distinguer par des discours de plus en plus révolutionnaires, apparaissant au milieu de ses coreligionnaires comme un homme seul, mais de plus en plus soutenu par l'opinion publique. Inlassablement combatif, il échoue cependant à se faire entendre. Même s'il donne lecture de ses interventions soit au club des Jacobins, soit à celui des Cordeliers.

Membre de la *Société des amis des Noirs*, il entame en mai une nouvelle polémique à l'Assemblée à propos des esclaves, des Noirs, et surtout des profits que les colons tirent de la traite d'affaires plus que douteuses. C'est dans ce discours que se trouve la célèbre phrase associant l'esclavage au déshonneur :

> Dès le moment où dans un de vos décrets, vous aurez prononcé le mot esclave, vous aurez prononcé votre propre déshonneur […]. Périssent les colonies s'il doit vous en coûter votre bonheur, votre gloire et votre liberté ! Je le répète, périssent les colonies si les colons veulent, par les menaces, nous forcer à décréter ce qui convient le plus à leurs intérêts ! Je déclare au nom de l'Assemblée, au nom de ceux des membres de cette Assemblée qui ne veulent pas renverser la Constitution, je déclare au nom de la Nation entière qui veut être libre, que nous ne sacrifierons aux députés des colonies ni la Nation, ni les colonies, ni l'humanité entière[21].

Il insistera sur ce point le 15 mai dans un discours à la Constituante dont on peut relever ce passage significatif :

> Je sens que je suis ici pour défendre les droits des hommes libres de couleur en Amérique dans toute leur étendue ; qu'il

ne m'est pas permis, que je ne puis pas, sans m'exposer à un remords cruel, sacrifier une partie de ces hommes-là à une autre portion des hommes là[22].

Il propose ensuite aux Jacobins, pour ramener le calme dans l'armée, de licencier tous les officiers issus de la noblesse qui sont des contre-révolutionnaires patentés et professent à l'égard du peuple un incontestable mépris. Il ajoute avec véhémence : « Quiconque ne veut pas, ne conseille pas le licenciement, est un traître[23]. » Il reprend ensuite les arguments sur le licenciement des officiers de la noblesse. Il sera d'ailleurs le seul, même parmi ses amis et partisans qui n'osent sauter le pas, craignant de priver soudain l'armée de chefs et de la mettre en état de faiblesse face à la menace étrangère.

Le 16 mai 1791, on en vient à un débat sur la réélection ou non dans la prochaine Assemblée, dite législative, des membres de l'Assemblée constituante. Robespierre est pour la non-réélection afin d'éliminer d'une manière radicale les brebis qu'il juge galeuses. En cela, il suit la pensée de Rousseau. Il ne s'en cache d'ailleurs pas. Il cite même les Grecs, et la phrase insolente de Thémistocle : « Lorsque montrant son fils enfant, il disait : "Voilà celui qui gouverne la Grèce ; ce marmot gouverne sa mère, sa mère me gouverne, je gouverne les Athéniens et les Athéniens gouvernent la Grèce." » De cette mascarade, Robespierre ne veut pas. Il exige de ses collègues le désintéressement d'avoir servi la France, sans essayer de faire carrière en se faisant réélire.

C'est évidemment aux Romains qu'il pense lorsqu'il s'écrie dans le courant de son discours : « Tous les peuples [...] n'ont-ils pas surtout proscrit la réélection dans les magistratures importantes pour empêcher que, sous ce prétexte, les ambitieux ne se perpétuassent par l'intrigue et la facilité des peuples ? » Il songe naturellement aux consuls qui ne pouvaient pas exiger deux mandats d'un an successifs, mais devaient attendre pour se représenter à la magistrature suprême de Rome un certain délai. « Je demande, conclut-il, que l'on décrète que les membres de l'Assemblée actuelle ne pourraient être réélus à la suivante[24]. »

Il sera suivi à la presque unanimité, notamment par Marat, qui écrira son approbation dans *L'Ami du peuple*, et par Camille Desmoulins, Robespierre lui-même devant appliquer la loi. Cette unanimité est factice : les députés, qui entendent que la Révolution marque un temps d'arrêt définitif, se réjouissent qu'une Assemblée toute neuve soit élue qui pourrait défaire ce que la Constituante allait élaborer, les révolutionnaires, en revanche, voient partir sans regret ceux qui s'étaient opposés à tout changement.

Dans l'Assemblée, ceux qu'on appelle les triumvirs, en souvenir des alliances des triumvirs antiques, Lameth, Duport et Barnave, qui seront plus tard les têtes pensantes du parti des Girondins, avant que celles-là n'aillent rouler sous la guillotine, sont toujours écoutés religieusement et personne n'ose élever la voix contre eux, surtout s'ils attaquent Robespierre. Celui-ci y est indifférent.

Il sait que ce n'est déjà plus dans les Assemblées

que le sort de la France se décide, que les clubs sont de plus en plus puissants et il l'avoue à demi-mot :

> Pour nous, hors de l'Assemblée législative, nous servirons mieux notre pays qu'en restant en son sein. Nous éclairerons ceux de nos concitoyens qui ont besoin de lumières, nous propagerons partout l'esprit public, l'amour de la paix, de l'ordre, des lois et de la liberté [25].

Bien entendu, il est un autre discours qui fera date en ce même mois de mai de l'année 1791 et qui surprendra nombre d'historiens, c'est celui que Robespierre prononce, en vain, contre la peine de mort. Il convient d'écouter ce que dit le futur maître de la Terreur et de la guillotine, le 30 mai 1791, et surtout de replacer ce discours dans le contexte d'une Europe encore en paix, d'une France qui s'apprête à voter une Constitution paisible où le roi est devenu un souverain constitutionnel, dans un Paris qui n'est plus le cœur de nouvelles émeutes, dans une nation où les grands aristocrates se sont exilés, et qui ne semble plus menacée dans sa démocratie naissante. Tout comme il faut se souvenir de l'anecdote où, à Arras, lorsqu'il était juge, Robespierre avait signé avec beaucoup de répugnance une condamnation à mort.

Il n'empêche que malgré le contexte de 1791, qui ne sera certes pas celui des terribles années 1793 et 1794, marquées par la guerre à l'extérieur, la contre-révolution à l'intérieur et la guerre de Vendée, ce discours reste des plus surprenants, tant ses arguments sont proches de ceux des abolitionnistes comme Victor Hugo en 1848 ou Robert Badinter en 1981.

Mais, une fois de plus, Robespierre en appelle à l'Antiquité, grecque et romaine, pour asseoir au mieux sa démonstration en faveur de l'abolition de la peine capitale et il le fait dès les premières lignes de son discours :

> La nouvelle ayant été portée à Athènes que des citoyens avaient été condamnés à mort dans la ville d'Argos, on courut dans les temples et on conjura les dieux de détourner les Athéniens des pensées si cruelles et si funestes. Je viens prier non les dieux, mais les législateurs qui doivent être les organes et les interprètes des lois éternelles que la Divinité a dictées aux hommes d'effacer du code des Français les lois de sang qui commandent des meurtres juridiques et que repoussent les mœurs et la constitution nouvelle. Je veux leur prouver, 1° que la peine de mort est essentiellement injuste ; 2° qu'elle n'est pas la plus réprimante des peines, et qu'elle multiplie les crimes beaucoup plus qu'elle ne les prévient... Un accusé que la société condamne n'est tout au plus pour elle qu'un ennemi vaincu et impuissant ; il est devant elle plus faible qu'un enfant devant un homme fait [26].

Pour lui la peine de mort est l'arme des tyrans et il s'en explique en piochant ses exemples dans l'histoire romaine :

> Il n'est point permis de mettre à mort un citoyen romain : telle était la loi que le peuple avait portée. Mais Sylla vainquit et dit : « Tous ceux qui ont porté les armes contre moi sont dignes de mort. » Octave et les compagnons de ses forfaits confirmèrent cette loi. Sous Tibère, avoir loué Brutus fut un crime digne de mort. Caligula condamna à mort ceux qui étaient assez sacrilèges pour se déshabiller devant l'image de l'empereur. Quand la tyrannie eut inventé les crimes de

lèse-majesté, qui étaient ou des actions différentes ou des actions héroïques, qui eût osé penser qu'elles pouvaient mériter une peine plus douce que la mort, à moins de se rendre coupable lui-même de lèse-majesté ?... Les Républiques où les peines étaient modérées, où la peine de mort était ou infiniment rare ou absolument inconnue, offraient-elles plus de crimes et moins de vertu que les pays gouvernés par des lois de sang ? Croyez-vous que Rome fut souillée par plus de forfaits, lorsque, dans les jours de sa gloire, la loi Porcia eut anéanti les peines sévères décrétées par les rois et par les décemvirs, qu'elle ne le fut sous Sylla qui les fit revivre et sous les empereurs qui en portèrent la rigueur à un excès digne de leur infâme tyrannie... Les pays libres sont ceux où les droits de l'homme sont respectés et où, par conséquent, les lois sont justes. Partout où elles offensent l'humanité par un excès de rigueur, c'est une preuve que la dignité de l'homme n'y est pas connue, que celle du citoyen n'existe pas : c'est une preuve que le législateur n'est qu'un maître qui commande à des esclaves et qui les châtie impitoyablement suivant sa fantaisie. Je conclus à ce que la peine de mort soit abrogée [27].

Une fois de plus Robespierre ne sera pas suivi. Bien entendu, les historiens et les lettrés se sont étonnés d'un tel discours. Édouard Herriot, qui exerça des activités politiques de première importance sous la IIIe et sous la IVe République, et qui écrivit une thèse — *Madame Récamier et ses amis* —, donne en 1913 au journal *Le Rappel* un article où, entre autres, on peut lire : « Comme il est curieux d'entendre Robespierre parler à l'Assemblée nationale contre la peine capitale [...]. Mais alors comment comprendre son intervention dans le jugement de Louis Capet ? [...] Cet orateur ne serait-il qu'un sophiste [28] ? »

# La question de la monarchie

Robespierre continue, tant qu'il siège à la Constituante, de harceler cette Assemblée, soit directement, soit indirectement, notamment dans les clubs. Il se méfie des officiers de l'armée, qui sont tous issus de l'aristocratie, tant il les trouve suspects. Il demande qu'on les écarte et qu'on les remplace par des roturiers.

Mais, comme le remarquent avec étonnement les historiens, une nouvelle fois Robespierre montre ses limites en n'intervenant pas contre la loi dite Le Chapelier qui, le 14 juin 1791, interdit la grève et les coalitions ouvrières. Étonnante, cette indifférence, de la part d'un esprit aussi fin et aussi prêt à sauter sur toutes les occasions pour affirmer les droits du peuple. Comme a été surprenante sa phrase sur la présence inévitable dans une société de riches et de pauvres. Les questions sociales ne l'intéressent pas. Ou alors, il les connaît mal et elles ne peuvent pas être pour lui un sujet de préoccupation.

Pendant tout ce temps, Robespierre prend part aux différents actes de la Constituante et élabore notamment avec elle la Constitution civile du clergé qui conforte la liberté de culte proclamée par *La Déclaration des droits de l'homme et du citoyen*. Les juifs comme les protestants ont le droit de pratiquer leur religion tout comme les catholiques. Le nombre des diocèses est ramené à 83. Les curés et les évêques sont élus. Un serment de fidélité à la Nation, à la loi et au roi (remarquer que le roi vient en dernier !) est exigé des ecclésiastiques. L'Église française, déjà fort gallicane, est détachée un peu plus de Rome avec laquelle toute relation directe est interdite. Elle semble surveillée par l'État, et elle se divise bien vite en deux camps, ceux qui acceptent le serment, les assermentés ou jureurs, et ceux qui le dénient, les réfractaires. Le roi Louis XVI n'accepte pas cette réorganisation de l'Église catholique dont la France est officiellement la fille aînée et il met son veto. Quant à la Constitution proprement dite, elle est sur le point d'être achevée et elle doit être soumise sous peu à l'approbation du roi, qui n'entend pas en être prisonnier et décide alors une sorte de coup de force.

Robespierre fera également allusion à la liberté de la presse, d'opinion et de pensée, dans un discours à *La Société des amis de la Constitution*, discours qu'il reprendra en grande partie à l'Assemblée nationale en août. Il affirme que « Le droit de communiquer ses pensées, par la parole, par l'écriture, par l'impression ne peut être gêné ni limité d'aucune manière [1] », selon la Constitution des États-Unis d'Amérique. Naturellement, il fait quelques restrictions : « Il ne faut point permettre d'écrire contre les lois. » Et lorsqu'il s'écrie :

« Il faut toujours revenir au principe que les citoyens doivent avoir la faculté de s'expliquer sur la conduite des hommes publics, sans être exposés à une aucune condamnation légale [2] », il pense tout naturellement à Cicéron, qui déjoua la conjuration de Catilina contre la République romaine (en 63 av. J.-C.), fit exécuter les meneurs sans jugement et sans en référer au Sénat, et pour cette raison, quelques années plus tard, fut condamné à l'exil sous la pression d'un de ses amis, Clodius.

Ce n'est pas un hasard si Robespierre les prend en exemple puisque ce sont tous les deux les fils dégénérés de l'aristocratie romaine ! Il y pense tellement qu'il le dit devant des collègues — qui, naturellement, connaissent parfaitement cette période de l'histoire —, se mettant tout simplement à la place de Cicéron :

> Attendrai-je des preuves juridiques de la conjuration de Catilina ? Et n'oserai-je la dénoncer au moment où il faudrait l'avoir déjà étouffée ? Comment oserais-je dévoiler les desseins perfides de tous ces chefs de parti (les complices de Catilina) qui s'apprêtent à déchirer le sein de la République, qui tous se couvrent du voile du bien public et de l'intérêt du peuple et qui ne cherchent qu'à l'asservir et le vendre au despotisme ?
>
> Comment vous développerai-je la politique ténébreuse de Tibère ? Comment les avertirai-je que ces pompeux dehors de vertus dont il s'est tout à coup revêtu, ne cachent que le dessein de consommer plus sûrement cette terrible conspiration qu'il trame depuis longtemps contre le salut de Rome ? Et devant quel tribunal voulez-vous que je lutte contre lui ? Sera-ce devant le Préteur ? Mais s'il est enchaîné par la crainte, ou séduit par l'intérêt ? Sera-ce devant les Édiles ? Mais s'ils sont soumis à son autorité, s'ils sont à la fois ses esclaves et ses complices ? Sera-ce le Sénat ? Mais le Sénat lui-même n'est-il pas trompé ou asservi ?

Enfin si le salut de la patrie exige que j'ouvre les yeux à mes concitoyens sur la conduite même du Sénat, du Préteur et des Édiles, qui jugera entre eux et moi [3] ?

Puis il conclut, s'éloignant quelque peu du thème de la liberté de la presse et se rapprochant lentement de ce qui sera sous la Terreur la loi sur les suspects :

Ainsi, ce serait ceux qu'il importerait le plus de surveiller qui échapperaient à la surveillance de leurs concitoyens ? Tandis qu'on chercherait les preuves exigées pour avertir de leurs funestes machinations, elles seraient déjà exécutées, et l'État périrait avant que l'on eût osé dire qu'il était en péril. Non. Dans tout État libre, chaque citoyen est une sentinelle de la liberté [sous entendu, comme Cicéron et comme moi] qui doit crier au moindre bruit, à la moindre apparence du danger qui la menace [4]...

Il va encore plus loin chercher dans l'histoire grecque l'exemple de :

Aristide banni par l'ostracisme n'accusait pas cette jalousie ombrageuse qui l'envoyait à un glorieux exil. Il n'eût point voulu que le peuple athénien fût privé de lui faire justice. Il savait que la même loi qui eût mis le magistrat vertueux à couvert d'une téméraire accusation, aurait protégé l'adroite tyrannie de la foule des magistrats corrompus.
Autrement dit, il préférait être banni injustement par une loi qui pouvait par ailleurs attaquer les corrompus [5].

Il en revient à l'histoire de Rome en s'exclamant :

Je n'ai jamais ouï dire que Caton, traduit cent fois en justice, ait poursuivi ses accusateurs ; mais l'histoire m'apprend que les Décemvirs à Rome firent de terribles lois contre les libelles [6].

Ces décemvirs étaient des juges qui agissaient d'une manière discrétionnaire au temps des rois à Rome. On voit là, une fois de plus, Robespierre, qui, pour un court temps encore, reste monarchiste, regarder avec quelque fascination la République romaine et ses hommes vertueux.

Il y aura plusieurs passes d'armes, entre Duport et Robespierre, et Duport et Barnave, où chacun fera assaut d'éloquence pour interrompre l'autre, qui se termineront par des tumultes des députés et par des paroles injurieuses, voire menaçantes à l'égard de Robespierre. Que lui importe, il a dit ses convictions, s'est fait connaître et, plus encore, redouter.

Mais lorsque le 22 août 1791, ce discours sera prononcé à l'Assemblée nationale, la fuite de Louis XVI — véritable coup de force décidé par le roi et orchestré par Marie-Antoinette, aidée de son ami le Suédois Fersen — et de la famille royale aura eu lieu, le pacte entre le roi et la nation aura été irrémédiablement rompu. Les phrases de Robespierre en faveur des républicains romains, déjouant les complots de l'aristocratie, prendront alors une actualité nouvelle.

Car la fuite du souverain, qui sera arrêté à Varennes, en Argonne, le 21 juin, provoque une situation irréversible qui aboutira fatalement à la république. Robespierre l'a senti venir dans ses discours enflammés contre les despotes, tout en écartant Louis XVI de ces dénonciations. Désormais, devant une Assemblée qui refuse d'entendre que le roi a laissé en partant une proclamation où il affirmait qu'il n'était plus lié aux lois qu'il avait sanctionnées, devant des députés qui tentent par tous les moyens de trouver des excuses à Louis XVI, dont ils prétendent qu'il a été en quelque sorte « enlevé » contre son gré, c'est l'avis de La Fayette et de Barnave qui se refusent à proclamer la déchéance du roi et ne votent que sa suspension, Robespierre, lui, ne mâche pas ses mots.

Il a enfin trouvé son prétexte pour se dégager de cette idée d'une France monarchique qui, visiblement, l'encombrait et ne correspondait plus à son idéal d'une république à la romaine.

Il faut dire que Robespierre a été tout de même le premier surpris par cette trahison du souverain, qui vient de rompre unilatéralement avec la Constitution de 1791 dont il est le garant. Le 20 juin, Robespierre ne se trouve pas à Paris, mais justement à Versailles chez *Les Amis de la Constitution* qui regrettaient qu'il ait troqué sa fonction de juge au tribunal de Versailles contre celle d'accusateur public à Paris où il rentre le soir, n'ayant apparemment rien remarqué d'anormal.

C'est le lendemain matin qu'il apprend la nouvelle. Il retrouve l'après-midi quelques collègues, comme Brissot et Pétion et également Mme Roland qui a raconté dans ses *Mémoires* combien le député d'Arras semblait affecté par cette nouvelle qui mettait à bas son souci de respecter une monarchie à la française, qui devenait constitutionnelle, ainsi que la personne du roi Louis XVI et qui changeait totalement sa vision de la Révolution. Pour lui comme pour tous ses collègues, la rupture est consommée et elle lui semble irréparable. Il pense que Louis XVI est au centre d'un complot avec des ramifications internationales et que sa fuite peut sonner le glas non seulement de la Révolution, mais aussi aboutir à un massacre généralisé des membres de l'Assemblée nationale, avec pour corollaire un retour à l'Ancien Régime.

Mais comme l'écrit Mme Roland, lorsque Pétion et Brissot parlent d'instaurer une république, cela apparaît comme inconcevable à Robespierre qui psychologiquement n'y est pas préparé et qui se demande si choisir un tel régime n'est pas justement tomber dans le piège que la famille royale a tendu pour appeler les forces étrangères à la rescousse.

Le soir même du 21 juin, il prononce au club des Jacobins un discours dont Camille Desmoulins s'est plu à rapporter les termes :

> Ce n'est pas à moi que la fuite du premier fonctionnaire public devait paraître un événement désastreux. Ce jour pouvait être le plus beau de la Révolution, il peut le devenir encore, et le gain de quarante millions d'entretien que coûte l'individu royal serait le moindre des bienfaits de cette journée. Mais pour cela il faudrait prendre d'autres mesures que celles qui ont été adoptées par l'Assemblée nationale... L'Assemblée nationale aujourd'hui dans vingt décrets, a affecté d'appeler la fuite du roi un enlèvement [7].

Robespierre, qui ignore encore que le roi a été arrêté à Varennes, exprime sa grave inquiétude que les ministres du roi soient du complot de Louis XVI qui vise à exciter l'étranger à faire la guerre à la France. Et le voilà à nouveau plongé dans l'Antiquité romaine :

Antoine commande les légions qui vont venger César ! Et c'est Octave qui commande les légions de la République. On nous parle de réunion, de nécessité de se serrer autour des mêmes hommes. Mais quand Antoine fut venu camper à côté de Lépidus et parla aussi de se réunir, il n'y eut bientôt plus que le camp d'Antoine. Et il ne resta plus à Brutus et à Cassius qu'à se donner la mort[8].

Autrement dit le triumvirat, Antoine, Lépidus et Octave, a projeté la mort de la démocratie romaine, de la République romaine et a forcé les deux derniers grands républicains romains à se suicider.

Et les ministres de Louis XVI, avec à leur tête ceux de la Guerre et des Affaires étrangères, surveillés prétendument par un comité diplomatique, vont également former un triumvirat, comme dans l'Antiquité, et tenter d'abattre la Constitution, avec la complicité ou la volonté de l'Assemblée nationale.

Sans illusion, Robespierre se fait provocant, mais surtout dénonciateur :

Je sais qu'en accusant ainsi la presque universalité de mes confrères, les membres de l'Assemblée, d'être des contre-révolutionnaires, les uns par ignorance, les autres par la terreur, d'autres par un ressentiment, par un orgueil blessé, d'autres par une confiance aveugle, beaucoup parce qu'ils sont corrompus, je soulève contre moi tous les amours-propres, j'aiguise mille poignards et je me dévoue à toutes les haines ; je sais le sort qu'on me réserve [...]. Aujourd'hui que les suffrages de mes concitoyens, qu'une bienveillance universelle, que trop d'indulgence, de reconnaissance, d'attachement m'ont bien payé de ce sacrifice, je recevrai presque comme un bienfait une mort qui m'empêchera d'être témoin de maux que je vois inévitables[9].

Derrière l'emphase quasi romantique de ces propos, on devine que Robespierre a compris parfaitement que la fuite du roi va donner à la Révolution une tournure plus radicale qu'il n'avait pas envisagée :

> L'Assemblée nationale trahit les intérêts de la nation... Je viens de faire son procès à l'Assemblée nationale, je lui défie de faire le mien[10].

Naturellement, le discours de Robespierre, pourtant accusateur, suscite immédiatement l'engouement de ses collègues des Jacobins qui ne se sentent nullement concernés par les accusations dont ils ont été l'objet. Camille Desmoulins, emporté par l'émotion, s'écrie : « Nous mourrons tous avec toi[11] », et tous de se grouper autour de Robespierre pour bien montrer leur alliance et leur détermination.

Cambon, député aux États généraux, puis à l'Assemblée nationale constituante, a ces mots qui montrent la force de l'exemple romain — celui qui a chassé les rois de la dynastie des Tarquins au $V^e$ siècle avant notre ère : « Il ne nous manque pour être romains que la haine et l'expulsion des rois. Nous avons désormais la première, nous attendons la seconde[12]. »

Mais bien entendu, ce n'est qu'un mouvement d'alarme. L'émotion retombe vite et les calculs des uns et des autres se feront peu à peu jour pour tenter de sauver la monarchie.

Prudemment et pendant quelques semaines, Robespierre se tait et observe la situation. Il note ceux qui sont favorables au maintien du roi, ceux qui voudraient sa déchéance et la régence de Philippe d'Orléans, plus connu plus tard sous le surnom de Philippe Égalité et père du futur roi Louis-Philippe, ceux qui préféreraient dès maintenant une république — question qui pour lui ne se pose pas encore —, qui trouvera face à elle une coalition armée de tous les aristocrates, menée par La Fayette.

Le 14 juillet 1791, soit trois semaines après la fuite du roi, Robespierre monte à la tribune de l'Assemblée nationale pour se prononcer sur la question de l'inviolabilité de la personne royale. Dès le début de son discours, il fait part de son opinion personnelle :

> Je ne veux pas répondre à certain reproche de républicanisme qu'on voudrait attacher à la cause de la justice et de la vérité : je ne veux pas non plus provoquer une décision sévère contre un individu*.

Il ajoute plus loin, précisant sa pensée :

> Qu'on m'accuse, si l'on veut, de républicanisme ; je déclare que j'abhorre toute espèce de gouvernement où les factieux règnent. Il ne suffit pas de secouer le joug d'un despote, si l'on doit retomber sous le joug d'un autre despotisme.
>
> Le roi est inviolable, dites-vous ; il ne peut pas être puni : telle est la loi... Vous vous calomniez vous-mêmes ! Non, jamais vous n'avez décrété qu'il y eût un homme au-dessus des lois ; un homme qui pourrait impunément attenter à la liberté, à l'exis-

---

* Louis XVI, on l'aura compris.

tence de la nation et insulter paisiblement, dans l'opulence et dans la gloire, au désespoir d'un peuple malheureux et dégradé! Messieurs, il faut ou prononcer sur tous les coupables, ou prononcer l'absolution générale de tous les coupables. Je propose que l'Assemblée consultera le vœu de la nation pour statuer sur le sort du roi... Et si les principes que j'ai réclamés pouvaient être méconnus, je demande au moins que l'Assemblée nationale ne se souille pas par une marque de partialité contre les complices prétendus d'un délit sur lequel on veut jeter le voile!

Il n'est plus possible qu'un roi qui s'est déshonoré par un parjure, de tous les crimes les plus antipathiques à l'humeur française, un roi qui, de sang-froid, allait faire couler celui des Français, il n'est plus possible qu'un tel roi se montre encore sur le trône, le dernier de ses sujets se croirait déshonoré en lui [13].

Ni la demande de déchéance du roi ni l'ultime recommandation de Robespierre ne sont écoutées et, le lendemain, l'Assemblée vote l'inviolabilité de la personne royale, comprenant que si on touche à la personne du roi, c'est tout l'édifice de la Constitution qui s'écroule et qui ouvre la France à l'aventure de la révolution permanente. Barnave est on ne peut plus franc en déclarant que « l'anéantissement de la royauté serait suivi de l'anéantissement de la propriété [14] ».

Cette décision provoque la fureur du peuple, qui a pris connaissance avec satisfaction, en revanche, du discours de Robespierre. De leur côté, les troupes sont en grande partie favorables à la royauté et prêtes à se mobiliser pour mater une éventuelle émeute. Les Jacobins se prononcent pour le remplacement du roi par tous les moyens constitutionnels, les Cordeliers, de leur côté, se montrent favorables à la proclamation de la république. La France serait-elle au bord de la guerre civile ?

Robespierre se prononce alors aux Jacobins sur cette question de l'inviolabilité du roi par des propos simples, compréhensibles et presque modérés : « De ce que Louis ne puisse être puni comme les autres citoyens, s'ensuit-il que la France n'ait pas le droit de retirer les rênes de l'empire des mains de ce mandataire infidèle ? Elle a déclaré pour les ministres que dans le cas où elle ne voudrait pas leur faire leur procès, elle pourrait déclarer qu'ils ont perdu la confiance publique. Ne peut-elle pas faire la même déclaration à l'égard du roi [15] ? »

Ces propos sont mesurés car Robespierre craint l'émeute populaire, contraire aux principes de sa classe sociale. L'homme est réfléchi, il est lent dans ses démarches, alors que les événements vont plus vite que lui. Il n'est pas un chef de parti, encore moins un conducteur du peuple en armes. Sa formation comme ses origines s'y opposent.

L'Assemblée pendant la journée du 16 juillet a été plus rapide. Si, la veille, elle a déclaré la personne du roi inviolable et donc que Louis XVI ne peut être jugé, elle se hâte de voter un décret qui déclare que Louis XVI recouvrera tous ses droits dès qu'il aura validé la Constitution en voie d'achèvement. C'est ôter tout prétexte au peuple de proclamer la déchéance du roi et, s'il se révolte, il le fera dans l'illégalité. Robespierre, qui est un légaliste et un juriste, le comprend qui veut s'en expliquer au Champ-de-Mars où le peuple s'est rassemblé en armes le 17 juillet. Mais c'est trop tard, la révolte a commencé. Aussi Robespierre gagne la salle des Jacobins rue Saint-Honoré. La garde nationale, composée de citoyens actifs de la bourgeoisie, ce à quoi Robespierre s'était opposé, se lance dans une répression sanglante de cette émeute, sous la conduite de son chef, La Fayette. Les directeurs de la presse révolutionnaire sont arrêtés et jetés en prison. Robespierre, qui n'ose rentrer chez lui de peur d'être pris à partie par les contre-révolutionnaires, est accueilli par le menuisier Duplay, qui habite lui aussi rue Saint-Honoré. Il y passera la nuit et s'y installera définitivement à partir du mois d'août 1791, abandonnant la rue Saintonge. Ce qui montre que les opposants à Robespierre ont pris la mesure de sa popularité.

En fait, Maurice Duplay n'est pas un simple menuisier, mais un entrepreneur en menuiserie qui possède trois maisons de rapport à Paris, ce qui en fait un homme assez riche. Il sera appelé plus tard par Robespierre à siéger au Tribunal révolutionnaire, mais on l'y verra fort peu : ce qui lui sauvera la vie lorsque, après la mort de Robespierre, il sera acquitté lors du procès des membres de ce tribunal. Il a un fils et quatre filles, dont on prétend que l'une d'entre elles, Éléonore, a vécu maritalement avec Robespierre.

Comprenant que le club des Jacobins est en péril et mesurant à quel point cette seconde assemblée est indispensable à la poursuite de la Révolution, Robespierre va employer ses journées de juillet à le reconstituer avec de nouveaux membres face au modéré club des Feuillants qui est de plus en plus sollicité. Il propose la refonte des statuts du club des Jacobins, l'épuration de la plupart de ses membres et en appelle au patriotisme de ses collègues les plus sûrs pour y adhérer. Dès le 18 juillet, il proteste contre l'accusation d'avoir voulu ameuter le peuple dans un discours qui est présenté aux Jacobins et que ceux-ci reprennent à leur compte :

> Nous ne sommes pas des factieux. Législateurs, ne vous alarmez pas si, dans les circonstances les plus critiques de la Révolution, les citoyens ont fait éclater quelques signes d'inquiétude et de douleur [...]. Loin de vouloir troubler la paix publique, le véritable objet de nos soins et de nos inquiétudes est de prévenir les troubles dont nous sommes menacés. Représentants, c'est à vous de réprimer l'activité des factieux\* [...]. C'est à vous de protéger les amis de la liberté contre les vexations qu'ils peuvent éprouver contre les attentats arbitraires à la liberté individuelle [16].

Ce discours est transmis à l'Assemblée constituante.

Beaucoup répondent à l'appel du club des Jacobins qui se transforme en une sorte de comité de surveillance des agissements de l'Assemblée nationale, et le club retrouve une nouvelle vigueur. Tous les autres clubs et sociétés, un moment étourdis par la rigueur de la répression du 17 juillet, se reconstituent et la presse est à nouveau présente. Marseille, qui depuis longtemps avait demandé à Robespierre de prendre sa défense contre la contre-révolution très active dans le département, et n'avait reçu aucune réponse — d'une part parce que lorsque la cause marseillaise avait été débattue

---

\* Qui aux yeux des Jacobins ne sauraient être les participants à l'émeute du 17 juillet.

Robespierre était souffrant, d'autre part, parce que la France avait été le théâtre de graves événements, comme la fuite du roi ou les massacres du Champ-de-Mars —, reçoit enfin une réponse de Robespierre le 27 juillet où celui-ci se montre fort pessimiste. Les Marseillais lui répondent pour l'encourager, mais sans se faire d'illusion sur la difficulté de la tâche qui l'attend : « La patrie vous demande une chose, c'est de démasquer les traîtres qui peuvent vous être connus[17]. » Ils lui disent aussi qu'ils ne doutent pas de son patriotisme et pour le lui prouver placent son buste au club des Jacobins de Marseille aux côtés de ceux de Mirabeau et de Paoli.

À Paris, Robespierre continue de convertir les esprits à ses idées en reprenant ses discours et en les faisant imprimer, notamment *L'Adresse aux Français*, dans laquelle il se déclare favorable au suffrage universel, hostile au système censitaire, et rejette l'idée de contraindre les députés de devoir s'acquitter d'un marc d'argent pour avoir le droit de siéger à l'Assemblée nationale constituante.

Au début du mois d'août 1791, l'Assemblée nationale reprend ses débats autour de la révision de la Constitution que la fuite récente du roi a mise quelque peu à mal. Durant tout le mois, les discussions font rage entre des députés qui semblent n'avoir rien compris à la situation nouvelle qui a profondément secoué le pays, lequel a perdu sa confiance en son monarque. Avec inconscience, ils proposent le droit de veto absolu pour le roi, ainsi que la nomination des juges, ce qui est une rupture avec la séparation des pouvoirs, sans laquelle il ne peut pas y avoir de démocratie possible. Robespierre tente d'intervenir au milieu des huées de ses collègues, sans succès. C'est ainsi qu'il réclame à nouveau la liberté de la presse, sachant qu'elle est le seul domaine qui lui permette de se faire connaître à la population française, en faisant imprimer les discours qu'il a prononcés mais que personne n'a pu entendre.

Il propose que « tout citoyen a le droit de publier son opinion sans être exposé à aucune poursuite, que le droit d'intenter une action en diffamation n'est accordé qu'aux personnes privées, que les fonctionnaires publics ne pourront pas poursuivre ceux qui les attaquent dans la presse », et il ajoute : « Si vous ne donnez point une certaine facilité pour surveiller les fonctionnaires publics, pour réprimer leurs desseins lorsqu'ils pourraient en avoir de coupables, vous n'avez point renversé le despotisme [18]. »

Le 24 août, il refuse que le roi ait une garde personnelle, car il sait que l'armée s'agite et que certains régiments encore royalistes sont prêts à en découdre :

Pourquoi faut-il qu'on me force de parler des circonstances connues de tout le monde ? Est-il quelqu'un qui ne connaisse les alarmes publiques sur certains rassemblements suspects, sur des desseins hostiles, manifestés hautement par les ennemis de la révolution ? Est-ce donc là le moment de donner au roi un corps particulier de 1 800 hommes au milieu de tant de troubles dont nous sommes menacés de toutes parts [19] ?

Le même jour, il s'oppose à ce que la famille royale jouisse de privilèges particuliers, en déclarant : « Prétendre élever une famille au-dessus des droits de citoyen n'est autre qu'avilir la qualité de citoyen, c'est reconnaître formellement que le plus haut degré de la gloire consiste à être plus que citoyen [20]. » Il reprendra sur le même thème le lendemain à l'Assemblée : « On ne peut impunément déclarer qu'il existe en France une famille quelconque élevée au-dessus des autres ; vous ne pouvez pas le faire sans réchauffer pour ainsi dire le germe de la noblesse détruit par vos décrets, mais qui n'est point encore détruit dans les esprits [21]. »

Il se fait sarcastique le 26 août, toujours devant la même Assemblée, lorsqu'il se révolte contre l'idée qu'on puisse donner le titre de prince à un membre de la famille royale : « Il est impossible de donner ce titre distinctif aux parents du roi sans violer tous les principes de votre Constitution... J'observe que quand nous serons accoutumés à entendre appeler M. le prince de Condé, M. le prince de Conti... je demande que l'on dise encore M. le comte de Lameth [22] ! »

Lameth étant un député, longtemps allié de Robespierre, et n'ayant évidemment aucuns quartiers de noblesse !

Enfin, le 28 août, il intervient à propos des éventuelles insurrections militaires qui pourraient se produire et qui devraient être réprimées pour bien spécifier qu'au lieu de s'attaquer aux soldats, il serait préférable de parler des officiers, lesquels, à ses yeux, sont tous monarchistes, partisans de l'Ancien Régime et complotent contre la Révolution.

C'est pourquoi le 1er septembre 1791, Robespierre soudain se met en colère, lorsque est proposée une nouvelle révision de la Constitution au cas où le roi n'accepterait pas celle qu'on lui présenterait. Il emploie une sorte de « on » collectif et méprisant qui englobe aussi bien la personne royale que les contre-révolutionnaires ou les députés par trop modérés, à la place desquels il se met ironiquement :

> On doit être content sans doute de tous les changements essentiels que l'on a obtenus de nous ; que l'on nous assure au moins la possession des débris qui restent de nos premiers décrets ; si on peut attaquer notre Constitution après qu'elle a été arrêtée deux fois, que nous reste-t-il à faire, que de reprendre nos fers et nos armes[23] ?

Une sorte d'appel à l'insurrection, tant la Constitution, selon lui, ne cesse d'être mise à mal par les suppôts de la réaction. Une violente altercation l'oppose alors au député Duport qui l'injurie et auquel il rend coup pour coup, le traitant de lâche, de perfide, d'ennemi de la patrie, et d'impudent !

Le 3 septembre, la rédaction de la Constitution est totalement achevée, même si Robespierre, dans un ultime baroud d'honneur, s'est élevé contre le droit de grâce accordé au roi :

> Il est inutile de remettre au roi le droit de tempérer les jugements ; il est visible que ce n'est que pour qu'il pardonne à des favoris, à des criminels réellement que l'on veut donner au roi le droit de faire grâce[24].

La Constitution est présentée au roi, qui l'approuve le 16 septembre. Une Constitution qui, malgré les combats jamais suivis d'effets de Robespierre, est plutôt favorable à Louis XVI et lui laisse nombre de prérogatives, tout en le rétablissant, après l'épisode de Varennes, dans la totalité de ses pouvoirs. Robespierre mais aussi Marat sont tellement meurtris par ce qu'ils considèrent comme une trahison de la Révolution que le second veut tout abandonner et s'exiler en Angleterre.

Mais Robespierre tient bon et attaque une nouvelle fois ce qu'on a appelé le triumvirat, en souvenir de celui d'Octave, Marc Antoine et Lépide à la fin de la République romaine, et qui est constitué de Duport, Barnave et Lameth. Robespierre ne craint pas d'utiliser le mot de traître à l'égard de Barnave, car la question coloniale est à l'ordre du jour, puisque Saint-Domingue est en pleine révolte. Le 15 mai, comme nous l'avons vu, Robespierre avait prononcé un discours décisif pour appuyer l'adoption d'un décret en faveur des hommes de couleur. Mais ce décret a tellement déplu aux colons qu'ils l'ont saboté, d'où la révolte des Noirs. Robespierre se bat pour qu'il soit maintenu et appliqué, mais Barnave le fait abolir le 24 septembre, non sans avoir dû écouter Robespierre qui, prenant de la hauteur, fait une profession de foi révolutionnaire des plus pures :

> Moi, dont la liberté sera l'idole, moi qui ne connais ni bonheur, ni prospérité, ni moralité pour les hommes ni pour les nations sans liberté, je déclare que j'abhorre de pareils systèmes* et que je réclame votre justice, l'humanité, la justice et l'intérêt national en faveur des hommes libres de couleur[25].

---

\* Le système colonial.

Le 29 septembre 1791, les clubs sont à nouveau attaqués. Robespierre monte à nouveau au créneau et cette fois obtient quelque satisfaction. Mais il ne peut cacher ses regrets, comme le prétend la majorité des constituants en se séparant le 30 septembre 1791, la Révolution semble bien « finie ».

Le président de la Constituante déclare que cette Assemblée « a rempli sa mission et que toutes ses séances sont terminées[26] », et cela en présence de Louis XVI et de Marie-Antoinette qui quittent la salle au milieu des applaudissements des députés et aux cris de : « Vive le Roi ! »

Cette fin de législature s'accompagne de manifestations populaires dont Camille Desmoulins s'est fait le narrateur encore enthousiaste, évoquant Robespierre qui naturellement va quitter lui aussi ses fonctions de député, comme en ont décidé les constituants. Il ne siégera pas dans la prochaine Assemblée législative. Les députés sortent des Tuileries en procession :

> Au bruit des applaudissements unanimes, des cris d'allégresse d'un peuple transporté, unis aux accords d'une musique militaire placée sur la terrasse des Feuillants, on couronne Robespierre et Petion de chêne civique. — Recevez, leur dit-on, recevez le prix de votre civisme et de votre incorruptibilité ; en vous couronnant, nous donnons le signal à la postérité [...]. La vertu véritable est modeste, elle se refuse aux honneurs qu'elle mérite : Robespierre et Pétion veulent se dérober au tribut si légitime de ceux qu'on leur rend ; de jeunes femmes les arrêtent. — Sexe charmant, que vous êtes digne de notre amour, lorsque vos mains couronnent la vertu ! L'une d'elles, suivant un de ces mouvements spontanés de l'âme, que les femmes éprouvent d'une manière plus exquise que nous, leur présente sa petite fille, de la figure la plus intéressante : — Au moins,

dit-elle, vous permettrez que mon enfant vous embrasse. Des larmes roulent dans les yeux des deux pères de la patrie, ils prennent l'enfant dans leurs bras et les applaudissements, les bravos, les cris de Vivent les braves législateurs, les députés sans tache, redoublent.

Pour échapper au peuple qui accourait de toute part avec la musique, les deux héros de la fête s'empressent de monter en fiacre. — Des le Chapelier, des Barnave, des Lameth ont des carrosses magnifiques ; malheur à celui qui ne préférerait pas l'humble fiacre de Robespierre et de Pétion. — Aussitôt les chevaux sont dételés et des citoyens veulent traîner la voiture. À cette vue les députés s'élancent et tentent de se sauver. De bons citoyens parviennent à les retenir et à faire entendre au peuple que cette idolâtrie d'esclave est avilissante pour des hommes libres et qu'elle donnerait des armes à la calomnie. On les laisse donc partir au bruit des fanfares, des applaudissements et des acclamations ; récompense bien légitime de trois années de travaux pénibles, de soins, de courage, d'incorruptibilité et de persécutions [27].

Robespierre lui-même, si on en croit *Le Législateur français*, se serait écrié, hors de lui :

Citoyens, que faites-vous ! Est-ce là le fruit des travaux auxquels je me suis livré pour vous ? Sentez votre dignité et n'agissez pas comme des esclaves [28] !

Ce récit de Camille Desmoulins, qui ne se doute pas que Robespierre deux ans plus tard l'enverra à l'échafaud, appelle deux brefs commentaires. Les enfants qu'on présente à Robespierre, c'est un geste courant dans les régimes dictatoriaux, il n'est que de voir Hitler et Staline accomplissant les mêmes gestes en caressant les visages des enfants que des foules fanatiques leur tendent. Sans vouloir comparer les deux dictateurs à Robespierre, notamment à cette date de sa carrière, on éprouve tout de même un malaise devant tant de popularité qui ne peut que galvaniser l'intransigeance de l'ancien avocat d'Arras.

Autre geste, celui de dételer les chevaux et de tirer le fiacre à mains d'homme : il est courant dans les parades des empereurs romains ou des héros militaires ou politiques dans la Rome antique. Que de chars où se trouvaient des commandants en chef lors de leur triomphe ont ainsi été dételés sous la République romaine et tirés par des hommes enthousiastes, et non point par des esclaves ! Quelle étrangeté que ce geste effectué à deux mille ans d'intervalle et qui prouve bien que la nation française, au niveau le plus humble et au moment même où elle effectue sa Révolution, est imprégnée de romanité.

Robespierre ne peut qu'en être satisfait.

# Robespierre dirige la Révolution depuis le club des Jacobins

En octobre 1791, sans mandat électif, Robespierre décide de revenir à Arras, sa ville natale, où il restera jusqu'à la fin novembre. Il ne cherchera ni à s'y détendre, ni à s'y reposer, mais à propager dans cette cité ses idées concernant la Révolution française. Il faut dire que son voyage de retour n'est pas celui de l'enfant prodigue, on le boude lors de son passage à Bapaume, car un bataillon de la garde nationale parisienne qui y a campé s'est mal conduit. À Arras, la bourgeoisie de la ville n'apprécie guère l'arrivée de ce concitoyen boutefeu, et cela d'autant moins que, prévenu de la venue imminente de son idole Maximilien de Robespierre, le peuple d'Arras défile la nuit avec des lampions et exige parfois d'une manière menaçante que tous les Artésiens illuminent leurs demeures.

Certes, Robespierre, sitôt entré dans sa ville natale est l'objet d'acclamations, d'adulation et d'affection. Et le bataillon de la garde nationale venu de Bapaume vient mêler ses acclamations et ses chants à cette réception en fanfare de l'illustre ex-député, avant de partir au grand soulagement des bourgeois artésiens.

Robespierre passe la journée du 16 octobre à *La Société des amis de la Constitution*, qui lui offre une couronne civique — une coutume qui était de règle dans la Rome antique pour célébrer les plus dévoués des citoyens à la cause de la République. Robespierre règle ensuite des affaires privées en suspens, pour pouvoir s'installer définitivement à Paris, et quitte Arras le 23 novembre, bien décidé à ne plus revenir dans une ville où il se sent désormais étranger. Il passe par Lille et fait étape à *La Société des amis de la Constitution,* reçoit à nouveau une couronne civique, puis reprend le chemin de la capitale.

Il se trouve à Paris le 28 novembre, et dîne chez Pétion qui vient d'être élu maire de Paris contre La Fayette, dont le peuple n'a pas oublié qu'il fut le massacreur du 17 juillet au Champs-de-Mars.

Robespierre et son ami, et ils ne sont pas les seuls, même sans mandat électif, ne se coupent pas de la situation politique. Bien au contraire. Des nouvelles leur parviennent des campagnes où la misère progresse, où les droits féodaux, en principe abolis lors de la nuit du 4 août 1789, sont encore perçus, où le cens électoral, inscrit dans la nouvelle Constitution de 1791, qui transforme en principe la monarchie absolue en monarchie constitutionnelle, est bien entendu en vigueur et frustre le peuple. La bourgeoisie, qui a pris le pouvoir sur la féodalité, a entamé sa course aux profits au détriment des plus pauvres, utilisant la possibilité offerte par les assignats qui viennent d'être créés. De partout, on réclame la taxation des denrées.

Mais dans l'Assemblée législative les représentants de cette classe sociale ne manquent pas de se présenter comme des révolutionnaires, ne voulant surtout pas d'un retour de l'Ancien Régime et détestant les nobles dont ils redoutent les menées subversives. Les banquiers, les négociants, les armateurs, notamment des villes de l'Ouest et du Midi, tels ceux de Nantes, Bordeaux et Marseille, sont à présent députés et forment un groupe qui prendra le nom de parti girondin, en raison de la grande majorité des députés du Sud-Ouest qui en font partie. Mais ils veillent aussi à la propriété et à la liberté, notamment dans le domaine économique, et entendent bien profiter des nouveaux pouvoirs dont ils peuvent enfin jouir.

Il semble, à la fin de 1791, que la Révolution se fige, que les députés de l'Assemblée législative soient prêts à la déclarer achevée, alors qu'on sait que Robespierre, il l'a assez clamé dans l'enceinte de l'Assemblée nationale, prétend qu'elle n'est pas terminée.

Le club des Jacobins accueille les nouveaux élus en grand nombre, qui vont bientôt se séparer entre Girondins, partisans de la modération en tout, et Montagnards, prêts à poursuivre au plus loin la Révolution, simplement amorcée à leurs yeux.

On sait le peu de goût de Robespierre pour les questions sociales et économiques, on l'a vu ne pas se révolter de l'inégalité entre riches et pauvres tant la question lui semble insoluble et comme inhérente à la condition humaine. En revanche, il a conscience que les exilés de l'aristocratie s'agitent derrière le Rhin, du côté de Coblence, et commencent à s'armer, avec le soutien du clergé. L'Assemblée législative prend des mesures contre ce qui est à ses yeux une cinquième colonne de l'aristocratie ; contre Monsieur, comte de Provence, le frère du roi, futur Louis XVIII, en exigeant son retour, ainsi que celui de l'autre frère, le comte d'Artois, futur Charles X ; contre les émigrés qui, s'ils ne rentrent pas, verront leurs biens confisqués et seront déchus de la nationalité française ; contre les prêtres rebelles à la Constitution civile du clergé qui a divisé les ecclésiastiques en jureurs et réfractaires, ces derniers étant liés de près à l'esprit de revanche de la noblesse ; contre le roi Louis XVI, enfin, qu'on oblige à s'adresser à l'électeur de Trèves, maître de Coblence, pour chasser les émigrés français de cette ville.

Les Français n'oublient pas que lors de la suspension du roi après la fuite à Varennes, la Prusse et l'Autriche avaient par la déclaration de Pillnitz des 25-27 août 1791 menacé la France d'une intervention si jamais on portait atteinte à l'intégrité de la personne du roi.

Robespierre, qui n'ignore rien de tous ces événements, s'adresse aux Jacobins le 28 novembre en demandant qu'on prenne des décrets contre les crimes de lèse-nation. Face à l'Assemblée législative, trop molle à son gré, Robespierre trouve dans le club des Jacobins un contre-pouvoir qu'il va utiliser pour harceler les députés. Pour lui, il faut contraindre le roi à s'adresser à l'électeur de Trèves et non pas le lui demander humblement. De même, il entend qu'on ne s'adresse pas seulement aux princes allemands mais à l'empereur d'Allemagne, Léopold II, également empereur d'Autriche, frère de Marie-Antoinette :

> Pourquoi n'a-t-on pas parlé de cette puissance principale ? Il faut dire à Léopold : vous violez le droit des gens en souffrant les rassemblements de quelques rebelles que nous sommes loin de craindre, mais qui sont insultants pour la nation. Nous vous sommons de les dissiper dans tel délai, ou nous vous déclarons la guerre au nom de la nation française, et au nom de toutes les nations ennemies des tyrans.
>
> Si le gouvernement français défère à une pareille réquisition faite avec dignité par les représentants de la nation, les ennemis intérieurs et extérieurs ne sont plus à craindre. Il faut se pénétrer de ces principes que la liberté ne peut se conserver que par le courage et le mépris des tyrans[1].

Toujours prêt à trouver dans l'histoire romaine une métaphore exemplaire, il s'écrie : « Il faut tracer autour de Léopold [II] le cercle de Popilius[2] » ce qui mérite une explication.

Gaius Popilius Laenas était ambassadeur en 168 avant J.-C. auprès du roi séleucide Antiochos IV, qu'il rencontra non loin d'Alexandrie et avec lequel il négocia pour empêcher celui-ci de s'emparer de l'Égypte gouvernée par le roi Ptolémée VI. Mais laissons à Cicéron le soin de raconter la suite, dans sa *Huitième Philippique*, écrite contre Marc Antoine :

> Du temps de nos ancêtres — c'est-à-dire en 168 av. J.-C. — Gaius Popilius, envoyé en ambassade auprès du roi Antiochus\* lui ordonnait de la part du Sénat de lever le siège d'Alexandrie ?

---

\* Un Séleucide qui gouverne la Syrie et veut s'emparer de l'Égypte.

> Le prince différait de répondre. Popilius trace de sa baguette un cercle autour de lui et lui déclare qu'il le dénoncera au Sénat, s'il ne donne sa réponse avant de sortir de ce cercle³.

Antiochus cède, lève le siège d'Alexandrie et retourne dans ses États. Voilà bien la preuve que la diplomatie romaine est crainte et respectée !

Robespierre, par cette image qui avait fait le tour de la Rome antique, entend dire aux Français qu'ils sont désormais assez forts pour intimider par leurs menaces l'empereur d'Allemagne et qu'ils n'ont pas besoin du roi pour le faire, pas plus que Popilius ne demanda au consul en exercice alors, et exerçant pour un an la charge suprême de l'État romain, de venir à son secours. Cet acte de Popilius était évidemment fort connu des amis de Robespierre puisqu'il figurait aussi parmi les *Actions et paroles mémorables* de Valère Maxime qui raconte la même scène, mais ajoute que ce n'était pas un ambassadeur qui parlait au roi, mais que c'était le Sénat tout entier qui se plaçait devant lui.

Autrement dit, l'Assemblée législative doit dicter ses conditions à l'empereur d'Allemagne par le biais d'un ambassadeur, et non par celui du roi Louis XVI, ne serait-ce que pour prouver que c'est elle qui est assez puissante pour décider, exiger et au besoin menacer. Il est vrai que Robespierre, comme tous ses amis, est irrité par le veto royal qui empêche toute mesure contre les émigrés et les prêtres réfractaires à la Constitution civile du clergé.

Robespierre, en cette fin de novembre 1791, ne

se montre pas hostile à la possibilité d'une guerre. Il prendra un virage peu de temps après, ayant réfléchi aux conséquences de celle-ci et ayant pris en compte l'impréparation de l'armée française, dont les officiers ont pour la plupart rejoint l'émigration. D'autre part, il se méfie de Narbonne, amant de Mme de Staël, la fille de Necker, et nouveau ministre de la Guerre, qui souhaite un conflit afin que la France vaincue tombe dans les bras de Louis XVI qui ne manquerait pas alors d'être considéré comme un sauveur.

Robespierre ne doit pas ignorer ces tractations ni les rencontres entre des députés favorables à la guerre, tels Narbonne et La Fayette. Il comprend vite que la guerre pour ceux-ci est une autre manière de faire de la contre-révolution. Le 11 décembre, chez les Jacobins, comprenant le danger mortel et surtout le piège où la France risque de sombrer, il se lance dans un discours pacifiste qui étonne après son discours belliciste du 28 novembre. Mais Robespierre est un homme de réflexion qui, à cette époque encore, sait en plus s'avouer qu'il s'est trompé et le voici parti dans une harangue qui commence par « le parti le plus dangereux est de déclarer la guerre [4] ». Il invoque l'éventuelle trahison du roi dans ce cas-là, et il se lance dans l'énoncé d'une stratégie qui serait celle des bellicistes et qui conduirait à la défaite : « On portera toutes les forces nationales dans un coin de l'Allemagne où les troupes françaises n'auront point de communications avec les citoyens [5]. » Le lendemain, il poursuit en prétendant que la guerre, « c'est la guerre de tous les ennemis de la

Constitution française contre la Révolution française[6] ».

Comme il sait que plusieurs ministres partisans de la guerre murmurent contre lui, Robespierre, toujours au club de Jacobins — qui vaut à ses yeux largement la tribune de l'Assemblée législative —, réplique, provocateur : « Quelle que soit la manière de penser de quelques ministres, je ne reconnais à aucun d'eux le droit de m'enlever ma liberté, et je leur donne la permission illimitée de me calomnier, moi et tous les bons citoyens autant qu'ils le trouveront convenable à leurs intérêts[7]. »

Comme Brissot s'est montré favorable à la guerre, Robespierre, qui y est dès lors totalement hostile pour en avoir compris les pièges, se lance le 18 décembre, toujours au club des Jacobins, dans une réplique plus que cinglante, avec cette fois les arguments qui lui manquaient lors de sa précédente intervention :

> La nation ne refuse point la guerre si elle est nécessaire pour acheter la liberté ; mais elle repousse tout projet de guerre qui serait proposé pour anéantir la liberté et la constitution sous le prétexte de la défendre.

Il fait allusion au parti de la guerre autour du roi « qui espère que celle-ci nous sera défavorable et rétablira le souverain dans ses droits anciens[8] ». Puis le voici, incorrigible, qui court prendre ses exemples dans l'Histoire :

> Dans les temps de troubles et de factions, les chefs des armées deviennent les arbitres au sort de leurs pays et font pencher la balance en faveur du parti qu'ils ont embrassé. Si ce

sont des Césars ou des Cromwells, ils s'emparent eux-mêmes de l'autorité... À Rome quand le peuple, fatigué de la tyrannie et de l'orgueil des patriciens, réclamait ses droits par la voix des tribuns, le Sénat déclarait la guerre ; et le peuple oubliait ses droits et ses injures pour voler sous les étendards des patriciens et préparer des pompes triomphales aux tyrans.

Dans les temps postérieurs, César et Pompée faisaient déclarer la guerre pour se mettre à la tête des légions et revenaient asservir leur patrie avec les soldats qu'ils avaient armés. Vous n'êtes plus que les soldats de Pompée et non ceux de Rome, disait Caton aux Romains qui avaient combattu, sous Pompée, pour la cause de la République. La guerre perdit la liberté de Sparte, dès qu'elle porta ses armes loin de ses frontières. La guerre, habilement provoquée et dirigée par un gouvernement perfide, fut l'écueil le plus ordinaire de tous les peuples libres [9].

Tout cela pour dire que si le peuple veut suivre le parti des chefs favorables à la guerre, il est toujours floué et son héroïsme confisqué après les combats par quelques ambitieux comme Pompée ou comme César.

Puis il reprend, s'écriant à l'adresse de Brissot :

Législateur patriote à qui je réponds en ce moment, quelles précautions proposez-vous pour prévenir ces dangers et combattre cette ligue ? Aucune ? Est-ce la guerre d'une nation contre d'autres nations ou d'un roi contre d'autres rois ? Non. C'est la guerre des ennemis de la Révolution française contre la Révolution française... À Coblence, dites-vous, à Coblence ! Comme si les représentants du peuple pouvaient remplir toutes leurs obligations envers lui, en lui faisant présent de la guerre. C'est à Coblence qu'est le danger ? Non, Coblence n'est pas une seconde Carthage [10].

Allusion à la guerre inexpiable qui opposa au cours de trois guerres puniques les Romains aux

Carthaginois avant que la capitale de ces derniers soit vaincue en 146 et rasée entièrement.

« Le siège du mal, reprend Robespierre, n'est point Coblence, il est au milieu de nous, il est dans votre sein. Avant de courir à Coblence, mettez-vous au moins en état de faire la guerre [11]. » Le trouve-t-on défiant à l'égard des sous-entendus de la Cour, il réplique :

> Législateur patriote, ne calomniez pas la défiance. Quoi que vous puissiez dire, elle est la gardienne des droits du peuple, elle est au sentiment profond de la liberté ce que la jalousie est à l'amour [...]. Craignez que de toutes les qualités nécessaires pour sauver la liberté, celle-là ne soit la seule qui vous manque [...]. Les aristocrates de toutes les nuances demandent la guerre ; mais tous les échos de l'aristocratie répètent aussi le cri de guerre : il ne faut pas non plus se défier, sans doute de leurs intentions ? [...] Pour moi, j'ai trouvé que plus on avançait dans cette carrière, plus on rencontrait d'obstacles et d'ennemis, plus on se trouvait abandonné de ceux avec qui on y était entré ; et j'avoue que si je me voyais environné des courtisans, des aristocrates, des modérés, je serais au moins tenté de me croire en assez mauvaise compagnie [12].

Comme Brissot avait dit qu'on pourrait toujours recourir à l'insurrection du peuple, que le peuple était là, Robespierre ne manque pas de rappeler le massacre du 17 juillet par ce même La Fayette qui veut conduire la guerre. Le coup est dur et il est sans réplique. Robespierre, avant de précipiter la France dans une guerre à laquelle elle n'est pas préparée, préconise un certain nombre de mesures, ne pas déclarer la guerre actuellement, fabriquer des armes, armer le peuple au besoin avec des piques, surveiller de près les ministres et les punir s'il le faut, s'occuper du peuple et de sa misère avant de se lancer dans un conflit coûteux. Et il convient avant tout de pourchasser les prêtres réfractaires qui constituent à ses yeux un foyer de contre-révolution capital.

Il va chercher à nouveau dans l'histoire de Rome quelques exemples bien frappants. Comme on l'a accusé de défiance, il s'en vante :

> Législateurs patriotes, ne calomniez pas la défiance : laissez propager cette doctrine perfide à ces lâches intrigants qui en ont fait jusqu'ici la sauvegarde de leurs trahisons ; laissez aux brigands qui veulent envahir et profaner le temple de la liberté, le soin de combattre les dragons redoutés qui en défendent l'entrée. Est-ce à Manlius à trouver importuns les cris des oiseaux sacrés qui doivent sauver le Capitole[13] ?

Autrement dit, au moment où en 390 av. J.-C. les Gaulois de Brennus s'apprêtaient de nuit à investir la colline du Capitole où le consul Manlius s'était réfugié, ce dernier entendit les cris des oies qui le réveillèrent, en l'avertissant du danger et, avec une poignée de soldats, il repoussa les assaillants. C'est lui qui, du parti des plébéiens, fut accusé de haute trahison par les patriciens et jeté du haut de la roche Tarpéienne.

Robespierre, on l'a compris, se comporte comme Manlius, et écoutera toujours les avertissements en cas de guerre. Mais la question ne se pose pas, et aucune « oie » ne l'avertit d'un quelconque danger. Notons aussi que Manlius est du côté de la plèbe romaine, c'est-à-dire du peuple, et que, pour cette raison, il sera assassiné par l'aristocratie romaine, comme Robespierre a craint plusieurs fois de l'être par les aristocrates français.

Brissot lui répond à la fin de décembre presque en l'injuriant, et Robespierre ne se prive pas le 2 janvier, toujours à la tribune des Jacobins, de l'accabler de sarcasmes et de se défendre d'être simplement le « défenseur du peuple », expression que Brissot a employée ironiquement : « D'abord apprenez, dit-il à Brissot, que je ne suis pas le défenseur du peuple. Je n'ai jamais prétendu à ce titre fastueux ; je suis du peuple, je n'ai jamais été que cela, je ne veux être que cela ; je méprise quiconque a la prétention d'être quelque chose de plus [14]. »

Il prend un exemple dans l'Antiquité grecque cette fois, en se référant à un discours du député Anacharsis Clots, qu'il fera guillotiner plus tard, à ses yeux un idéaliste et doux rêveur, favorable à la guerre :

> Je réfuterai en passant, et par un seul mot, le discours étincelant de M. Anacharsis Clots ; je me contenterai de lui citer le trait de ce sage de Grèce, de ce philosophe voyageur dont il a emprunté le nom. C'est, je crois, cet Anacharsis grec qui se moquait d'un astronome qui, en considérant le ciel avec trop d'attention, était tombé dans une fosse qu'il n'avait point aperçue sur la terre.
>
> Eh bien ! l'Anacharsis moderne, en voyant dans le soleil des taches pareilles à celles de notre Constitution, en voyant descendre du ciel l'ange de la liberté pour se mettre à la tête de nos légions, et exterminer par leurs bras tous les tyrans de l'univers, n'a pas vu sous ses pieds un précipice où l'on veut entraîner le peuple français. Puisque l'orateur du genre humain pense que la destinée de l'univers est liée à celle de la France, qu'il défende avec plus de réflexion les intérêts de ses clients,

ou qu'il craigne que le genre humain ne lui retire sa procuration[15].

C'est de la part de Robespierre, peu connu pour son ironie et son humour, un chef-d'œuvre de persiflage. Il poursuit :

> La guerre est bonne pour les officiers militaires, pour les ambitieux, pour les agioteurs qui spéculent sur ces sortes d'événements ; elle est bonne pour les ministres, dont elle couvre les opérations d'un voile épais et presque sacré ; elle est bonne pour la Cour, elle est bonne pour le pouvoir exécutif dont elle augmente l'autorité, la popularité, l'ascendant ; elle est bonne pour la coalition des nobles, des intrigants, des modérés qui gouvernent la France [...]. Les défenseurs de la liberté qui oseraient élever la voix\* ne seraient regardés que comme des séditieux ; car la sédition est tout signe d'existence qui déplaît au plus fort ; ils boiraient la ciguë comme Socrate ou ils expireraient sous le glaive de la tyrannie comme Sydney ou ils se déchireraient les entrailles comme Caton[16].

Caton d'Utique, en effet, se poignarda pour ne pas survivre à la mort de la République romaine.

Le 11 janvier 1792, Robespierre se lance dans un discours lyrique tout à fait étonnant de sa part qui tranche avec sa froideur de juriste. On sent qu'il devient la Révolution en personne, qu'il ne vit plus que pour elle et pour son idéal, qu'il est en train de lui sacrifier tout. Toujours hostile à la guerre, il se lance dans une sorte de prosodie extraordinaire :

> Domptons nos ennemis du dedans, et ensuite marchons à tous les tyrans de la terre [...]. C'est à cette condition que moi-même je demande à grands cris la guerre [...]. Je la demande

---

\* C'est-à-dire s'opposer à la guerre.

telle que le génie de la liberté la déclarerait, telle que le peuple français la ferait lui-même, et non telle que de vils intrigants pourraient la désirer, et telle que des ministres et des généraux, même patriotes, pourraient nous la faire [17].

Il s'adresse alors à une sorte d'armée des ombres, de citoyens qui ne pourront pas répondre à son appel si jamais il voulait les mobiliser :

> Français, hommes du 14 Juillet, qui sûtes conquérir la liberté sans guide et sans maître, venez, formez cette armée qui doit affranchir l'univers [...]. Citoyens qui, les premiers, signalâtes votre courage devant les murs de la Bastille, venez, la liberté vous appelle aux premiers rangs. Hélas ! on ne vous trouve nulle part ; la misère, la persécution, la gaine de nos despotes nouveaux vous a dispersés ! [...] Vous ne combattez pas non plus avec nous, citoyens, victimes d'une loi sanguinaire\* qui parut trop douce encore à tous ces tyrans qui se dispensèrent de l'observer pour vous égorger plus promptement !... Vous ne viendrez pas non plus, citoyens infortunés et vertueux qui, dans tant de provinces, avez succombé sous les coups du fanatisme, de l'aristocratie et de la perfidie !...
> 
> Venez, au moins, gardes nationales, qui vous êtes spécialement dévouées à la défense de nos frontières [...]. Quoi ! vous n'êtes point encore armées. Quoi ! Depuis deux ans vous demandez des armes et vous n'en avez pas ? [...] N'importe, venez, nous confondrions nos fortunes pour vous acheter des armes ; nous combattrons tout nus, comme les Américains, venez !... Marchons nous-mêmes à Léopold, ne prenons conseil que de nous-mêmes.
> 
> Mais quoi ! voilà tous les orateurs de la guerre qui m'arrêtent ; voilà M. Brissot qui me dit qu'il faut que M. le comte de Narbonne conduise toute cette affaire ; qu'il faut marcher sous les ordres de M. le marquis de La Fayette [...]. Que c'est au pouvoir exécutif qu'il appartient de mener la nation à la victoire et

---

\* La loi martiale décrété en juillet 1791 et qui se termina par la tuerie du Champs-de-Mars.

à la liberté [...]. Si tous les sceptres des princes d'Allemagne sont brisés, ce ne sera point par de telles mains [...]. Léopold continuera d'être le tyran de l'Autriche, du Milanais, de la Toscane, et nous ne verrons pas de sitôt Caton et Cicéron* remplacer au conclave le pape et ses cardinaux[18].

On aura compris que par cet appel aux Français, Robespierre souligne ironiquement notre impréparation et le désastre que serait une guerre. Même si à la demande de l'académicien Dussaulx, Robespierre et Brissot s'étreignent et se donnent un baiser de paix, le premier ne se laisse pas prendre par l'émotion et déclare qu'il combattra les idées de Brissot sur tous les points contraires aux siens. Brissot, qui passera sous la guillotine, a laissé cependant des *Mémoires* où il traite drôlement Robespierre de « Brutus à l'eau de rose[19] ».

Robespierre sait bien que la Cour peut tirer profit d'une guerre et qu'elle intrigue dans ce sens. Il le dit aux Jacobins brièvement mais fortement : « Je m'engage à mettre de plus en plus au jour la trame criminelle ourdie par la cour et adoptée trop imprudemment par beaucoup de patriotes parisiens[20]. »

Le 10 février, il adresse, du haut de la tribune des Jacobins, un discours-programme dans lequel il demande que l'armée soit épurée de ses officiers nobles, que Paris soit protégé d'un éventuel coup d'État que pourraient préparer la Cour, le roi et ses ministres, enfin que le peuple soit associé à un certain nombre de fêtes pour ranimer en lui l'esprit révolutionnaire qui perd de sa force. Les exemples

---

* Voici Robespierre une fois encore habité par ses chers Romains et leur exemple.

de la Grèce et de Rome, qui savaient organiser des fêtes collectives, comme celle qu'on connut sur le Champ-de-Mars lors de la fête de la Fédération du 14 juillet 1790, doivent être étudiés : « Que n'imitons-nous ces institutions sublimes des peuples de la Grèce, ces jeux solennels où les artistes et les poètes recevaient à la face du plus magnanime de tous les peuples le prix de leurs talents et de leurs services [21] ? » Il demande que le théâtre soit aussi un foyer de propagation des idées révolutionnaires et que des « chefs-d'œuvre dramatiques qui peignent les charmes de la vertu et les prodiges de la liberté, tels que Brutus, Guillaume Tell, Gracchus [22] », soient mis en scène. Brutus, assassin de César, Gracchus, sans doute le premier des frères Tibérius qui voulut dans la République romaine un peu plus de justice agraire et mourut assassiné par les sénateurs, propriétaires des grands domaines : on le voit, les exemples ne sont pas pris par hasard au sein de l'histoire romaine par un Robespierre qui ne cache pas qu'il reste toujours en pointe pour laisser filer la métaphore exemplaire.

La situation économique empire en ce début de l'année 1792. Des émeutes dues à la famine se produisent. Le peuple exige qu'on taxe les denrées de première nécessité. La répression est parfois sanglante, le pillage des châteaux reprend. Mais une fois de plus Robespierre reste pratiquement silencieux, face à d'autres révolutionnaires comme Couthon, par exemple, qui a compris, de sa chaise de paralytique, qu'il n'est pas de révolution véritable sans révolution économique.

Louis XVI, fort bien conseillé, fait appel à plusieurs hommes qui fréquentent le club des Jacobins, pour les nommer ministres, histoire de désarmer l'agitation de cette Assemblée parallèle. Dumouriez est l'un d'eux et les Jacobins se laissent prendre à ce piège en acclamant leur ami. Seul Robespierre félicite sèchement son collègue. La mort de Léopold II, empereur d'Autriche et d'Allemagne, despote éclairé et peu favorable à la guerre, est un coup dur pour les pacifistes. D'autres questions sont débattues aux Jacobins qui n'étaient pas à l'ordre du jour, comme la question de la foi. Robespierre ayant prononcé le mot de Providence à la mort de Léopold II d'Autriche, qui lui paraît éloigner la guerre, soudain trouble l'Assemblée, parce que c'est un terme religieux. Robespierre ne se laisse pas intimider, en profite pour attaquer la religion catholique, les sectes impies, c'est-à-dire les Églises et leurs fidèles. Pour la première fois, il évoque publiquement sa relation à sa religion : « Ce n'est point un vain langage dans ma bouche, pas plus que dans celle de tous les hommes illustres qui n'en avaient pas moins de morale pour croire à l'existence de Dieu[23]. »

Coup de tonnerre dans cette Assemblée qui affiche dans son immense majorité un athéisme profond et à tout le moins un agnosticisme dubitatif, hérité du siècle des Lumières. Conspué, Robespierre ne renonce pas à parler et il couvre les cris de ses collègues qui demandent qu'on en revienne à l'ordre du jour avec véhémence :

Non, Messieurs, vous n'étoufferez point ma voix, il n'y a point d'ordre du jour qui puisse étouffer cette vérité [...]. Oui, invoquer le nom de la Providence et émettre une idée de l'Être éternel qui influe sur les destins de nations, qui me paraît à moi veiller d'une manière toute particulière sur la Révolution française, n'est point une idée hasardée, mais un sentiment de mon cœur, un sentiment qui m'est nécessaire ; et comment ne me serait-il nécessaire, à moi qui, livré dans l'Assemblée constituante à toutes les passions et à toutes les viles intrigues, et environné de tant d'ennemis nombreux, me sens ainsi soutenu ? Seul avec mon âme, comment aurais-je pu soutenir des travaux qui sont au-dessus de la force humaine, si je n'avais point élevé mon âme ?

Sans trop approfondir cette idée encourageante, ce sentiment divin m'a bien dédommagé de tous les avantages offerts à ceux qui voulaient trahir le peuple. Certes je l'avoue, le peuple français est bien pour quelque chose dans la révolution. Sans lui nous serions encore sous le joug du despotisme. J'avoue que ceux qui étaient au-dessus du peuple auraient volontiers renoncé pour cet avantage à toute idée de la divinité. Mais est-ce faire injure au peuple que de lui donner l'idée d'une divinité qui, suivant son sentiment, nous sert heureusement ?

Oui, j'en demande pardon à tous ceux qui sont plus éclairés que moi, quand j'ai vu tant d'ennemis dressés contre le peuple, tant d'hommes perfides employés pour renverser l'ouvrage du peuple, quand j'ai vu que le peuple lui-même ne pouvait agir et qu'il était obligé de s'abandonner à des hommes perfides, plus que jamais j'ai cru en la Providence [24].

Robespierre parle ainsi, en vrai disciple de Rousseau et de *La Profession de foi du vicaire savoyard* qui s'était exclamé, en contemplant la Nature sur les rives du lac de Bienne : « Ah le Grand Être ! Le Grand Être [25] ! » Son déisme n'est pas non plus éloigné de la notion d'un Dieu, Grand Architecte de l'Univers, selon Voltaire. Pour Robespierre, faire preuve d'athéisme, c'est d'une part se priver du peuple qui a besoin de croire, d'autre part se placer du côté des aristocrates qui ne cachent pas, par leur libertinage, le peu de cas qu'ils font de la divinité.

Mais cette profession de foi, totalement inattendue, met en fureur les Jacobins, d'autant plus que Robespierre veut la transformer en adresse et la faire imprimer. Il devra y renoncer le lendemain devant l'obstruction de ses collègues toujours en colère. Derrière cette algarade collective, c'est le parti de la guerre qui vient aussi de gagner, car celui-ci refuse de penser que la mort de Léopold II est un signe de la Providence pour arrêter le conflit qui se prépare.

Pourtant, à la tribune des Jacobins, Robespierre met en garde les Français contre toute provocation à l'égard du nouvel empereur d'Allemagne, François II, auquel on veut envoyer une adresse dans laquelle on évoque le mot de République, qui lui donnerait le prétexte d'intervenir :

> Gardez-vous bien dans ce moment où l'on cherche à ranimer contre vous tous les ennemis de l'égalité, gardez-vous bien de donner prise par quelques imprudences. Écartons ce qui pourrait blesser d'honnêtes gens, mais peu éclairés. Écartons ce mot de républicain. Le mot républicain n'est rien, ne nous donne rien des avantages que présente la chose, que nous assure notre constitution [...]. J'aime le caractère républicain, je sais que c'est dans les républiques que se sont élevées toutes les grandes âmes, tous les sentiments nobles et généreux ; mais je crois qu'il nous convient dans ce moment de déclarer tout haut que nous sommes les amis décidés de la Constitution\*, jusqu'à ce que la volonté générale, éclairée par une plus mûre expérience, déclare qu'elle aspire à un bonheur plus grand. Je

---

\* C'est-à-dire la Constitution de 1791 qui établit une monarchie constitutionnelle.

déclare, moi, et je le fais au nom de la Société qui ne démentira pas, que je préfère l'individu que le hasard, la naissance, les circonstances nous ont donné pour roi à tous les rois qu'on voudrait nous donner[26].

Le langage est clair, Robespierre reste monarchiste, mais pour un temps seulement, on le sent bien dans ses sous-entendus. Il sait que les mots de république ou de républicain font encore peur, mais on voit bien qu'il y aspire.

L'Assemblée législative décide le 20 avril 1792 de déclarer la guerre au « roi de Bohême et de Hongrie », François II, et non point à l'empereur d'Allemagne et d'Autriche, ce qui est plus qu'une prudente nuance. François II est le neveu de Marie-Antoinette, qui lui a adressé le plan de campagne des armées françaises, ce qui relève de la haute trahison. Il est vrai que Robespierre craint que la guerre n'entraîne une dictature militaire et a compris que la cour de Louis XVI lui était favorable, pour deux raisons : si la France la gagnait, l'armée et le peuple seraient satisfaits ; si elle la perdait, les Français tomberaient dans les bras de leur roi pour se mettre sous sa protection. Dans les deux cas, Louis XVI en profiterait pour rétablir l'absolutisme. Robespierre, qui sait que les cadres de l'armée sont tous issus de l'aristocratie et en particulier le marquis de La Fayette, demande la destitution de ce dernier, le jour même de la déclaration de guerre à la tribune des Jacobins, et il ajoute :

Puisque la guerre est décrétée [...] il faut faire, comme je l'ai proposé plusieurs fois, non pas la guerre de la cour et des intrigants dont la cour se sert, mais la guerre du peuple : il faut que le peuple français se lève désormais et s'arme tout entier, soit pour combattre au-dehors, soit pour surveiller le despotisme au-dedans[27].

Il expliquera aussi le 2 mai que « faisant quelques exceptions honorables, je dis que presque tous les officiers regrettent l'ancien ordre des choses, les faveurs dont dispose la cour[28] ».

Mais la guerre déclarée, il faut maintenant la faire, et les Jacobins s'en détournent étrangement. Chacun de ses membres se livre à des accusations mutuelles, tel député de gauche aurait dîné avec tel député de droite et *vice versa*, chacun trahirait la cause de la Révolution en se commettant avec des contre-révolutionnaires. Bref, comme l'air de la calomnie, la discorde s'enfle en grandissant au sein du club. Robespierre veut démasquer les traîtres sans les nommer, ce qui provoque inquiétude et hostilité, chacun se sentant visé. Robespierre, qui cultive le secret, ce qui lui sera fatal le 9 thermidor, promet de faire des révélations le 27 avril 1792. Or il se contente de se livrer avec brio à un panégyrique de lui-même, comme l'écrira un témoin :

« Élevons-nous », dit-il dans son préambule, « une fois pour toutes à la hauteur des âmes antiques et songeons que le courage et la vérité peuvent seuls achever cette grande révolution ». Il s'indigne qu'on ait osé l'accuser d'être « chef de parti, agitateur du peuple, agent du Comité Autrichien [parce qu'il s'est opposé à la guerre], payé ou tout au moins égaré[29] ». Et le voici parti dans un long discours sur ses faits et gestes, depuis le début des États généraux, où il démontre à quel point sa conduite a été exemplaire. Il fait appel aux mânes de Scipion, de Phocion et d'Aristide pour appuyer ses dires et son attitude, il rend hommage à nouveau à Jean-Jacques Rousseau, « vertu et génie de la Liberté », et, après des phrases d'une autosatisfaction lyrique et confondante, toujours prêt à se croire la victime d'un futur complot contre sa personne, il s'écrie : « Je dévoue ma tête aux fureurs des Sylla et des Clodius [30]. » Le premier avait fait instituer la terreur de l'aristocratie romaine après sa victoire contre Marius et le parti populaire, le second avait fait bannir Cicéron.

Robespierre a déjà dit et prophétisé qu'il faisait le sacrifice de sa vie à la Révolution en des phrases surprenantes :

Ah, on ne peut abandonner sa Patrie heureuse et triomphante ; mais menacée, déchirée, mais opprimée ! On ne la fuit pas, on la sauve ou meurt pour elle. Le ciel qui me donna une âme passionnée pour la Liberté et qui me fit naître sous la domination des tyrans, le ciel qui prolongea mon existence jusqu'au règne des factions et des crimes, m'appelle peut-être, à travers mon sang, à la route qui doit conduire mon pays au bonheur et à la Liberté ; j'accepte avec transport cette douce et glorieuse destinée.

Exigez-vous un autre sacrifice ? Oui, il en est un que vous pouvez demander encore : je l'offre à ma Patrie : c'est celui de ma réputation. Je vous la livre, réunissez-vous tous pour la déchirer, joignez-vous à la foule innombrable de tous les ennemis de la Liberté, unissez, multipliez vos libelles périodiques. Je ne voulais de réputation que pour le bien de mon pays ; si, pour la conserver, il faut trahir, par un coupable silence, la cause de la vérité et du peuple, je vous l'abandonne ; je l'abandonne à tous les esprits faibles et versatiles que l'imposture peut égarer, à tous les méchants qui la répandent. J'aurai l'orgueil encore de préférer à leurs frivoles applaudissements le suffrage de ma conscience et l'estime de tous les hommes vertueux et éclairés ; appuyé sur elle et sur la vérité, j'attendrai le secours tardif du temps qui doit venger l'humanité trahie et les peuples opprimés [31].

Robespierre avoue qu'il vient de prononcer son apologie et il finit par une attaque, qui n'est pas la première, contre La Fayette. Autant la fuite du roi à Varennes avait rompu le pacte entre Louis XVI et la Révolution d'une manière irréversible, autant ce discours du 27 avril aux Jacobins nous montre à quel point Robespierre prend la tête de la Révolution et entend que son rôle directeur ne lui soit pas contesté, qu'il soit considéré comme le premier des révolutionnaires.

C'est un discours certes remarquablement rédigé, mais qui laisse une incontestable impression de malaise. Outre l'incroyable orgueil dont il fait preuve, et qu'il avoue, comme s'il lui était impossible de se tromper jamais, outre le romantisme quasi suicidaire qui sert d'éthique à son discours, il semble que Robespierre, insensiblement, est en train de passer de la méfiance envers les ennemis de la patrie à un fanatisme qui se défie de tous, que son idéal de pureté et de vertu dévie vers l'intolérance et le sectarisme. Robespierre, qui n'a pas été écouté et qui se retrouve dans une France en guerre, ne supporte plus la contestation de ses idées, et son incorruptibilité évidente vire à une intransigeance qui deviendra de plus en plus impitoyable.

# L'Incorruptible

Ce discours du 27 avril 1792 constitue à notre sens un virage dans la mentalité de Robespierre, un point de non-retour où l'homme jette pour la première fois un regard inflexible sur l'avenir de la Révolution française qu'il prévoit déjà terrible et sanglante, se doutant sans doute qu'il en sera le premier bras armé, sans cas de conscience et sans état d'âme. À peine un an après son discours contre la peine de mort, où il fustigeait les Tibère et les Caligula de l'appliquer, il semble qu'il ait compris, peut être non sans tristesse mais certainement avec une volonté incorruptible, qu'il devrait y avoir recours, s'il voulait sauver la Révolution française. On est même en droit de se demander s'il croit encore en ce jour à la permanence de la monarchie et s'il ne songe pas déjà à la république, se trouvant alors davantage en conformité avec ses modèles de Romains qui jusqu'au bout tentèrent de sauver, et au prix de leurs vies, la République.

Son discours est l'objet d'une immense ovation et d'une demande, immédiatement suivie d'effet, de l'imprimer et de le distribuer. Les Jacobins montrent ainsi qu'ils constituent désormais un pouvoir de surveillance et de critique des affaires de la nation, que l'Assemblée législative, plus modérée, sera obligée de prendre en compte. Mais ils ne se doutent pas, exaltés par la sombre beauté du discours de Robespierre, que beaucoup seront un jour victime de celui qu'ils applaudissent comme un frère.

Robespierre, de plus en plus méfiant, et voyant des ennemis de l'intérieur partout, va ce jour-là jusqu'à prétendre qu'au club des Jacobins il y a certainement des personnes qui s'apprêtent à trahir. Il le fait brièvement, mais avec cette façon très spéciale de jouer sur les sous-entendus et sur les allusions :

> Il y a une majorité généreuse qui est animée de l'esprit du peuple tout entier ; il y a une minorité qui intrigue, pour qui la Société est un moyen de parvenir, qui remplit les comités et divulgue nos secrets à la cour [...]. Or lorsque la Société des amis de la Constitution* est ainsi partagée en deux parties dont l'une propage les principes constitutionnels et l'autre détruit l'esprit public, il n'existe plus de société.

C'est ainsi qu'il va dénoncer un député de la Législative, sans le nommer, ce qui est son habituelle tactique, rapporte le *Journal des Jacobins*, transcrivant les phrases de Robespierre, qui « se venge de ceux qui le surveillent en faisant distribuer ici des libelles contre les sociétés patriotiques de France, concertés avec des étrangers[1] ».

Il faut reconnaître que Robespierre, une fois la

---

* Autre appellation alors du club des Jacobins.

guerre engagée, s'y rallie pour exalter le patriotisme français et pour faire en sorte qu'elle soit gagnée. Nulle ambiguïté alors dans son attitude. Il est loyal. Il lui arrive même de faire l'éloge d'un personnage dont on s'apercevra qu'il s'en méfie à juste titre, nous songeons en particulier au général Dumouriez, un modéré mais un terrible ambitieux, tour à tour ministre des Affaires étrangères et ministre de la Guerre entre le 15 mars et le 15 juin 1792, et démis de ses fonctions à cette date. Il prendra une part importante dans la lutte armée et gagnera des batailles, avant de trahir. Le 19 mars Robespierre accueille sincèrement, avec amitié, le nouveau ministre au club des Jacobins par un discours plein de sympathie :

> Je déclare à M. Dumouriez qu'il ne trouvera aucun ennemi parmi les membres de cette société mais bien des appuis et des défenseurs aussi longtemps que par des preuves éclatantes de patriotisme et surtout par des services réels rendus au peuple et à la patrie, il prouvera comme il l'a annoncé par des pronostics heureux qu'il était le frère des bons citoyens et le défenseur zélé du peuple [2].

Le rédacteur du *Journal des Jacobins*, qui publiera tous les discours de Robespierre prononcés dans cette société patriotique, ajoute en note : « M. Dumouriez se précipite dans les bras de Robespierre, la société et les tribunes, regardant ces embrassements comme le présage de l'accord du ministère avec l'amour du peuple, accompagnent ce spectacle de vifs applaudissements [3]. »

Mais les ennemis de Robespierre n'ont pas désarmé, les campagnes de calomnies continuent. Si bien que, pour mieux se défendre, Robespierre comprend qu'il doit avoir un journal et, grâce aux subsides fournis par ses amis et dit-on par le menuisier Duplay chez lequel il loge, il peut être fier de publier le premier numéro de ce journal, le 17 mai 1792, qui porte le titre de *Défenseur de la Constitution*.

Il y écrit un éditorial intitulé « Sur le respect dû aux lois et aux autorités constituées » dans lequel, loin de vouloir provoquer un incendie, il se prononce pour la légalité et pour le respect des lois. Et il prend tout naturellement comme exemple Appius et les décemvirs qui « étendant leur autorité au-delà des bornes et de la durée que le peuple a prescrites commandent encore aux Romains, au nom de la loi ; la loi réclame contre leur tyrannie ; elle n'attend que la mort de Virginie et le réveil du peuple pour punir les tyrans. Aussi longtemps que la majorité exige le maintien de la loi, tout individu qui la viole est un rebelle, qu'elle soit sage ou absurde, juste ou injuste, il n'importe ; son devoir est de lui rester fidèle[4]. »

Certes, les hommes, selon Robespierre, sont bons ou mauvais, mais une bonne Constitution est capable d'arrêter les seconds dans leurs méchants desseins. Et de citer cette phrase de Platon : « Les peuples seront heureux, lorsque les magistrats deviendront philosophes ou lorsque les philosophes deviendront magistrats[5]. »

Et il ajoute :

Le peuple doit toujours avoir les yeux ouverts sur ses agents, comme le père de famille sur ses serviteurs. Cette doctrine n'est pas celle des tyrans : mais sans doute, elle est celle de la raison, de la justice et de la nature. Si vous croyez les tyrans, elle n'est bonne qu'à troubler la tranquillité publique et à renverser la société[6].

Sous-entendu le devoir d'insurrection est alors sacré ou alors la révision d'une Constitution bancale, nécessaire. À quelques jours des grandes journées révolutionnaires du 20 juin 1792 et du 10 août 1792, Robespierre, bien que légaliste en apparence, a donc bien deux fers au feu.

Il est vrai que les premières actions militaires engagées sont au désavantage de la France. L'attaque autrichienne en Flandre est rapidement victorieuse, notamment à Quiévrain et Courtrai, mais l'ennemi ne songe pas à poursuivre son avantage, se méfiant des armées de la Révolution. Le général Théobald Dillon, méfiant à l'égard de ses propres troupes, trop révolutionnaires à son goût, exige la retraite et se fait assassiner par ses soldats furieux de reculer sans combattre. Prenant prétexte de ce meurtre, les autres généraux protestent contre l'indiscipline des armées françaises. Robespierre et ses amis attaquent les généraux contre-révolutionnaires, dont La Fayette qui est à leurs yeux le pire. En effet, nul n'ignore que La Fayette, qui se tient au courant de la situation explosive à Paris qui menace directement le roi, envoie à la Législative une série de violentes protestations et négocie avec l'ennemi en Flandre.

Robespierre, dans un discours du 18 juin aux Jacobins, n'a pas de mots assez durs pour le marquis toujours en poste, alors qu'il a demandé, déjà la veille, le renvoi des ministres girondins, c'est-à-dire du parti modéré de la Législative. Pour Robespierre, La Fayette est vraiment l'homme à abattre :

> L'homme qui par degrés a conduit la chose publique à l'état où elle se trouve, l'homme qui, masquant son ambition et son importance par une apparence de modération et de nullité, a su en imposer à un certain nombre de citoyens, l'homme qui, par son astuce et son audace subite, est devenu dangereux à la liberté, l'homme qui, en versant au Champ-de-Mars le sang de ses concitoyens, est parvenu à faire rétrograder la révolution, mais l'homme en même temps qu'on ne pouvait accuser sans danger, cet homme vient de se démasquer aux yeux des amis du peuple et de l'égalité. Le crime dont La Fayette vient de se rendre coupable doit lui attirer l'animadversion de tous les citoyens... Quiconque connaît la joie des aristocrates, quiconque a entendu la lecture de la lettre, quiconque en a pris la lecture, sait qu'elle renferme le plus grand des attentats ; que La Fayette ose y menacer l'Assemblée nationale [...] il est certain qu'il parle en maître [...]. Il est certain en un mot que ce général rebelle parle le langage de Léopold [7].

Les députés de la Législative et Robespierre se méfient aussi du clergé, toujours en rapport avec les contre-révolutionnaires, alors que la France est en guerre contre eux, et exigent qu'on s'en prenne au clergé soutenant les félons, demandant avec insistance que les prêtres réfractaires au serment à la Constitution et à la vente des biens du clergé soient arrêtés. Le roi met-il son veto au décret, qu'on lui supprime immédiatement sa garde personnelle en mai. C'est le bras de fer entre les Jacobins radicaux, une Assemblée plus modérée et un roi qui n'accepte plus rien.

Robespierre, heureusement, dispose d'un journal dont il est le maître, puisqu'il n'est plus député, et s'en sert pour faire la propagande des plus révolutionnaires à la tête desquels il entend se trouver. Dans le numéro du 4 juin du *Défenseur de la Constitution*, il écrit ces phrases qui sonnent déjà le glas d'une « révolution de velours » à laquelle aspiraient la plupart de ses coreligionnaires et témoigne une fois de plus de son radicalisme. On peut même se demander jusqu'où il ira, lui qui s'est proclamé légaliste le 17 mai. Mais, comme le disent ses historiens les plus louangeurs, il sait parfaitement s'adapter à la situation de la France qui change de jour en jour et qu'il sent au bord de l'émeute. D'autres diraient que c'est un excellent opportuniste, mais ce serait faire injure à ses convictions qui évoluent certes, mais qu'il faut croire sincères :

Depuis le boutiquier aisé jusqu'au superbe patricien, depuis l'avocat jusqu'à l'ancien duc et pair, presque tous semblent vouloir conserver le privilège de mépriser l'humanité sous le nom de peuple. Ils aiment mieux avoir des maîtres que de voir multiplier leurs égaux ; servir, pour opprimer en sous-ordre, leur paraît une plus belle destinée que la liberté partagée avec leurs concitoyens. Que leur importent et la dignité de l'homme et la gloire de la patrie et le bonheur des races futures ? Que l'univers périsse ou que le genre humain soit malheureux pendant la durée des siècles, pourvu qu'ils puissent être honorés sans vertus, illustres sans talents, et que chaque jour leurs richesses puissent croître avec leur corruption et la misère publique. Allez prêcher le culte de la liberté à ces spéculateurs avides qui ne connaissent que l'autel de Plutus [8] !

Plutus est dans l'Antiquité romaine le dieu de la richesse. Une fois encore voici la métaphore romaine. Il poursuit :

> Tout ce qui les intéresse, c'est de savoir en quelle proportion le système actuel de nos finances peut accroître, à chaque instant du jour, les intérêts de leurs capitaux. Le service même que la Révolution a rendu à leur cupidité ne peut les réconcilier avec elle. Il fallait qu'elle se bornât précisément à augmenter leur fortune [9].

Cette vue est nouvelle chez Robespierre, peu intéressé par les questions commerciales. Il a saisi combien les spéculateurs peuvent s'enrichir à ne rien faire et voit bien que les affairistes jouent sans vergogne sur la méconnaissance du peuple en ce domaine et se construisent sur son dos des fortunes. Il comprend soudain que la pauvreté dont se nourrit la richesse n'est pas une malédiction sans remède. Comme les Gracques dans l'Antiquité romaine il a songé à des lois agraires, mais au contraire des Gracques, il sait à quel point la société n'est point mûre pour les accepter et se garde bien de tout radicalisme, attendant que les faits et l'Histoire mûrissent.

Il ne faut pas oublier non plus que celui qu'on appelle le menuisier Duplay, chez lequel s'est installé maintenant définitivement Robespierre, et dont nous avons déjà parlé, n'est pas du tout un simple artisan, mais dirait-on aujourd'hui le directeur d'une moyenne entreprise qui emploie des ébénistes et des ouvriers du meuble. Il ne tient pas du tout à ce qu'une loi égalitaire, comme l'étaient les lois agraires, soit promulguée, ce qui ne l'empêche pas de tirer profit de son statut de patron. Son exemple sert de frein à Robespierre, si souvent enclin au radicalisme, mais si intelligent pour flairer le climat politique de son temps et s'y adapter.

Pendant ce temps, la guerre se poursuit qui n'est guère à l'avantage des armées françaises. C'est alors que le ministre de la Guerre, Servan, ordonne, par décret pris par l'Assemblée législative, de lever 20 000 fédérés dans toute la France qui viendront se rassembler à Paris. Robespierre, et il fait là une grave erreur, craint que ces troupes soient utilisées à des fins contre-révolutionnaires. Alors que Louis XVI y voit fort justement un renfort armé pour un peuple prêt à la révolte : c'est pourquoi il utilise une nouvelle fois l'arme du veto, qu'il associe à toute persécution contre les prêtres réfractaires, et exige la démission des ministres favorables à ces deux mesures.

De son côté, La Fayette demande la dissolution des sociétés patriotiques et celle du club des Jacobins. Cela provoque une inévitable agitation chez les plus révolutionnaires, qui exigent que les ministres reprennent leur poste et que les deux veto du roi soient levés.

Le 18 juin, Robespierre semble craindre une émeute qui serait le prétexte à une répression armée dirigée par les aristocrates. Le 20 juin celle-ci a lieu qui envahit les Tuileries et oblige le roi à se coiffer du bonnet phrygien rouge. Une fois de plus, la Révolution française entend imiter la Rome antique, et notamment une monnaie qui fut émise par Brutus, l'assassin de César, montrant le bonnet phrygien, signe d'affranchissement de l'esclavage, devenant le symbole de l'affranchissement du peuple français qui recouvre sa liberté. Nul doute que Robespierre en apprenant cette scène ne frémisse de joie, tant il se sent immergé dans l'Antiquité romaine.

Le roi Louis XVI en profite pour demander à l'Assemblée d'agir contre les factieux et à La Fayette de revenir à Paris. La Fayette essaye de subvertir l'Assemblée législative, puis l'armée postée autour de Paris, bref il est prêt à faire un coup d'État, assez naïf pour ne pas avoir compris que la reine Marie-Antoinette le déteste et rêve simplement d'un retour de l'Ancien Régime avec l'appui des armées austro-prussiennes. Il échoue lamentablement et repart reprendre la tête de ses armées, ayant perdu le peu de popularité qui lui restait. L'Assemblée législative a montré son incapacité à dominer les événements et à prendre des initiatives. Aux yeux de Robespierre, cette représentation nationale est désormais caduque et ne représente plus qu'elle-même, un foyer anarchique de révolutionnaires de toutes opinions, incapables de s'entendre.

Fort heureusement la Législative reprend ses activités et décrète, le 11 juillet 1792, « la patrie en danger » et, organisant une levée de volontaires, elle se donne le pouvoir de ne plus tenir compte du veto du roi. Ce même jour, Robespierre monte à la tribune des Jacobins pour commenter cette décision qui l'agrée : « La patrie est en danger parce qu'il existe une cour scélérate et inconvertissable […]. La liberté sera en danger tant que La Fayette sera à la tête de nos armées […]. Si dans un mois, la patrie est encore en danger, si l'état des choses n'est pas entièrement changé, il faudra dire "la nation est perdue"[10]. » Il demande en même temps aux fédérés de garder leur calme et de ne pas se compromettre dans une insurrection aventureuse par quelques phrases bien senties : « Assurons le maintien de la Constitution [...]. Demandons la fidèle exécution des lois, sagesse et courage[11]. »

Robespierre en ces journées d'agitation apparaît comme un modérateur, voire un modéré. Il semble quelque peu dépassé par les événements, il ne les contrôle plus, il ne les comprend pas encore, mais il est capable de réfléchir vite et de se faire rapidement une opinion.

Ses propos apaisants ne sont pas écoutés. Le chef des vingt mille fédérés qui ont envahi Paris se lance à la tribune de l'Assemblée législative pour demander à celle-ci de suspendre provisoirement le pouvoir exécutif dans la personne du roi. Jusqu'ici, ne sentant pas la situation mûre, Robespierre s'est abstenu de jeter de l'huile sur le feu. Il a bien vu que les fédérés étaient en train de se joindre aux sans-culottes de la révolution parisienne et que chaque camp faisait assaut de radicalisme. Il n'aime guère les changements brutaux. Il a travaillé à la Constitution de 1791, mise à mal certes par le roi, mais qui semble soudain être oubliée par les fédérés et leurs alliés parisiens. Restant dans une expectative distante et prudente, il fait savoir qu'il ne faut se battre « qu'avec le glaive de la loi » et indique aux fédérés la marche à suivre :

> Présentez légalement à l'Assemblée législative le vœu du peuple de vos départements, développez avec énergie toutes les atteintes portées jusqu'ici à la Constitution, dénoncez à vos

concitoyens les trahisons et les traîtres, constatez d'abord que ceux à qui les rênes du gouvernement ont été confiées ne veulent absolument point sauver l'État. Ce n'est que par cette marche sage et ferme\* que vous pouvez sauver le pays [12].

Ce sont les événements qui vont suivre qui répondront à sa place et on sait à quel point Robespierre est attaché à suivre le cours de la Révolution, sans le pousser, mais sans courir après non plus.

Le manifeste du duc de Brunswick, chef de l'armée prussienne, déclarant que si Paris se révoltait, il n'en resterait plus que des cendres, provoque une colère dans la population parisienne et parmi les fédérés. Déjà, on commence à prononcer le mot de république, ce que la plupart des membres de l'Assemblée législative ne peuvent supporter, criant au régicide, et menaçant Robespierre.

Mais celui-ci ne craint personne, sûr de l'appui des fédérés et des sans-culottes. Le 29 juillet, il se fait remarquer par un discours profondément nouveau qui annonce la fin de la monarchie, ce qu'il ne souhaitait pas un mois auparavant. La Révolution s'est soudain accélérée, et il l'a bien compris :

> Le chef du pouvoir exécutif [Louis XVI] a-t-il été fidèle à la nation ? Il faut le conserver. L'a-t-il trahie ? Il faut le destituer. L'Assemblée nationale ne veut point prononcer cette déchéance ; et si on le suppose coupable, l'Assemblée nationale est elle-même complice de ses attentats, elle est aussi incapable que lui de sauver l'État. Dans ce cas, il faut donc régénérer à la fois et le pouvoir public et la législature [...]. Il s'agit

---

\* Notons les épithètes qui n'ont rien d'insurrectionnel !

d'opter entre les membres de la législature actuelle et la liberté [13].

Autrement dit, il faut, selon lui, dissoudre cette Assemblée et en élire une autre. Il parle de Convention, au sens américain du terme, c'est-à-dire d'une Assemblée qui donnera une nouvelle Constitution à la France et dont les membres seront élus au suffrage universel. Il demande que la nouvelle Assemblée ne comporte aucun député de la Constituante et de la Législative, se privant lui-même à nouveau d'un rôle officiel, mais il sait qu'il peut influer par d'autres moyens, d'autres tribunes et d'autres journaux sur le cours de l'Histoire, il le dit franchement :

> Il importe qu'il reste au milieu du peuple des hommes intègres et judicieux, étrangers aux fonctions publiques pour l'éclairer et pour surveiller les dépositaires de son autorité [14].

C'est ce qu'il vient de faire pendant près d'une année.

Le lendemain, 20 juillet, le bataillon des fédérés marseillais entre dans Paris en chantant *La Marseillaise*, l'hymne qui ne deviendra national que sous la IIIe République !

Tous les Parisiens sont persuadés que derrière le manifeste de Brunswick menaçant la capitale d'une destruction totale se cache Louis XVI en train de trahir la France. La collusion de la Cour et des pouvoirs étrangers apparaît au grand jour... On réclame donc la déchéance du roi par pétitions avec une date butoir fixée au 10 août, à minuit. Pendant ce temps, le duc de Brunswick attaque à l'est et enfonce les défenses françaises.

Robespierre, après son discours du 29 juillet, n'apparaît pas. Il est certainement en contact avec les fédérés, mais ne le laisse pas voir. Bien des années plus tard les historiens supputent toujours. Qu'en a-t-il été des discussions et des tractations, on ne sait, nulle preuve, nulle certitude. Robespierre, quoi qu'on en pense, reste en retrait, comme un bon stratège, attendant de savoir comment la situation va évoluer et prêt à faire marche arrière si la Révolution recule. Opportunisme, une fois de plus, dira-t-on ? Ce serait mal comprendre la complexité d'un esprit qui reste un légaliste, avant tout (le juriste et l'avocat qu'il est ne peut se déjuger), mais aussi un révolutionnaire détaché de sa classe sociale depuis longtemps, très aimé du peuple qu'il ne veut pas décevoir. Sa situation n'est pas confortable, et on peut mesurer que pendant les jours qui séparent le 29 juillet du 10 août 1792, il attend anxieusement la suite des événements. Il n'est pas contre une insurrection populaire, mais il craint qu'elle ne dégénère en une guerre civile qui ferait le lit de la contre-révolution. La preuve : en rejetant le décret d'accusation contre La Fayette, l'Assemblée a bien montré où elle se situait dorénavant, c'est-à-dire fort loin de la Révolution qui, pour elle, est achevée depuis longtemps.

Les clubs pourtant, essentiellement les Jacobins et les Cordeliers, préparent une insurrection, profitant de la présence des fédérés à Paris. Les sections des sans-culottes de Paris au nombre de 48 réclament pour 47 d'entre elles la déchéance du roi et l'élection d'une Convention. Elles s'emparent de tous les conseils municipaux de Paris le 9 août et, se rassemblant dans une union patriotique indissoluble, elles se constituent en Commune insurrectionnelle de Paris, Commune qui perdurera jusqu'à la mort de Robespierre.

Le 10 août, Robespierre reste terré chez lui. Il devrait être satisfait de voir ce peuple, dont le mot lui vient sans cesse à la bouche, prendre ce jour-là d'assaut, sous la direction du brasseur Santerre, les Tuileries ; obliger le roi à se réfugier à l'Asssemblée législative, laquelle, dépassée par les événements, vote sa suspension ; élire une « Convention nationale » au suffrage universel à deux degrés, et créer un comité exécutif provisoire présidé par Danton. Ces premières mesures seront suivies par d'autres qui annoncent déjà la Terreur : création d'un comité de surveillance chargé de débusquer les accapareurs, tribunal extraordinaire, embryon du futur tribunal révolutionnaire, déportation des prêtres réfractaires.

Robespierre, la veille de cette journée du 10 août, écrit à son ami Couthon qui, sur son siège de paralytique, est occupé à se faire soigner en province, une lettre assez pessimiste, dans laquelle, derrière une rhétorique parfois rassurante, il montre qu'il ne maîtrise plus rien.

> Dans la situation où nous sommes, il est impossible aux amis de la Liberté de prévoir et de diriger les événements. La destinée de la France semble l'abandonner à l'intrigue et au hasard. Ce qui peut nous rassurer, c'est la force de l'esprit public à Paris et dans nombre de nos départements, c'est la justice de notre

cause. Les sections de Paris montrent une énergie et une sagesse dignes de servir de modèle au reste de l'État[15].

Plus tard des Girondins de la Convention, comme Vergniaud, les pires ennemis de Robespierre, affirmeront qu'il s'est caché dans une cave ou derrière les volets fermés de Duplay qui l'accueillait depuis plusieurs mois. C'est peut-être vrai. Car si l'insurrection avait échoué, Robespierre pouvait penser que sa vie ne vaudrait plus grand-chose. Pas plus que celle de Marat et de Danton qui, eux aussi, sont invisibles le 10 août. Naturellement les robespierristes donnent toutes les explications possibles pour justifier cette absence et prétendent que voir Robespierre à la tête d'une insurrection était impensable, vu son allure et sa psychologie, et que finalement il aurait été « encombrant\* ». C'est facile à dire, mais ce n'est pas une explication appuyée sur des faits. Robespierre n'est pas un couard, mais il a reçu un tombereau de lettres de menaces de gens qui voulaient attenter à sa vie. En ces heures cruciales, il a sans doute préféré ne pas exposer celle-ci : sa mort eût été inutile. Et le peuple dont il s'est fait le porte-parole a préféré jouer sa carte personnelle, sans avoir recours à un homme qui certes épousait ses convictions, mais ne serait jamais à ses yeux un meneur d'hommes : il est beaucoup trop bourgeois pour cela. Et, surtout, il n'a encore rien d'un démagogue.

Mais, dans l'après-midi du 10 août, aux Jaco-

---

\* L'épithète est de Danton au club des Jacobins le 15 août 1792.

bins, il tente de contenir et d'organiser ce qui s'est passé dans la matinée. Il redemande la convocation d'une Convention nationale, redemande que La Fayette soit déclaré traître à sa patrie et que la Commune, dont il vient d'être nommé membre du conseil général, expose par ses représentants à la Province ce qui s'est passé à Paris. Mais il veut surtout dissoudre — toujours le légaliste en lui — le directoire du département de Paris qui entend diriger la capitale et qui lui apparaît comme une création de l'Assemblée nationale pour freiner les exigences du peuple.

Il monte le 12 août à la tribune de celle-ci, sans pourtant en être membre, ce qui montre l'état de confusion qui règne alors à Paris, et fait cette déclaration :

> Après le grand acte par lequel le peuple souverain vient de reconquérir sa liberté et vous-mêmes, il ne peut plus exister d'intermédiaire entre le peuple et vous [...]. Si vous créez un autre pouvoir qui domine ou balance l'autorité des délégués immédiats du peuple, alors la force populaire ne sera plus une, et il existera un germe éternel de divisions qui feront encore concevoir aux ennemis de la liberté de coupables espérances. Il faudra que le peuple pour s'en débarrasser s'arme encore une fois de sa vengeance [16].

L'Assemblée accepte la suggestion de Robespierre et enlève bien des pouvoirs au directoire du département de Paris.

Le 15 août, se sentant soutenu et écouté, Robespierre exige un procès hors du commun et expéditif contre les gardes suisses qui protégeaient le roi, et qui sont pourtant morts en grand nombre,

Louis XVI ayant refusé qu'ils tirent sur le peuple. Mais l'Assemblée ne le suit pas et se contente de les déférer devant le tribunal criminel dont Robespierre est nommé président. L'Incorruptible refuse. Cette dérobade lui ressemble. Il veut bien être le moteur de la Révolution, mais il n'entend pas à cette époque en être le responsable. Ce qui aura au début de septembre des conséquences terribles. En ne voulant pas assumer cette présidence, Robespierre, qui aurait mis tout son poids pour que la justice passe, donne aux plus radicaux la permission implicite de faire justice eux-mêmes, et sans aucun discernement.

Les fameux massacres de Septembre, qui suivront de quelques jours, seront la conséquence indirecte du refus de Robespierre d'assumer des responsabilités de juge suprême. Il a été incapable de se mobiliser rapidement devant l'accélération de l'Histoire. C'est là le grave défaut de sa cuirasse d'incorruptible, une conséquence de sa nature trop réfléchie et trop lente qui, on le verra, sera aussi la cause indirecte de sa mort. Il ne sait pas toujours prendre les bonnes décisions aux bons moments et avec célérité. Ce juriste aime trop peser le pour et le contre. C'est un penseur, un homme de concepts et d'idées — Robespierre n'est pas et ne sera jamais un homme d'action.

Pendant ce temps, la reddition des armées françaises a lieu à Longwy le 23 août. La patrie est à nouveau en danger. L'idée d'un complot contre-révolutionnaire généralisé gagne toute la France et en particulier Paris. Robespierre s'est défendu d'être intervenu à la Commune à ce sujet. Il ment.

Ses discours et ses interventions sont là pour le prouver et montrer qu'il appelle « à purger le sol de la liberté des conspirateurs qui l'infectaient[17] ». Et de donner des noms comme celui de Pétion et de Brissot, traîtres et vendus à Brunswick. Si cela n'est pas un appel au meurtre, cela y ressemble beaucoup. Nous sommes le 1ᵉʳ septembre, à la veille des massacres du 2 septembre qui flétriront l'image de la Révolution française, même si on impute ceux-ci à Danton, alors ministre de la Justice, qui a laissé faire, et à Marat qui souhaite par la terreur briser toute opposition intérieure au moment où un verrou essentiel de la stratégie militaire française tombe : Verdun est occupé par les Prussiens.

Tandis que la populace en armes massacre plus de 1 500 captifs dans les prisons de Paris, sans compter les 350 prêtres réfractaires à l'abbaye de Saint-Germain-des-Prés transformée en prison, mais aussi aux Carmes, à la Force, à la Salpêtrière, à Bicêtre, Robespierre reste chez lui, tenu évidemment au courant. Il se rend le soir à la Commune et son intervention, même rapportée par des politiques qui lui seront un jour hostiles, ne laisse aucun doute sur son approbation de ces tueries qui se poursuivent le 3 septembre au Châtelet et à la Conciergerie. Même un historien pourtant admirateur de Robespierre, Gérard Walter, ne pourra s'empêcher d'écrire dans l'ouvrage qu'il lui consacre que ce fut « un acte de cruauté froide et préméditée[18] ».

Brissot ne sera pas arrêté, grâce à un ami anonyme qui, sur la liste des supects, a rayé le mot « arrêté » pour le remplacer par « visité[19] ». Brissot sera sauvé, car Robespierre ne pouvait là non plus ignorer que Brissot jeté en prison, en ces journées de violence et de cruauté gratuite, risquait, comme tant d'autres, d'être assassiné.

Il est curieux que Robespierre, qui avait tenté de rester légaliste avant la journée du 10 août, et d'éviter l'insurrection, n'ait pas eu la même attitude vingt-deux jours plus tard. Curieux mais logique. Il a bien senti que rien ne pouvait arrêter le courant de la fureur populaire et a préféré l'accompagner en l'approuvant plutôt que de s'y opposer. Chacun jugera.

Le 5 septembre, alors que le sang de tant de victimes innocentes n'est pas encore séché, ont lieu les premières élections pour la députation à la Convention nationale. Robespierre est le premier élu de Paris et avec lui des mandants qui deviendront célèbres ou le sont déjà, comme Danton, Collot d'Herbois, Manuel, Billaud-Varenne, Camille Desmoulins, Marat, Philippe Égalité, avec l'appui de Danton et contre l'avis de Robespierre, sans oublier le frère de ce dernier, Augustin Robespierre, le peintre Louis David et bien d'autres. Mais ceux qui n'avaient pas été élus à Paris trouvaient en province des votants pour les envoyer à la Convention, ce sera le cas de Brissot, de Pétion, de Condorcet, de Saint-Just, ces derniers venus de l'Aisne, de Couthon et de Bancal. On trouvera nombre de députés de la Constituante et de la Législative, à la réélection de laquelle Robespierre, on l'a vu, s'était opposé, et qui seront évidemment les plus modérés (ils veulent désormais arrêter la Révolution), allant siéger parmi ceux qu'on appellera les Girondins, tandis que la gauche révolutionnaire et Robespierre à leur tête constitueront la Montagne, c'est-à-dire s'assiéront sur les gradins les plus hauts et qui sont, eux, tout disposés à s'allier aux sans-culottes. Reste comme toujours le Marais — appelé aussi « la Plaine » —, une sorte de parti centriste qui tantôt penchera à gauche, tantôt à droite, tirant sa force de l'appui du peuple parisien.

Désormais la Convention nationale siégera aux Jacobins, rue Saint-Honoré, comme l'a demandé Robespierre auquel il semble qu'on ne peut plus rien refuser. Mais, depuis les massacres de Septembre, Robespierre se tait et utilise ses partisans pour faire passer ses idées politiques : c'est une tactique qu'a souvent employée César lorsqu'il mettait en avant des fidèles pour mieux se cacher derrière eux et ne pas se retrouver en première ligne.

# Proclamation de la République : Robespierre siège à la Convention

Le 20 septembre 1792, les armées du général Kellermann et de Dumouriez gagnent la bataille de Valmy qui aura une portée nationale et internationale énorme. La France est sauvée du danger d'une invasion. Le 21 septembre, enhardie par cette victoire qui est aussi celle des troupes révolutionnaires sur des soldats issus de l'Ancien Régime de la Prusse, et sous la proposition de Collot d'Herbois et de l'abbé Grégoire, la Convention nationale, réunie pour la première fois, décrète l'abolition de la royauté en France et, le 22 septembre, Billaud-Varenne est suivi par la majorité de ses collègues pour proclamer l'an I de la République française.

C'est sur la vertu que doit s'appuyer la morale des représentants de la Convention parce qu'elle est issue des vertus républicaines antiques et de leurs exemples et qu'elle est nécessaire. Robespierre s'exprime haut et fort là-dessus. Car la vraie démocratie, selon lui, c'est la république, essence même de la vertu. Il va même plus loin en songeant que c'est la pauvreté qui est la gardienne de la vertu. Car

Robespierre, c'est incontestable, et ce n'est pas dans son esprit un jeu démagogique, se range toujours du côté du faible, c'est-à-dire du peuple français qui est « vraiment né pour la gloire et pour la vertu[1] ». Il n'oublie pas les femmes françaises, qui dans cette course à la vertu peuvent être exemplaires de la vertu républicaine, et bien trop content va jusqu'à les comparer aux femmes de Sparte ! Pourquoi ?

> Quel est le principe fondamental du gouvernement démocratique ? C'est la vertu, je parle de la vertu publique qui opéra tant de prodiges dans la Grèce et à Rome, et qui doit en produire de bien plus étonnants dans la France républicaine ; de cette vertu qui n'est autre chose que l'amour de la patrie et de ses lois[2].

On voit donc que ce terme de *vertu* est l'axe même de toutes les définitions de la république et de la démocratie.

Le terme de vertu, que Robespierre a déjà maintes fois utilisé dans de précédents discours, prend à ses yeux désormais tout son relief, dès lors que la France est en république. De même lorsque la France sera attaquée, le patriotisme sera chez lui assimilé à une vertu capable de pousser les citoyens à se sacrifier pour leur pays. Il n'ignore pas que Montesquieu, dans *De l'esprit des lois*, a écrit que « dans un état populaire, il faut un ressort de plus qui est la Vertu[3] ». La vertu, en ces moments où la France change de régime, n'est vraiment pas à l'ordre du jour à la Convention nationale, ni le souci premier des députés. Mais Robespierre martèlera dans chacun de ses discours ce mot qui fut celui des Romains et celui de Rousseau, ses maîtres.

On pourrait, en effet, penser que ce changement de régime va souder la France et provoquer un réflexe d'union, il n'en est rien. Les plus modérés de la Convention, c'est-à-dire les Girondins, qui sont majoritaires parce que alliés au Marais, cherchent par tous les moyens à éliminer les députés parisiens dont la collusion avec les massacreurs et les émeutiers des tueries de Septembre leur semble à la fois évidente et dangereuse, notamment au sein de la Commune de Paris. Ils ne mâchent pas leurs mots : ils accusent Marat d'appel au meurtre, Robespierre de candidat à la dictature et Danton de corruption. Robespierre prononce une courte intervention qui n'a rien d'impérissable, mais se garde bien de répondre à l'accusation des députés modérés, les sachant majoritaires.

Marat et Robespierre unis dans la même haine de leurs collègues ? Cela n'a rien d'étonnant dans le principe, mais entre les deux hommes si le courant révolutionnaire radical est passé, en revanche l'antipathie personnelle est flagrante. Le poudré et élégant Robespierre supporte mal Marat le débraillé.

Pour éviter toute tentative fédéraliste des députés girondins, Couthon finit par décréter que la République française est une et indivisible.

Aux Jacobins, Robespierre répond à ceux qui voudraient le voir maire de Paris, d'après le rapport du *Journal des Jacobins*, que « pour un tel choix, il faudrait avoir au moins le consentement de la personne sur qui il tomberait, et que, pour lui, il ne connaît aucune force humaine qui puisse lui faire consentir à échanger la place de représentant du peuple contre toute autre quelque importante qu'elle pût paraître[4] ».

Robespierre participe peu aux séances de la Convention, étant souffrant, après trop de rudes journées de labeur et de nuits sans sommeil. Il n'a jamais eu une très bonne santé. C'est un nerveux qui dort peu, il est sujet à des fièvres et à des cauchemars fréquents. Il souffre d'éruptions cutanées et d'ulcères variqueux aux jambes. On le voit souvent un mouchoir sanglant à la main pour arrêter ses fréquents saignements de nez. Pendant plusieurs semaines, ses quelques interventions sont plates et ne sont comme souvent que des rappels de son inlassable patriotisme, de sa chasse aux traîtres. Il a toujours à la bouche les mots de vertu et de liberté, ce qui ne constitue pas un programme.

Il attend la fin octobre, le 28 exactement, pour prononcer un long discours, notamment sur la calomnie dont il est la victime et dont il connaît bien l'air. Il critique surtout la Convention nationale et ses députés, ne leur accordant pas plus d'indulgence qu'à ceux de la Constituante et de la Législative :

> Suivez les progrès de la calomnie depuis l'origine de la révolution et vous verrez que c'est à elle que sont dus tous les événements malheureux qui en ont troublé ou ensanglanté le cours... N'est-ce pas la calomnie qui par la bouche des prêtres, peignant les travaux de l'Assemblée constituante comme autant d'attentats contre la morale et contre la divinité, arma la superstition contre la liberté ? [...] N'est-ce pas elle qui éleva une barrière entre la Révolution et les autres peuples de l'Eu-

rope, en leur montrant sans cesse la nation française comme une horde de cannibales et le tombeau de la tyrannie comme le théâtre de tous les crimes[5] ?

Et de s'attaquer à La Fayette et à ceux qu'on appelait les Feuillants, ces modérés qui ont mis la Révolution en péril. Il rappelle la tuerie du Champs-de-Mars du 17 juillet 1791 et s'exclame, appelant, comme à son habitude, l'histoire romaine à la rescousse : « J'ai vu Pétion qui alors luttait contre les intrigants, accueilli par les sénateurs français, comme Catilina le fut un jour par le sénat romain », c'est-à-dire avec des huées. « Que fait la faction nouvelle\*, depuis la Révolution du 10 août ? Elle crie à l'anarchie, parle sans cesse d'un parti désorganisateur\*\*, de démagogues forcenés qui égarent et qui flattent le peuple. Brigandage, assassinats, conspirations ; voilà toutes les idées dont elle entretient sans cesse les quatre-vingt-trois départements[6]. »

Cette faction ne parle plus certes de factieux mais d'agitateurs, et qui désigne-t-elle alors ?

Les patriotes qui, depuis le commencement de la Révolution, étrangers à toutes les factions, imperturbablement attachés à la cause publique, ont marché par la même route au but unique de toute constitution libre, le règne de la justice et de l'égalité, à ceux qui se sont montrés dans la Révolution du 10 août et qui veulent qu'elle ait été faite par le peuple et non pour une faction ; enfin à ceux-là mêmes qui furent les objets éternels des persécutions de La Fayette, de la cour et de tous leurs complices[7].

---

\* Celle qui est à ses yeux représentée par les Girondins au sein de la Convention.
\*\* La Montagne, à laquelle appartient Robespierre.

Cette faction contre-révolutionnaire accuse Paris et les Parisiens d'être responsables de tous les maux dont souffre la France, et en particulier Robespierre d'avoir activement participé au 10 août, ce qui est faux puisqu'il était absent mais surtout, et bien qu'il en ait compris les raisons, parce qu'en bon légaliste modéré, il n'a pu totalement se réjouir d'un tel événement.

Puis il en vient aux Girondins :

> Ils veulent quitter Paris, ils ne dissimulent plus ce projet : ils ont raison... Qu'ils partent donc. Qu'ils cessent de fatiguer la nation par de vaines terreurs, par les misérables artifices qu'ils emploient chaque jour pour parvenir à ce but. Qu'ils partent. Où vont-ils ? Dans quelle contrée bien froide, bien inaccessible aux ardeurs du patriotisme ou à la lumière de la philosophie ; dans quelle ville ignorante ou bien travaillée par leurs manœuvres vont-ils exercer leur heureux talent pour démembrer l'État\* et pour conspirer contre la liberté du monde ? [...]
> Aussi vous les voyez former un parti mitoyen entre l'aristocratie rebelle et le peuple ou les francs républicains... Enfin ils sont les honnêtes gens, les gens comme il faut de la République ; nous sommes les sans-culottes et la canaille.

Robespierre constate qu'ils dominent au sein de la Convention. Contre ces députés majoritaires qui sont ses ennemis, il propose une solution bien peu efficace, bien modérée et prudente, comme l'annonce la suite et fin de son discours. Il sait bien qu'il est minoritaire et qu'il ne faut pas qu'il heurte de front la Convention au risque de s'en faire chasser. Une fois de plus, il sent que la situation n'est

---

\* Ils sont fédéralistes, ne l'oublions pas.

pas mûre et que le rapport de forces ne lui est pas favorable et, après avoir dénoncé, il temporise d'une manière assez stupéfiante :

> Quels moyens nous reste-t-il donc aujourd'hui pour déconcerter leurs funestes projets ? Je n'en connais point d'autre, en ce moment, que l'union des amis de la liberté, la sagesse et la patience. Citoyens, ils veulent vous agiter pour vous affaiblir, pour vous déchirer par vos propres mains et vous rendre responsables ensuite de l'ouvrage même de leur perversité : restez calmes et immobiles. Observez, en silence, leurs coupables manœuvres ; laissez-les se démasquer et se perdre eux-mêmes par leurs propres excès [8].

Politiquement, cette manière de temporiser afin de laisser les ennemis se découvrir, pour mieux alors les anéantir, est un procédé très caractéristique de Robespierre. On verra qu'elle finira par lui être fatale. Il est parfois urgent de dénoncer ses ennemis et de les abattre, sans quoi l'on prend le risque de l'être soi-même. Dans le cas présent, les Girondins ne sont guère dangereux mais, pour Robespierre, ils le deviendront un jour en mettant en péril l'unité indivisible de la République : comme le chat auquel parfois il ressemble, il se fait Raminagrobis pour mieux surprendre et tuer ses ennemis politiques.

Le lendemain de ce long discours ayant pour thème la calomnie, le député Louvet attaque Robespierre et surtout Marat, dont il demande l'arrestation. Robespierre prendra son temps et attendra le 5 novembre pour se lancer dans un autre discours toujours aussi enflammé, toujours aussi proche de l'éloquence des orateurs antiques, mais cette fois l'argumentation en est soigneusement préparée. Bien entendu, il s'en prend essentiellement à Louvet qui l'a accusé de travailler à sa gloire personnelle et d'aspirer au pouvoir suprême, c'est-à-dire à la dictature. Assez lâchement il faut le reconnaître, il prend ses distances d'avec Marat avec lequel il a eu un entretien, et dont il dit qu'il « écrivit en toutes lettres qu'il m'avait quitté parfaitement convaincu que je n'avais ni les vues ni l'audace d'un homme d'État », ajoutant que « les critiques de Marat pouvaient être des titres de faveur[9] ».

Robespierre fustige Louvet :

> Aux Jacobins j'exerçais un despotisme d'opinion qui ne pouvait être regardé que comme l'avant-coureur de la dictature. D'abord, je ne sais pas ce que c'est que le despotisme de l'opinion, surtout dans une société d'hommes libres, composée, comme vous le dites vous-même, de 1 500 citoyens [...]. Il reste maintenant le plus fécond et le plus intéressant des trois chapitres qui composent votre plaidoyer diffamatoire, celui qui concerne ma conduite au conseil général de la commune[10].

Or, rappelle Robespierre, le 10 août il n'est venu au club que le soir, et n'a été en rien l'acteur de ce qui s'est passé pendant cette journée aux Tuileries. Il n'a pas tort. Il se cachait chez Duplay ! Il prend la défense de l'institution elle-même. On lui reproche des arrestations qu'on appelle arbitraires, quoique aucune n'ait été faite sans interrogatoire. Et d'enfourcher à nouveau l'histoire de la conjuration de Catilina : « Quand le consul de Rome\* eut

---

\* Autrement dit Cicéron.

étouffé la conspiration de Catilina, Clodius l'accusa d'avoir violé les lois[11]. » En effet, il n'est pas de trop de le répéter, Cicéron fit exécuter trois des principaux complices de Catilina, sans jugement, ce qui était contraire à la loi romaine qui veut qu'un citoyen romain ait le droit à un procès. « Quand le consul rendit compte au peuple de son administration, il jura qu'il avait sauvé la patrie et le peuple applaudit. » Autrement dit, il valait mieux prévenir tout commencement d'exécution de la conspiration en arrêtant et en étranglant les partisans de Catilina. « J'ai vu à la barre tels citoyens qui ne sont pas des Clodius\* mais qui, quelque temps avant la révolution du 10 août, avaient eu la prudence de se réfugier à Rouen, dénoncer emphatiquement la conduite du conseil, de la Commune de Paris. Des arrestations illégales ? Est-ce donc le code criminel à la main qu'il faut apprécier les précautions salutaires qu'exige le salut public, dans les temps de crise amenés par l'impuissance des lois[12] ? »

À situation exceptionnelle, réaction exceptionnelle, même dans l'illégalité. C'est bien ce qu'affirme dangereusement Robespierre.

Sur les massacres de Septembre auxquels il n'a pas participé, Robespierre essaye de s'expliquer :

> Quant au conseil général de la Commune, il est certain, aux yeux de tout homme impartial, que, loin de provoquer les événements du 2 septembre, il a fait ce qui était en son pouvoir pour les empêcher[13].

---

\* Lequel fera bannir Cicéron pour avoir agi dans l'illégalité, lors de la conjuration de Catilina.

Ce qui est un mensonge tellement éhonté que Robespierre a compris qu'il ne passerait pas et qu'il dit pratiquement le contraire dans la suite de son discours :

> Si on vous demande pourquoi il ne les a point empêchés, je vais vous le dire [...]. Si vous avez pensé que le mouvement imprimé aux esprits par l'insurrection du mois d'août était entièrement expiré au commencement de septembre, vous vous êtes trompés [14].

Autrement dit les massacres du 2 Septembre ne sont que justice expéditive rendue par le peuple qui trouvait qu'on avait été trop indulgent envers les conspirateurs contre-révolutionnaires et qu'on n'avait condamné que trois ou quatre subalternes. À cela s'ajoute le manifeste de Brunswick, la perte de Longwy et de Verdun et la trahison évidente de La Fayette. Comment arrêter la colère du peuple demande alors en substance Robespierre ? Qui, avec un certain aplomb, affirme qu'un seul innocent a péri lors des massacres et qu'on ferait mieux de pleurer « cent mille patriotes immolés par la tyrannie [15] » !

Une fois de plus Robespierre justifie tout, et se justifie lui-même dans son action au sein de la Commune, après le 10 août, d'une manière assez embrouillée :

> On a osé, par un rapprochement atroce, insinuer que j'avais voulu compromettre la sûreté de quelques députés, en les dénonçant à la Commune durant les exécutions des conspirateurs [...]. Quelle est donc cette affreuse doctrine que dénoncer

un homme et le tuer, c'est la même chose ? Dans quelle république vivons-nous, si le magistrat qui, dans une assemblée municipale, s'explique librement sur les auteurs d'une trame dangereuse, n'est plus regardé que comme un provocateur aux meurtres[16] ?

Étrangement, c'est exactement ce qui se passera sous la Terreur et que Robespierre avalisera totalement.

Il en revient une fois de plus à lui, car décidément, à mesure que la Révolution progresse, il semble que Robespierre ne soit plus préoccupé que par sa seule personne et par ses propres actions, comme si le monde autour de lui n'existait plus ou n'était plus composé que d'ennemis :

N'est-ce pas vous qui avez dit calomnieusement, ridiculement, que j'aspirais à la tyrannie ? N'avez-vous pas juré par Brutus d'assassiner les tyrans ? — comme celui-ci fit de César — Vous voilà donc convaincu, par votre propre aveu, d'avoir provoqué tous les citoyens à m'assassiner[17].

Et faussement apaisant, pour mieux endormir ses adversaires, Robespierre conclut en ces termes :

Pour moi, je ne prendrai aucunes conclusions qui me soient personnelles ; j'ai renoncé au facile avantage de répondre aux calomnies de mes adversaires par des dénonciations plus redoutables. J'ai voulu supprimer la partie offensive de ma justification, je renonce à la juste vengeance que j'aurais le droit de poursuivre contre mes calomniateurs. Je n'en demande point d'autre que le retour de la paix et le triomphe de la liberté. Citoyens, parcourez d'un pas ferme et rapide votre superbe carrière ; et puissé-je, aux dépens de ma vie et de ma réputation même, concourir avec vous à la gloire et au bonheur de notre commune patrie[18] !

Ce discours certes éloquent, mais assez confus et où l'autodéfense de Robespierre est assez faible, sera applaudi par la majorité de l'Assemblée, sans doute à cause de sa péroraison pacifique. On en demandera l'impression et en sortant l'orateur sera acclamé par une foule immense qui chantera *La Carmagnole*, la *Marseillaise*, et le *Ça ira*, en accompagnant son idole.

Les succès de l'armée française permettent à la Convention nationale de faire taire très provisoirement ses querelles et au peuple français soulagé de chanter ces victoires qui resteront dans l'Histoire : Custine vainqueur à Mayence, Dumouriez à Jemmappes qui se voit ainsi ouvrir les portes de la Belgique. La Convention nationale a compris que par ses victoires elle pouvait exporter la Révolution et elle vote le décret de « fraternité et de secours à tous les peuples ». Cambon demande bientôt que les lois françaises soient appliquées dans les territoires conquis, tandis que la Convention défend la politique des frontières naturelles de la France. Danton est on ne peut plus clair : « Les limites de la France sont marquées par la nature. Nous les atteindrons dans leurs quatre points : à l'Océan, au Rhin, aux Alpes et aux Pyrénées [19]. »

Le 12 décembre, Robespierre, voyant venir le procès du roi Louis XVI et les manœuvres des Girondins pour l'empêcher, se lance au club des Jacobins dans une dénonciation des Brissotins, du nom de Brissot, chef des Girondins : « Ce sont de méprisables êtres que je dénonce à la patrie, car je suis sûr qu'ils veulent faire égorger les patriotes !

Oui, j'ambitionne l'honneur d'être massacré le premier par les Brissotins, mais avant d'être assassiné, je veux avoir le plaisir de les dénoncer[20]. »

Les débats en vue de traduire Louis XVI en justice commencent. Robespierre est absent de la Convention pendant presque deux mois. On le dit souffrant, en proie à une fatigue intense due aux surmenages de ces derniers mois d'intenses journées révolutionnaires. On le dit aussi profondément blessé par les attaques des Girondins. Mais ses amis sont là, continuant de filer la métaphore entre la Révolution française et les défenseurs de la République romaine dans l'Antiquité.

Face au jugement probable de Louis Capet, Saint-Just, tout comme son ami Robespierre l'aurait probablement fait, s'écrie à la tribune de la Convention devant les hésitations de nombreux députés :

Il n'y avait rien dans les lois de Numa pour juger Tarquin\* [...]. Mais hâtez-vous de juger le roi, car il n'est pas de citoyen qui n'ait sur lui le droit que Brutus avait sur César... Louis est un autre Catilina ; le meurtrier, comme le consul de Rome, jugerait qu'il a sauvé la patrie[21].

Saint-Just prétend que la mort de César est légale. Brutus, icône de la Révolution parce qu'il a poignardé le tyran César, portait le même nom que le Brutus qui avait renversé le dernier représentant des Tarquins, chassé du trône et non traduit en justice notons-le, ce qui permettait au très jeune Saint-Just de faire un amalgame facile. Une

---

\* Ces lois formaient la Constitution de Rome au temps des rois.

fois encore celui-ci, comme si souvent Robespierre, se retrouve dans une sorte de rêve où l'assimilation de l'histoire de Rome, notamment dans les périodes cruciales, à la Révolution et à la République française est une évidence.

Même en France, l'Antiquité gréco-romaine sert désormais de modèle. La ville de Cap-Breton dans les Landes prend le nom de Cap-Brutus, et Saint-Maximin dans le Var décide de s'appeler Marathon. Les armées de 1792, qui viennent de mener la France à la victoire, prennent le nom de légions, et leurs appellations sont empruntées à l'Antiquité, ainsi, par exemple, la Savoie est-elle investie par la Légion. À mesure que la Révolution progressera, Rome se fera de plus en plus présente dans les discours révolutionnaires.

Robespierre, lorsqu'il est revenu à la fin de novembre à la Convention, a trouvé l'Assemblée en pleine agitation après la découverte de l'« armoire de fer » où se trouvent des documents compromettants pour le roi Louis XVI — une correspondance avec des contre-révolutionnaires —, qu'il devient très facile d'accuser de haute trahison. De plus, il est désormais prouvé que Mirabeau, mort heureusement pour lui en avril 1791, entretenait avec la Cour des relations qui, c'est le moins qu'on puisse dire, n'allaient pas du tout dans le sens de la Révolution.

En outre, il y a dans toute la France une crise des subsistances, autrement dit une crise économique, qui se traduit par de dramatiques émeutes de la faim. Pourtant, le commerce des grains n'est pas en cause, il serait même florissant, mais des hommes d'affaires, des banquiers et des commerçants en profitent pour s'enrichir, fabriquant une fausse pénurie pour faire monter les prix et ainsi revendre le blé à des prix élevés, voire même l'exporter. On demande à la Convention que le prix du blé soit taxé pour arrêter ces manœuvres spéculatives.

Mais l'Assemblée semble paralysée et n'imprime pas la motion « taxation » proposée par un nommé Goujou, pire elle écoute le ministre Roland qui prétend, lui, qu'il ne faut surtout pas agir. En Beauce, une insurrection éclate : elle est réprimée dans le sang.

C'est alors que Robespierre, peu au fait, nous l'avons vu, des questions économiques, intervient. Nous sommes le 2 décembre. Dans un peu plus d'un an, il sera mort. Lui qui, naguère, était défavorable à toutes lois agraires et favorable à la propriété, semble avoir mis le temps de sa convalescence à profit. Il a changé d'avis.

En préambule de son discours, il affirme que « la disette actuelle est une disette factice[22] ». Il ne nie pas que « la liberté du commerce est nécessaire jusqu'au point où la cupidité homicide commence à en abuser » ; que « l'usage des baïonnettes est une atrocité [...]. Il n'est pas nécessaire que je puisse acheter des brillantes étoffes ; mais il faut que je sois assez riche pour acheter du pain, pour moi et pour mes enfants. Le négociant peut bien garder dans ses magasins les marchandises que le luxe et la vanité convoitent jusqu'à ce qu'il trouve le moment de les vendre au plus haut prix possible ; mais nul homme n'a le droit d'entasser des monceaux de blé à côté de son semblable qui meurt de faim[23]... » Il soutient toujours le droit de propriété et ne le dit pas contraire à la subsistance des hommes, mais il ajoute : « Toute spéculation mercantile que je fais aux dépens de la vie de mon semblable n'est point un trafic, c'est un brigandage et un fratricide. Or quels sont les moyens de réprimer ces abus ? » On lui répète qu'il n'y en a pas. Si répond-il : « Que la circulation dans toute l'étendue de la République soit protégée [...]. La subsistance publique circule-t-elle lorsque des spéculateurs avides la retiennent entassée dans leur grenier ? [...] Circule-t-elle lorsqu'à côté des plus abondantes récoltes le citoyen nécessiteux languit, faute de pouvoir donner une pièce d'or ou un morceau de papier assez précieux pour en obtenir une parcelle [24] ? »

Évidemment, Robespierre propose à ses collègues des mesures simples et radicales pour que cesse la crise des subsistances. Il veut tout simplement que la loi soit appliquée :

> Quelles bornes les vampires impitoyables qui spéculeraient sur la misère publique mettraient-ils à leurs attentats, si, à toute espèce de réclamation, on opposait sans cesse des baïonnettes et l'ordre absolu de croire à la pureté et à la bienfaisance de tous les accapareurs ? La liberté indéfinie n'est autre chose que l'excuse, la sauvegarde et la cause de cet abus. Comment pourrait-elle en être le remède ? [...] Quel remède nous propose-t-on ? Le système actuel. Je vous dénonce les assassins du peuple et vous répondez : « laissez faire ». Dans ce système tout est contre la société, tout est en faveur des marchands de grains [...]. Je me contenterai de demander la priorité pour les projets de décrets qui proposent des précautions contre les monopoles, en me réservant de proposer des modifications, si elle est adoptée [25]...

À l'adresse des propriétaires, il poursuit :

> Je ne leur ôte aucun profit honnête, aucune propriété légitime ; je ne leur ôte que le droit d'attenter à celle d'autrui ; je ne détruis point le commerce mais le brigandage du monopoleur ; je ne les condamne qu'à la peine de laisser vivre leurs semblables[26].

On ne peut pas dire que les propositions de Robespierre, en matière économique, soient révolutionnaires, pourtant elles ne seront pas appliquées.

Le 3 décembre, le lendemain de son discours sur les subsistances qui a fait si peu d'effets, il remonte à la tribune pour s'expliquer sur ce fameux jugement de Louis XVI. Il faut « graver profondément dans les cœurs le mépris de la royauté et frapper de stupeur tous les partisans du roi[27] ». Avec cette phrase, il n'est pas loin de la position insupportable et illégale de Saint-Just. Il poursuit dans le même sens :

> Louis ne peut être jugé ; il est déjà condamné ou la république n'est point absoute. Proposer de faire le procès à Louis XVI de quelque manière que ce puisse être, c'est rétrograder vers le despotisme royal et constitutionnel : c'est une idée contre-révolutionnaire, car c'est mettre la révolution elle-même en litige... Les peuples ne jugent pas comme les cours judiciaires ; ils ne rendent point de sentences, ils lancent la foudre ; ils ne condamnent pas les rois, ils les replongent dans le néant[28].

Il n'entend pas suivre l'exemple de Cromwell à l'égard de Charles Ier d'Angleterre, ni celui de la reine Élisabeth Ire d'Angleterre traduisant Marie Stuart en cour de justice. Il s'agit pour lui de deux querelles entre tyrans, dans lesquelles le peuple n'est jamais intervenu :

> Le procès à Louis XVI ! [...] En ouvrant une arène aux champions de Louis XVI, vous renouvelez les querelles du despotisme contre la liberté [...]. Vous réveillez toutes les factions, vous ranimez, vous encouragez le royalisme assoupi [...]. Quoi qu'il arrive, la punition de Louis n'est bonne désormais qu'autant qu'elle portera le caractère solennel d'une vengeance publique. [...] À quelle peine condamnerons-nous Louis ? [...] Pour moi, j'abhorre la peine de mort prodiguée par vos lois\*; et je n'ai pour Louis ni amour ni haine ; je ne hais que ses forfaits.
>
> Je prononce à regret cette fatale vérité [...] mais Louis doit mourir parce qu'il faut que la patrie vive [...]. Je vous demande de statuer dès ce moment sur le sort de Louis. Quant à sa femme, vous la renverrez aux tribunaux ainsi que toutes les personnes prévenues des mêmes attentats. Son fils sera gardé au Temple\*\* jusqu'à ce que la paix et la république soient affermies. Quant à Louis, je demande que la Convention nationale le déclare dès ce moment traître à la nation française et criminel envers l'humanité [29].

Robespierre, comme après la fuite à Varennes, vient de prendre un virage qui paraît surprenant. L'orateur n'a pas apporté les preuves des crimes supposés de Louis XVI. Il semble que sa position frise l'illégalité, voilà pourquoi l'Assemblée décide de ne pas tenir compte de l'avis de Robespierre qui souhaite tout simplement mettre à mort Louis XVI, comme s'il était une bête enragée. L'Assemblée décide donc de s'ériger en tribunal et de traduire le roi devant elle. Louis XVI sera donc

---

\* À ce sujet, il rappellera son discours du 30 mai 1791.
\*\* Celui qui s'appellera Louis XVII dans l'Histoire et mourra en 1794 de tuberculose.

jugé. Les Girondins qui, pour une part, sont opposés à ce que le roi soit condamné à mort, tentent de faire diversion : ils proposent le bannissement du roi et de toute la famille royale et envisagent de demander son avis au peuple.

Robespierre, resté muet durant une partie de ces débats, prononce un nouveau discours le 28 décembre contre cette idée de recourir au peuple :

> L'honneur des nations, c'est de foudroyer les tyrans et de venger l'humanité avilie. La gloire de la Convention consiste à déployer un grand caractère [...] à sauver la patrie et à cimenter la liberté par un grand exemple donné à l'univers. Je vois sa dignité s'éclipser à mesure que nous oublions cette énergie des maximes républicaines pour nous égarer dans un dédale de chicanes inutiles...
> La vertu fut toujours une minorité sur la terre. Sans cela la terre serait-elle peuplée de tyrans et d'esclaves ? Les Critias\*, les Césars, les Clodius étaient de la majorité ; mais Socrate était de la minorité, car il avala la ciguë. Caton [d'Utique] était de la minorité, car il déchira ses entrailles [...]. J'ai prouvé que la proposition de soumettre aux assemblées primaires\*\* l'affaire de Louis Capet tendait à la guerre civile ; s'il m'est donné de contribuer à sauver mon pays, je prends acte du moins, dans ce moment, des efforts que j'ai faits pour prévenir les calamités qui le menacent. Je demande que la Convention nationale déclare Louis coupable et digne de mort[30].

Outre le terme de vertu républicaine qui rythme ce discours comme pratiquement à chaque fois, il est sûr que Robespierre craint que le peuple ne s'afflige soudain de conduire le roi à l'échafaud. Sur-

---

\* Un tyran grec d'Athènes au IVe siècle av. J.-C.
\*\* C'est-à-dire l'appel au peuple.

tout, il introduit dans la république une notion qui existait déjà sous la monarchie : celle de la raison d'État. Peu lui importe la culpabilité de Louis XVI, il faut l'exécuter pour faire un exemple qui effrayera jusqu'aux cours étrangères et qui interdira tout retour à la monarchie. L'esprit juridique de Robespierre est ainsi fait que toute considération humaine ou morale est abolie lorsque l'idéal républicain est en jeu. Sur cette voie, Robespierre va être entraîné inexorablement, et Louis XVI sera sa première victime, suivie de nombreuses autres, pour les mêmes raisons, non pas de cruauté, mais de fanatisme hérité des derniers défenseurs de la République romaine qu'il faut à tout prix imiter dans leurs actes de bravoure. Ces Romains sont des phares, des guides, étant entendu que les révolutionnaires ne doivent pas reproduire certaines de leurs erreurs pour ne pas entraîner la chute du régime républicain.

Robespierre et ses collègues et amis, tel Saint-Just, se sentent habités par leurs modèles romains à un point tel que la Terreur qui va suivre la mort de Louis XVI continuera à faire appel à leurs mânes. Robespierre se trouve sur une pente telle que son aliénation farouchement révolutionnaire ne peut plus discerner la réalité de la fiction dans l'histoire romaine. Les Romains l'ont fait. Pourquoi pas lui ?

Au début du mois de janvier 1793, Robespierre multiplie les déclarations sur la culpabilité de Louis XVI, qui lui semble si indéniable qu'il ne voit pas l'utilité de le mettre en jugement comme le réclament les Girondins, et en profite pour attaquer ceux-ci. Le 2 janvier, moins d'un mois avant l'assassinat de Louis XVI, Robespierre, qui a maintenant deux tribunes, s'écrie aux Jacobins :

> Prouver que Louis XVI est coupable, c'est mettre en problème la liberté ; parce que ce qui a été décidé par l'insurrection* ne peut plus être l'objet d'un doute sans ébranler les fondements de la liberté. Tout se réduit donc à la question d'interjeter une espèce d'appel au peuple [...]. Je dis que les Vergniaud, que les Brissot, que les Gensonné, que les Guadet** et tous les coquins de cette espèce n'appellent point au peuple, mais à tous les aristocrates, à tous les Feuillants qu'ils rallient sous leurs bannières [31].

Robespierre et ses amis, comme Saint-Just qui dès novembre 1792 avait demandé la mise en jugement du roi, réussissent non sans mal, devant les tergiversations des Girondins, à faire condamner à mort le roi à une voix de majorité. Les Girondins, par peur, se sont ralliés en grande partie à la peine de mort. Lui-même s'est prononcé au moment du défilé des députés à la tribune pour dire leur opinion sur ce sujet :

> Je suis inflexible pour les oppresseurs parce que je suis compatissant pour les opprimés ; je ne connais point l'humanité qui égorge les peuples et qui pardonne aux despotes. Le sentiment qui m'a porté à demander, mais en vain, à l'Assemblée constituante, l'abolition de la peine de mort est le même qui me force aujourd'hui à demander qu'elle soit appliquée au tyran de ma patrie, et à la royauté elle-même dans sa personne [...]. Je vote pour la mort [32].

---

\* Allusion à la journée du 10 août.
\*\* Tous Girondins et partisans de laisser le roi en vie.

Lorsqu'on lit les déclarations et les discours de Robespierre, ainsi que ceux de quelques-uns de ses fidèles, on est frappé par leur rhétorique certes remarquablement agencée, mais qui semble les entraîner à commettre des actes irréparables au nom de la vertu républicaine. On sent que des mots tels que *tyran*, *despote*, *peuple*, etc., sont devenus des abstractions dont ils se gorgent avec une sorte de plaisir incantatoire. Ils leur permettent de ne plus réfléchir à leurs actes, ils en sont en quelque sorte les esclaves. L'éloquence, dont ils ont appris toutes les tournures et tout l'art au cours de leurs carrières professionnelles ou dans l'exercice de leurs fonctions de députés, a un effet d'entraînement qui doit certainement leur procurer une volupté intellectuelle extraordinaire. Les mots ont un pouvoir qui les dépasse, qui les déresponsabilise et qui leur donne une sorte de liberté de juger sans appel, leur faisant croire tout ce qu'ils disent, sans que la moindre réflexion morale et intellectuelle intervienne. Ils se trouvent comme enveloppés dans l'élan de leur phraséologie et ils finissent par y croire. Processus qui n'est certainement pas propre aux révolutionnaires : prononcer certains mots, c'est dire la vérité.

Lorsqu'on lit les *Philippiques* de Cicéron contre Marc Antoine, modèle de tout bon révolutionnaire français, on est frappé par la volupté que l'orateur semble en tirer. Il se coule dans ses phrases, il multiplie les périodes, il joue avec adresse des mots et des phrases et des accusations, comme emporté par une sorte d'ivresse de savoir si bien se servir de la langue latine. Robespierre donne la même impression, celle de ne plus être maître de ce qu'il dit, l'éloquence et ses astuces prenant le pas, par leur seul élan, sur la signification, la rhétorique de l'art oratoire occupant tout le champ de la réflexion et transformant l'orateur en une sorte d'automate jouissant de son verbe. À ce point-là et lorsqu'il s'agit d'envoyer des êtres humains à l'échafaud, un tel état mental est plus que dangereux, il est pernicieux et ne peut conduire qu'à d'affreuses injustices.

On pourrait reprocher à Robespierre — avec pourtant une vie privée réduite à sa plus simple expression et des temps de repli et de silence où il s'abstrait de la vie politique — de n'être pas parvenu à trouver le moyen de faire un retour sur lui-même, de n'avoir pas eu le réflexe de se demander si les mots ne dépassaient pas sa pensée profonde. Mais je pense qu'on aurait tort. Il est en pleine « aliénation », au sens psychiatrique du terme, prêt à admettre la Terreur et ses horribles débordements. Louis XVI sera, en quelque sorte, sa première victime. Dès lors que le roi, c'est-à-dire celui qui fut le personnage le plus important de la France, a été condamné à mort, pourquoi de simples députés, des nobles, leurs serviteurs, des gens du peuple, qui seront les plus nombreuses victimes des années 1793-1794, ne seraient-ils pas considérés comme traîtres à la Révolution et exécutés ? La plupart du temps sans preuves, sans qu'aucune charge soit retenue contre eux ? La Terreur est en marche, rien ne pourra l'arrêter, pas plus que le flot d'éloquence qui va sortir de la bouche des révolutionnaires les plus radicaux, et en particulier de celle de Robespierre, dans une sorte de litanie pleine d'ivresse qui n'a plus aucun lien ni avec la réalité, ni avec l'humanité.

Le 21 janvier 1793 Louis XVI est décapité sur l'échafaud dressé place de la Révolution, devenue depuis place de la Concorde. La rupture entre l'Europe monarchique et la France révolutionnaire est définitive. Les conséquences d'un tel acte vont dépasser tout ce que Robespierre avait imaginé.

La veille de l'assassinat de Louis Capet, seizième du nom, un député ayant voté la mort du roi, Le Peletier de Saint-Fargeau, a été tué par un ancien garde du corps du souverain. Il sera considéré comme un martyr de la Révolution, et Robespierre demandera que son corps soit transféré au Panthéon. Le culte des héros révolutionnaires tombés pour l'exemple est en marche.

# Vers une radicalisation de la Révolution

Pendant ce temps, la France se retrouve dans une situation militaire périlleuse. Après la décapitation de Louis XVI, les cours d'Europe prennent peur et se lancent dans une première coalition réunissant l'Angleterre, l'Espagne, la Prusse, l'Autriche et même la Russie.

Robespierre, une nouvelle fois, attaque les cadres aristocratiques de l'armée française, à ses yeux véritables chevaux de Troie de la trahison ; il le fait le 10 mars et demande la constitution d'un gouvernement uniformément patriotique et décidé à ne faire aucune concession :

> Je vous conjure, au nom de la patrie, de changer le système actuel de notre gouvernement, et pour cela il faut que l'exécution des lois soit confiée à une commission fidèle, d'un patriotisme épuré, une commission si sûre que l'on ne puisse plus vous cacher ni le nom des traîtres, ni la trame de leur trahison[1].

Le même jour, il évoque la création d'un Tribunal révolutionnaire, première ébauche de celui qui œuvrera sous la Terreur trois mois plus tard. Ce qui prouve bien que Robespierre, dont les conceptions sont encore minoritaires, a déjà des vues sur une France implacablement révolutionnaire et propose cet amendement au texte de Lindet qui créait un Tribunal extraordinaire :

> La loi défend sous peine de mort tout attentat contre la sûreté générale de l'État, les progrès de la liberté et de l'égalité, l'indivisibilité de la République. Le tribunal révolutionnaire sera chargé de poursuivre les auteurs des écrits qui ont attaqué les principes de la liberté, qui ont cherché à réveiller le fanatisme de la royauté, à apitoyer le peuple sur la mort du tyran ; qui ont dénoncé à l'opinion publique les patriotes qui ont voté la mort de Capet et appelé sur leurs têtes le poignard des assassins ; ceux qui ont voulu allumer la guerre civile en désignant Paris, comme devant être suspect aux départements, enfin les administrateurs de départements qui, au mépris des lois, se sont permis de faire marcher des bataillons de gardes nationales contre la capitale [2].

Nous sommes loin, on le voit, de *La Déclaration des droits de l'homme,* votée par Robespierre à la Constituante, qui proclamait que « nul ne pouvait être poursuivi pour ses opinions » et prêchait la liberté de la presse. Robespierre pourra répondre que le pays est en guerre, et qu'à situations exceptionnelles, mesures exceptionnelles.

Il a bien senti à quel point il était dangereux de laisser les officiers issus de l'aristocratie commander les armées révolutionnaires. La suite des événements lui donne raison. Le général Dumouriez, qui est de petite noblesse, ne l'oublions pas, est battu à Neerwinden le 18 mars 1793. Robespierre, contre l'avis de Danton, demande sa destitution. Dumouriez passe alors à l'ennemi, cherchant à négocier avec les Autrichiens une attaque contre la Convention. Il est déclaré traître à la patrie, alors que les Girondins, menés par Brissot, prononcent son éloge dans leur journal. Les conséquences de la trahison de Dumouriez seront redoutables puisque, en août 1793, la frontière du Nord est occupée par les Anglais, les Prussiens et les Autrichiens notamment à Dunkerque, tandis qu'au sud les Espagnols pénètrent dans le Roussillon.

Pour Robespierre, c'en est trop. Déjà les Girondins se sont montrés indulgents à l'égard de Louis XVI, lors de son procès à la Convention, cette fois-ci ils se placent du côté d'un ennemi de la patrie. En réponse, Robespierre, avec l'aide de Danton, crée un Comité de salut public, le 6 avril 1793, qui s'ajoute à la création d'un Tribunal révolutionnaire en mars. Un mois plus tard, Robespierre prononce contre Brissot et les Girondins, appelés aussi Brissotins, un réquisitoire sans appel qui sera publié dans le numéro 10 des *Lettres de Robespierre à ses commettants*. Il remonte deux ans en arrière pour montrer que, déjà à cette époque, les Girondins de l'Assemblée constituante trahissaient la Révolution :

> Ils ont appelé tous les amis de la patrie des agitateurs, des anarchistes, quelquefois même ils en ont suscité de véritables pour réaliser cette calomnie. Ils se sont montrés habiles dans l'art de couvrir leurs forfaits, en les imputant au peuple. Ils ont, de bonne heure, épouvanté les citoyens du fantôme d'une loi agraire ; ils ont séparé les intérêts des riches de ceux des pauvres ; ils se sont présentés aux premiers comme leurs protecteurs contre les sans-culottes [3].

Les griefs pleuvent parfois sans preuves. Selon Robespierre, les Girondins ont comploté avec le roi, ils ont voulu empêcher le 10 août, ils ont calomnié le Conseil de la commune. Ils ont cherché à « dégoûter le peuple français et la République naissante. [...] Ils répétèrent cette ridicule fable de la dictature qu'ils imputaient à un citoyen sans pouvoir comme sans ambition[4] ».

Vergniaud lui réplique point par point et se permet une estocade finale. Président de l'Assemblée nationale autour du 10 août, il avait tenté une manœuvre de conciliation en proposant la nomination d'un gouverneur pour le Dauphin, ce qui lui avait été reproché. Faisant allusion à l'absence de Robespierre ce jour-là, il lui crie : « Au moins, ne conviendrait-il pas à monsieur Robespierre qui alors s'était prudemment enseveli dans une cave, de me témoigner tant de rigueur pour un moment de faiblesse. » Vergniaud accuse même Robespierre d'avoir voulu fuir à Marseille le Tribunal du peuple.

Comme à chaque fois qu'il est accusé, Robespierre se tait, soit parce qu'il est gêné pour répondre, soit parce qu'il ne veut pas parler à ceux dont il vient de démontrer la trahison, soit parce qu'il entend préparer calmement sa réplique.

On continue à l'accabler du haut de la tribune de la Convention, comme Pétion qui hurle :

> Il faudra que Robespierre soit enfin marqué comme autrefois les calomniateurs [...]. Je ne serai content que lorsque j'aurai vu ces hommes qui veulent perdre la République laisser leur tête à l'échafaud[5].

Robespierre ne peut alors réprimer sa colère et réplique : « C'est nous qu'on veut faire égorger[6]. » Des cris retentissent, mi-moqueurs, mi-hargneux : « Taisez-vous, dictateur du 10 août[7] ! » Pétion, qui sera guillotiné lui aussi, a laissé un discours accusateur contre Robespierre où il dit, entre autres :

> Robespierre est extrêmement ombrageux et défiant ; il aperçoit partout des complots, des trahisons, des précipices. Son tempérament bilieux, son imagination atrabilaire lui présentent tous les objets sous de sombres couleurs ; impérieux dans ses avis, n'écoutant que lui, ne supportant pas la contradiction, ne pardonnant jamais à celui qui a pu blesser son amour-propre et ne reconnaissant jamais ses torts[8].

Robespierre s'enferme à nouveau dans le silence, mais défend Marat dont on a demandé la mise en accusation le 13 avril. Il s'en explique :

> Il n'y a que la nécessité de vous éclairer sur les trames ourdies contre nous qui m'a fait abandonner la Convention pour me rendre ici [...]. Je demande que tous les membres de la société, que tous les citoyens des tribunes qui nous entendent se répandent dans les sections pour éclairer le peuple sur les manœuvres des traîtres, et que la Société des Jacobins confonde la calomnie en arrêtant l'adresse dans laquelle elle prêchera le calme en dévoilant toute la scélératesse de nos ennemis[9].

Marat, très populaire avec son journal *L'Ami du peuple*, sera acquitté par le Tribunal révolutionnaire le 24.

Robespierre se tait encore lorsque les sections de Paris viennent demander l'expulsion des chefs de la Gironde. Il attend son heure pour frapper le plus fort, et le dernier, lorsque les Girondins auront reçu assez de coups pour être affaiblis et incapables de se défendre. Il ne réplique même pas lorsque le député Rebecqui donne sa démission parce que Robespierre n'a pas encore été guillotiné. Ce sang-froid est remarquable certes, mais il est inquiétant. Robespierre est peut-être emporté par son éloquence jusqu'à tenir des propos sans preuves et totalement injustes, mais il est aussi un habile manipulateur. Son attitude fait penser à celle de César, qui n'est pourtant pas sa référence, mais qui lui aussi au Sénat avait su se taire et attendre que les situations se décantent pour alors se découvrir et frapper fort et juste. Robespierre connaît bien l'histoire des républicains romains, mais aussi celle de César auquel il sait, quand cela lui convient, emprunter le caractère plein d'astuces et de duplicité.

La Convention nationale, parce que la Constitution de 1791 établissant une monarchie parlementaire est désormais caduque, doit en inventer une autre, républicaine, cette fois-ci. Aussi se consacre-t-elle à ce travail. Mais Robespierre, de plus en plus soupçonneux à l'égard des Girondins, majoritaires dans cette Assemblée, refuse ce plan qu'il estime insidieux. Voilà à tout le moins une attitude inquiétante. Robespierre ne sombrerait-il pas dans une crise de méfiance qui est propre à bien des dictateurs ? Poser la question, ce n'est pas forcément y répondre. Mais Robespierre ne songe pas au peuple affamé, à une guerre qui se traîne en longueur et que la France est incapable de conclure victorieusement, il ne pense qu'à abattre ses ennemis, les Girondins.

Quant à la Constitution, elle l'intéresse certes, mais dans le seul but de gêner ses adversaires. Le 21 avril, il demande aux Jacobins que soit rédigée avant tout une nouvelle *Déclaration des droits de l'homme* qui viendra compléter celle qui figurait dans l'ancienne Constitution.

Il a rédigé un nouveau texte de la *Déclaration* qui fera le tour du monde et qui sera encore bien des siècles plus tard à la base de toutes les démocraties parlementaires. Ce texte suscite chez ses auditeurs, par la beauté de sa rédaction et l'élévation de la pensée, un enthousiasme tel qu'on en demande l'impression. Il est totalement différent du texte de la *Déclaration* qui est alors en discussion à la Convention et que contestera Robespierre tout en parvenant à l'amender, mais sans réussir à faire passer les principaux points de cette nouvelle charte entre une nation et ses citoyens :

> Le but de toute association politique est le maintien des droits naturels et imprescriptibles de l'homme. Ses principaux droits sont celui de pourvoir à la conservation de son existence et la liberté. Ces droits appartiennent également à tous les hommes. L'égalité des droits est établie par la nature. La liberté a la justice pour règle, les droits d'autrui pour bornes, la nature pour principe, et la loi pour sauvegarde. Le droit de propriété est borné, comme tous les autres par l'obligation de respecter les droits d'autrui. Tout trafic qui viole ce principe est essentiellement illicite et immoral. La société est obligée de pourvoir à la subsistance de tous ses membres. Les secours indispensables à celui qui manque du nécessaire sont une dette de celui qui possède le superflu. La société doit favoriser de tout son

pouvoir les progrès de la raison publique et mettre l'instruction à la portée de tous les citoyens. Le peuple est le souverain ; le gouvernement est son ouvrage et sa propriété ; les fonctionnaires publics sont ses commis. Toute loi qui viole les droits imprescriptibles de l'homme est essentiellement injuste et tyrannique, elle n'est point une loi. Toute institution qui ne suppose pas le peuple bon et le magistrat corruptible est vicieuse. Les hommes de tous les pays sont frères, et les différents peuples doivent s'entraider selon leur pouvoir, comme les citoyens du même État. Celui qui opprime une seule nation se déclare ennemi de toutes. Ceux qui font la guerre à un peuple pour arrêter les progrès de la liberté et anéantir les droits de l'homme, doivent être poursuivis par tous, non comme des ennemis ordinaires, mais comme des assassins et comme des brigands rebelles. Les rois, les aristocrates, les tyrans, quels qu'ils soient, sont des esclaves révoltés contre le souverain de la terre qui est le genre humain et contre le législateur de l'univers qui est la nature [10].

Un certain nombre des articles qu'il énonce seront repris par la Constitution de 1793, mais pas tous, car, aux yeux des Girondins, ils risquent de mettre à mal la propriété garantie par la Constitution antérieure. Voyant grandir la puissance et la notoriété de Robespierre, les Girondins s'emploient en outre, en province, à ameuter la population, notamment à Marseille, à Lyon et à Bordeaux, contre la loi du maximum qui a été votée en dépit de leur opposition en mai 1793 et qui impose qu'on ne dépasse pas un prix maximum fixé pour les denrées de première nécessité.

Ce décret ne satisfait ni les commerçants ni les hommes d'affaires et moins encore les spéculateurs. Vergniaud, qui, comme Robespierre, n'est pas à une comparaison près lorsqu'il s'agit d'en appeler à

Rome, s'écrie à l'adresse des habitants de Bordeaux : « Hommes de la Gironde, levez-vous ! Frappez de terreur nos Marius[11] ! » Marius avait été au début du Ier siècle avant J.-C. le chef du parti populaire qui avait provoqué une guerre civile avec les partisans de Sylla, en voulant instituer des lois favorables au peuple et défavorables à la propriété. On aura compris que Marius, dans l'esprit de ce Girondin qui aura un jour la tête tranchée par la guillotine, est un antique Robespierre, alors que Sylla, qui avait rétabli les conservateurs dans leurs droits, pourrait fort bien être comme le sosie d'un dictateur favorable à la droite de la Convention.

Pendant ce temps, Custine est obligé de reculer devant la poussée austro-prussienne, Kléber est assiégé dans Mayence, les Vendéens repoussent les armées de la République au nom de la religion et du roi, et Paoli se soulève contre la France en Corse. Il est facile à Robespierre de faire valoir que, dans des circonstances aussi dramatiques, les Girondins n'agissent pas en patriotes mais en traîtres. Il ne connaît plus de nuances, il se radicalise, comme d'ailleurs ses ennemis. L'affrontement semble inévitable.

Après une série d'interventions au début de mai 1793, et malgré une certaine faiblesse physique, Robespierre prononce un grand discours le 10 mai, rassemblant en une vaste synthèse tous ses arguments en faveur de la Constitution qu'il entend donner à la France, et qui est évidemment à l'opposé de celle proposée par ses adversaires :

> L'homme est né pour le bonheur et la liberté et partout il est esclave et malheureux ! [...] Le premier objet de toute Constitution doit être de défendre la liberté publique et individuelle contre le gouvernement lui-même [...]. Posez d'abord cette maxime incontestable que le peuple est bon, et que ses délégués sont corruptibles, que c'est dans la vertu* et dans la souveraineté du peuple qu'il faut chercher un préservatif contre les vices et le despotisme du gouvernement... Commencez par modérer la puissance des magistrats [12].

Après cette profession de fois copiée mot pour mot sur Rousseau, il fait le procès de la Constitution anglaise sur laquelle avait été pourtant calquée la Constitution de 1791.

Comme on a évoqué la création d'un tribunat comme celui qui exista lors de la constitution (création) de la République romaine (le *concilium plebis*), où les tribuns du peuple font contrepoids à l'oligarchie sénatoriale, Robespierre s'y montre étrangement opposé :

> Je n'aime point que le peuple romain se retire sur le Mont Sacré pour demander des protecteurs à un Sénat despotique et à des patriciens insolents : je veux qu'il reste à Rome et qu'il en chasse les tyrans. Je hais autant que les patriciens eux-mêmes et je méprise beaucoup plus ces tribuns ambitieux, ces vils mandataires du peuple qui vendent aux grands de Rome leurs discours et leur silence, et qu'ils ne l'ont quelquefois défendu que pour marchander sa liberté avec ses oppresseurs [13].

Il convient évidemment d'expliquer en quelques lignes cette allusion bien entendu familière à tous les collègues de Robespierre, épris de culture latine. La plèbe romaine, au tout début de la République,

---

\* Ah ce mot perpétuellement invoqué !

1 Portrait de Robespierre certainement le plus conforme à la réalité, tout d'élégance et de sévérité. Il porte sur son front les lunettes vertes qu'il utilisait fréquemment.
Dessin, vers 1790.

« *Je suis fait pour combattre le crime, non pour gouverner.* »

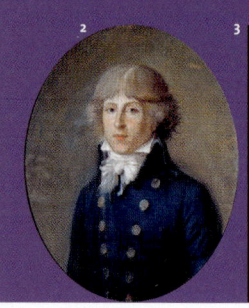

**2** Louis Antoine de Saint-Just, le compagnon le plus fidèle de Robespierre jusqu'à leur exécution le 9 Thermidor an II (27 juillet 1794) : il aura épousé toutes ses idées et même son caractère.
Peinture anonyme, XVIII<sup>e</sup> siècle. Musée Carnavalet, Paris.

**3** Georges Danton, absolu contraire de Robespierre : un libertin, sanguin et bon vivant, mais aussi une voix, une énergie et une autorité qui manqueront longtemps à son rival.
Peinture de Constance Charpentier, 1790. Musée Carnavalet, Paris.

**4** Brissot, un moment compagnon de route de Robespierre, puis son ennemi le plus redoutable après qu'il a fondé le parti des Brissotins (c'est-à-dire des Girondins) contre les Montagnards dirigés par Robespierre.
Reproduit dans *L'Histoire des Girondins* de Lamartine, 1847.

**5** Pierre Joseph Marie Barnave, un adversaire de taille de Robespierre, comme lui avocat, et dont l'esprit de conciliation et de finesse se heurte à l'intransigeance de l'Incorruptible.
Pastel de Joseph Boze, XVIIIe siècle. Musée Carnavalet, Paris.

**6** Georges Couthon, qui, paralysé et contrefait, ne se déplaçait qu'en fauteuil mécanique, sera aux côtés de Robespierre jusqu'à l'échafaud.
Reproduit dans *L'Histoire des Girondins* de Lamartine, 1847.

**7** Comme Danton, Honoré Gabriel Riqueti, comte de Mirabeau, à l'appétit insatiable pour l'argent et pour les affaires louches, homme à femmes, est l'antithèse de Robespierre, à qui il fait horreur.
Huile sur toile de Joseph Boze, XVIIIe siècle. Musée du château de Versailles.

**8** Dans cette procession de l'ouverture des États généraux à Versailles, le 4 mai 1789, se trouve Robespierre, qui reste fort discret lors de ce cérémonial intimidant pour un provincial.
Gravure anonyme, 1789. Musée Lambinet, Versailles.

9 Le Club des Jacobins est une tribune où Robespierre et les révolutionnaires les plus hardis viennent faire de la surenchère pour peser sur les décisions des assemblées élues.
Dessin anonyme, XVIIIe siècle.

« Malheur à nous, si nous n'avons pas la force d'être tout à fait libres, une demi-liberté nous ramène nécessairement au despotisme. »

10 Buste de Cicéron. Robespierre calque ses discours, organisés en « périodes », sur les plaidoiries de Cicéron, notamment sur celles rapportées par l'avocat antique dans ses *Philippiques*.
Musées du Capitole, Rome.

**11** Rousseau est la référence philosophique par excellence de Robespierre et de la majorité de ses collègues. Son déisme, son culte de l'Être suprême devient religion d'État sous la Révolution.
Pastel de Maurice Quentin de Latour, vers 1753. Musée Antoine Lécuyer, Saint-Quentin.

**12** Le peuple envahit l'Assemblée après la journée du 10 août 1792. Le roi, qui apparaît en haut à droite, y est prisonnier. Robespierre est volontairement absent d'une journée qu'il a pourtant préparée.
Dessin de François Gérard, XVIIIe siècle. Musée du Louvre, Paris.

**13** Exécution de Louis XVI, le 21 janvier 1793, sur la place de la Révolution devenue depuis place de la Concorde. On aperçoit au loin le ministère de la Marine.
Lithographie, 1793.

**14** La fête de l'Être suprême, mise en scène par le peintre David, consacre le déisme de Robespierre peu avant sa chute, et celui de la nation française.
Eau-forte, 1794.
Bibliothèque nationale de France, Paris.

**15** Robespierre apparaît dans cette caricature comme un dictateur solitaire. Il semble presser avec jouissance dans ses mains le sang d'une tête de guillotiné.
Gravure sur cuivre, 1794.

**16** La salle du Club des Jacobins, où sont venus discourir les plus radicaux des révolutionnaires, est fermée dans la nuit du 9 au 10 Thermidor an II (27 au 28 juillet 1794).
Eau-forte d'après un dessin de Jean Duplessi-Bertaux, 1815. Archiv f. Kunst & Geschichte, Berlin.

« *Quand le gouvernement viole les droits du peuple, l'insurrection est pour le peuple le plus sacré et le plus indispensable des devoirs.* »

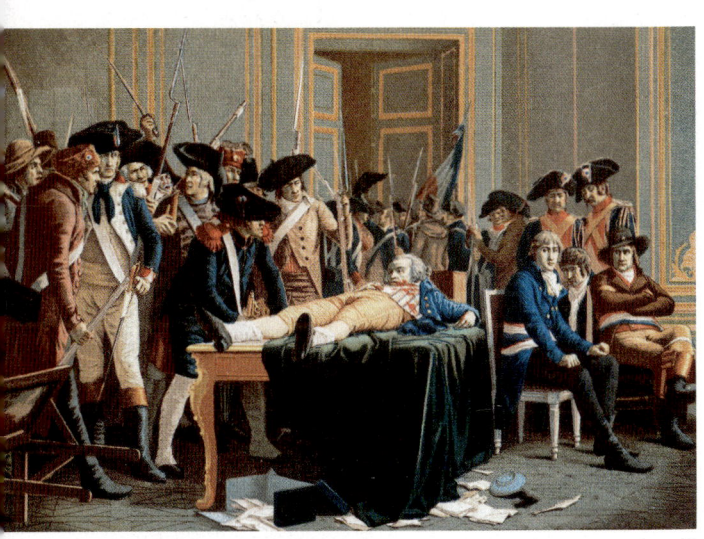

**17** Le matin du 9 Thermidor an II (27 juillet 1794) : Robespierre, grièvement blessé – il a la mâchoire fracturée –, est étendu sur une table. Il sera exécuté à la fin de cette journée.
Chromo anonyme d'après un tableau de Mélingue, XVIII$^e$ siècle. Collection privée.

**18** L'exécution de Robespierre le 10 Thermidor an II.
Gravure de Giacomo Aliprandi d'après J. Beys, 1799. Bibliothèque nationale de France.

> « *Je ne suis pas le défenseur du peuple [...],
> je suis du peuple, je n'ai jamais été que cela,
> je ne veux être que cela. Je méprise quiconque
> a la prétention d'être quelque chose de plus.* »

se retira sur la colline de l'Aventin en 494 pour faire valoir ses droits, elle fit de même cinquante ans plus tard, faisant ainsi sécession, c'est-à-dire en exerçant une pression sur le Sénat qui fut contraint d'accepter ses exigences. Mais Robespierre est soudain plus radical que cette organisation fort démocratique des tribuns de la plèbe, car il craint, à juste titre, que ceux-ci ne fassent de leur charge une rente de situation et n'exercent un pouvoir discrétionnaire et lui aussi tyrannique. Et puis les tribuns romains protègent le peuple, et même si Robespierre a ce mot de peuple sans cesse à la bouche, le bourgeois qu'il est s'en méfie aussi. Il le montre dans cette déclaration :

> Il n'est qu'un seul tribun du peuple que je puis avouer, c'est le peuple lui-même. C'est à chaque section de la République française que je renvoie la puissance tribunitienne ; et il est facile de l'organiser d'une manière également éloignée des tempêtes de la démocratie absolue et de la perfide tranquillité du despotisme représentatif [14].

Il propose quatre articles de loi intangibles :

> Que nul ne puisse exercer lui-même plusieurs magistratures.
> Que le pouvoir soit divisé ; il vaut mieux multiplier les fonctionnaires publics que de confier à quelques-uns une autorité redoutable.
> Que la législation et l'exécution soit séparées soigneusement.
> Que les diverses branches de l'exécution soient elles-mêmes distinguées le plus qu'il est possible, selon la nature même des affaires et confiées à des mains différentes [15].

Il se montre favorable à une dispersion des pouvoirs et de l'autorité pour que chacun ne dispose que d'une infime parcelle de ces pouvoirs et de cette autorité. Ce morcellement pour éviter toute tendance à la tyrannie, venant des plus obscurs fonctionnaires, est une véritable obsession chez Robespierre qui voit des despotes partout, prêts à abattre la République : c'est presque pathologique, même si la situation intérieure et extérieure de la France est inquiétante et exige des mesures radicales.

Il propose alors une sorte de démocratie directe, telle qu'elle se pratiquait à Athènes, telle qu'elle se pratique encore dans le canton d'Appenzell en Suisse. Cette idée de démocratie directe vient en droite ligne de Rousseau qui affirmait qu'un régime républicain n'était possible que dans des petits pays à faible population, ce qui était aussi le cas sur le territoire de l'Athènes antique.

Nous sommes donc avec Robespierre en pleine utopie :

> Il faudrait, s'il était possible, que l'assemblée des délégués\* délibérât en présence du peuple entier ; un édifice vaste et majestueux, ouvert à douze mille spectateurs, devrait être le lieu des séances du corps législatif ; sous les yeux d'un si grand nombre de témoins, ni la corruption, ni l'intrigue, ni la perfidie n'oseraient se montrer [16].

C'est là un rêve étrange et merveilleux mais qui ne prend pas en compte, par idéalisme, l'anarchie, les remous qui régneraient vite sur les bancs des spectateurs, lesquels prendraient parti, injurieraient ceux avec lesquels ils ne sont pas d'accord, hueraient, applaudiraient, etc.

---

\* C'est-à-dire des députés.

Il se plaint également qu'on ait construit un Opéra, non une Assemblée nationale digne de ce nom, pour empêcher que les tribunes accueillent un trop grand nombre de gens du peuple. Dans sa conclusion, il aborde un tout autre sujet :

> Je veux que tous les fonctionnaires publics nommés par le peuple puissent être révoqués par lui, selon les formes qui seront établies, sans autre motif que le droit imprescriptible qui lui appartient de révoquer ses mandataires.
>
> Il est naturel que le corps chargé de faire les lois surveille ceux qui sont commis pour les faire exécuter.
>
> À l'expiration de leurs fonctions les membres de la législature et les agents de l'exécution ou ministres pourront être déférés au jugement solennel de leurs commettants : le peuple prononcera simplement s'ils ont conservé ou perdu leur confiance. Le jugement qui déclarera qu'ils ont perdu leur confiance emportera l'incapacité de remplir aucune fonction publique. Le peuple ne décernera pas de peine plus forte ; et si les mandataires sont coupables de quelques crimes particuliers et formels, il pourra les renvoyer au tribunal établi pour les punir.
>
> Ces dispositions s'appliqueront également aux membres du tribunal populaire.
>
> On me demandera peut-être comment, avec des précautions si sévères contre les magistrats, je puis assurer l'obéissance aux lois du gouvernement. Je réponds que je l'assure davantage précisément par ces précautions-là mêmes : je rends aux lois et au gouvernement toute la force que j'ôte aux vices des hommes qui gouvernent et qui font les lois.

Il termine enfin :

> Législateurs, faites des lois justes ; magistrats, faites-les religieusement exécuter : que ce soit là toute votre politique, et vous donnerez au monde un spectacle inconnu, celui d'un grand peuple libre et vertueux[17].

Vertueux ? Le mot est à nouveau lâché. Mais ce discours est plus qu'inquiétant parce que Robespierre pense qu'il se trouvera assez d'hommes vertueux pour appliquer ce qu'il propose. Il s'apercevra au cours des mois à venir qu'il n'en est rien, que la brigue, l'intrigue, la concussion, la compromission, la corruption sont au cœur de bien des hommes. Pour éradiquer le mal, il ne voit qu'une solution : éliminer tous ceux qui le propagent. Ce sera sa logique, elle est évidemment imparable, une fois admis que Robespierre croit comme Rousseau que l'homme est bon par nature, ce qui est une erreur dramatique qui aboutira à la tragédie de la Terreur.

Le surmenage à nouveau empêche Robespierre d'être présent dans les jours qui suivent. Ce qui est tout de même une constante chez lui. Dès qu'il a prononcé un discours radical, il devient invisible. Comme sa vie privée n'est même pas l'objet de rumeurs, qu'on ne la connaît pas, on peut se demander si ses maladies ne sont pas « diplomatiques » et s'il ne lance pas des brûlots pour voir comment ils seront reçus, avant de disparaître pour ne pas en être tenu pour le principal responsable. C'est une méthode parfaitement digne, une fois de plus, de César.

Le 26 mai, Robespierre réapparaît aux Jacobins. Il a incontestablement la fièvre, ses amis comme ses ennemis en sont témoins. Il puise tout ce qui lui reste de forces pour prononcer un discours incendiaire contre les Girondins avec cette phrase qui en dit long sur la suite : « J'invite le peuple à se mettre dans la Convention nationale en insurrection contre les députés corrompus [...]. Je me mets en insurrection contre le président et contre tous les membres qui siègent dans la Convention[18]. »

Ce qui tout de même revient à accuser l'ensemble de cette Assemblée de trahison... y compris ses propres amis. On peut mettre cette phrase d'étourdi sur le compte de sa fièvre. Il comprend si bien sa maladresse, qu'il se reprend : « Je déclare que je me mets en insurrection contre les députés corrompus[19]. » Il n'empêche, il y a eu lapsus, et ce lapsus est révélateur de Robespierre qui de cette manière s'autoproclame le seul incorruptible. Il y a manifestement un tel délire de pureté révolutionnaire qu'on se demande si Robespierre a vraiment toute sa raison. Il est seul contre tous, contre ceux qu'il appelle les Enragés et les Exagérés, et le seul, selon lui, à avoir raison. Le 28 mai, il se trouve à la Convention où, comme il le dit, ses collègues de la Gironde profitent de « la faiblesse de son organe » : il a été pris d'un soudain enrouement, qui l'empêcher de parler, ses adversaires l'interrompent et l'insultent. Il finit tout de même par baisser le ton, montrant ainsi un découragement dont on peut penser qu'il est peut-être joué, pour endormir ses adversaires :

Je laisse ces hommes criminels finir leur odieuse carrière. Je leur abandonne cette tribune ; qu'ils viennent y distiller leur poison ; qu'ils viennent y secouer les brandons de la guerre civile ; qu'ils entretiennent des correspondances avec les ennemis de la patrie ; qu'ils finissent leur carrière, la nation les jugera. Que ce qu'il y a de plus lâche, de plus vil et de plus impur sur la terre triomphe et ramène à l'esclavage une nation de vingt-cinq millions d'hommes qui voulaient être libres [20].

On peut se douter que cette soudaine lassitude va réjouir ses adversaires. Le révolutionnaire intégral, comme on pourrait le surnommer, va-t-il enfin quitter la scène, épuisé ?

Le lendemain, aux Jacobins, il incite la Commune à l'insurrection « contre les députés corrompus [21] », mais il a évidemment l'excuse de son épuisement pour, une fois de plus, déclarer qu'il n'en prendra pas la tête : « Ce n'est pas à moi d'indiquer ces mesures, à moi qui suis consumé par une fièvre lente, et surtout par la fièvre du patriotisme [22]. »

Du 31 mai au 2 juin ont lieu d'intenses discussions. Robespierre ne peut s'empêcher de prononcer un discours malgré l'emphysème dont il souffre et c'est la voix haletante mais déterminée qu'il recommence le 31 mai ses exhortations à en finir avec les Girondins, devenus les boucs émissaires d'une révolution trop lente à son goût :

> Oui, je vais conclure, et contre vous ; contre vous qui, après la révolution du Dix-Août, avez voulu conduire à l'échafaud ceux qui l'ont faite ! contre vous qui avez voulu sauver le tyran Louis Capet, contre vous qui avez poursuivi avec acharnement les mêmes patriotes dont Dumouriez demandait la tête ! contre vous dont les vengeances criminelles ont provoqué ces mêmes cris d'indignation dont vous voulez faire un crime à ceux qui sont vos victimes ! Eh bien, ma conclusion, c'est le décret d'accusation contre tous les complices de Dumouriez* et contre tous ceux qui ont été désignés par les pétitionnaires [23].

---

\* Girondin, ne l'oublions pas, et traître à sa patrie.

Ces derniers, issus de la Commune, se préparent à assiéger la Convention, avec à leur tête Hanriot et ses canons, pour demander en vain à l'Assemblée de déclarer les Girondins suspects, c'est-à-dire passibles du Tribunal révolutionnaire.

Robespierre ne peut aller plus loin. Non seulement il est épuisé, mais de plus profondément déprimé, c'est ce qu'ont constaté les témoins de ces journées. Il est pessimiste. Il n'est pas sûr d'être suivi pour éliminer les Girondins et redonner un élan à la Révolution qu'il juge affaiblie et prête à toutes les compromissions. Le 29 mai, à la Convention, il demande un décret d'accusation contre les administrateurs de la Gironde :

> Le plus grand scandale de la République n'est pas la conduite des administrateurs de la Gironde [...] mais bien la patience avec laquelle vous avez souffert qu'ils portassent partout le brandon de la guerre civile et provocassent le fédéralisme [24].

Et voilà que, tandis que se déroulent ces journées cruciales — entre le 31 mai et le 2 juin —, Robespierre disparaît à nouveau de la scène, ou plutôt, présent à la Convention, se tait, laissant à Marat et à la Commune le soin de faire le ménage, ce qui signifie procéder à l'arrestation des députés girondins, souvent à leur domicile même, sous la pression d'une nouvelle manifestation parisienne fomentée par les députés de la Montagne. C'est Couthon qui a obtenu de la Convention le décret d'arrestation des chefs girondins.

Robespierre pourrait être fier d'avoir gagné. Mais il sait que les nouvelles de la France en guerre sont mauvaises, que la Vendée, heurtée par la mort du roi et par la Constitution civile du clergé, commandée par des membres éminents de la noblesse, est de plus en plus en état de rébellion et s'oppose aux armées républicaines, que la situation est grave, et que tout peut être remis en cause.

Le 3 juin, à la tribune des Jacobins, satisfait d'avoir éliminé ses adversaires à grands coups d'invectives et d'accusations incantatoires aux fondements théoriques les plus flous, et jouant de nouveau sur sa fougue oratoire pour emporter l'adhésion de la foule, Robespierre parle :

Nous avons, j'ose le dire, sauvé la République[25].

Ce qui ne veut pas dire, à ses yeux, que celle-ci n'est pas toujours menacée et que la purge des députés arrêtés qui a éclairci les bancs de la Convention est suffisante pour lui permettre de baisser la garde.

Il propose alors une série de mesures implacables : « Il faut que nous nous emparions des comités et que nous passions des nuits pour faire de bonnes lois [...]. La liberté de la presse ne doit pas être permise lorsqu'elle compromet la liberté publique », ce qui est contraire à nombre de ses discours antérieurs, mais ce qui déjà rejoint la formule célèbre : « Pas de liberté pour les ennemis de la liberté. » « Les députés qui ont calomnié Paris doivent être frappés du glaive de la loi[26] », il désigne là les députés arrêtés qui étaient hostiles à ce second pouvoir, la Commune, créé par les Jacobins. La création d'un Comité de salut public marque la radicalisation de la Révolution qui va bafouer les droits élémentaires de la justice. Robespierre le reconnaît mais juge qu'à une période exceptionnelle doivent correspondre des mesures tout aussi exceptionnelles.

Après l'élimination des Girondins, nombre de députés, parmi lesquels Danton et Barère, ne sont pas prêts à poursuivre l'épuration qu'exige visiblement Robespierre. Ils demandent qu'Hanriot, commandant de la garde nationale lors des journées du 31 mai et 2 juin, soit destitué et que les comités révolutionnaires soient dissous. Après une courte intervention de Robespierre, la Convention renonce à ces exigences.

Billaud-Varenne prononce un discours fort pessimiste sur l'état de la France à l'intérieur et sur sa situation critique face aux armées étrangères. Robespierre, avant de lui répondre et de l'approuver, se renseigne. Il s'aperçoit que Billaud-Varenne n'a pas tort et, le 12 juin, il fait chorus avec lui et ne cache pas aux Jacobins la situation extrêmement grave dans laquelle se trouve la Révolution française. Il ne se fait pas non plus d'illusions sur le loyalisme de ses collègues qui aimeraient bien arrêter le cours d'un mouvement populaire qu'ils ne contrôlent plus :

> Avant un mois vous verrez de nouvelles trahisons éclater de toutes parts. Alors vous ferez de vains efforts pour résister aux dangers qui vous presseront de tous côtés, vous serez vaincus, vous monterez à l'échafaud, et ce sera le digne prix de votre imprévoyance et de votre lâcheté[27].

Le boucher Legendre, devenu député, demande à Robespierre « d'électriser tous les cœurs par l'ascendant de son éloquence[28] ».

Mais, une fois de plus, Robespierre, comprenant que rien n'est réglé, que la Révolution est peut-être au bord de la défaite, est saisi d'un découragement tel qu'on peut se demander s'il n'est pas feint, soit pour endormir ses adversaires, soit pour susciter autour de sa personne un mouvement d'exaltation et d'admiration. D'une voix sourde, il déclare :

> Je n'ai plus la vigueur nécessaire pour combattre les intrigues de l'aristocratie. Épuisé par quatre années de travaux pénibles et infructueux, je sens que mes facultés physiques et morales ne sont point au niveau d'une grande révolution, et je déclare que je donnerai ma démission[29].

Est-ce une coquetterie ? En tout cas, elle fait l'effet certainement escompté par l'orateur puisqu'un cri unanime s'élève : « Non ! Non[30] ! »

Comme par hasard, deux jours plus tard, le 14 juin, Robespierre apparaît aux Jacobins totalement guéri et de sa dépression et de sa fièvre. Il est même d'une tranquillité et d'un optimisme qui étonnent. Ce changement à vue, qu'on pourrait qualifier de palinodie, n'étonne pas venant d'un homme rusé qui aime souffler le froid et le chaud et apprécier les réactions et de ses amis et de ses adversaires. Il exhorte les députés à ne pas céder au découragement, ce qui est étonnant, étant donné ses paroles de l'avant-veille, il assure que ceux-ci au sein de la Convention poursuivront la Révolution, et il est persuadé que la liberté triomphera.

Bien entendu, il est applaudi par une Assemblée soulagée de le voir dans ses rangs, guéri et surtout prêt à ne pas lancer, comme à l'habitude, des bordées d'anathèmes.

Robespierre a retrouvé ce qui fait sa force, à la fois sa prudence et beaucoup de non-dits pour laisser s'installer les soupçons, sans citer de noms précis, sans fournir de preuves, sans avancer d'imparables arguments, mais en laissant ainsi planer la peur sur les Assemblées.

# Les prémices de la Terreur

Après l'élimination des Girondins, le 2 juin 1793, la fameuse et nouvelle *Déclaration des droits de l'homme* est votée définitivement le 24, mais dans un sens beaucoup plus favorable aux thèses de Robespierre. Ce dernier s'oppose le 26 juin au renouvellement du Tribunal révolutionnaire en déclarant aux Jacobins que « son renouvellement serait aujourd'hui une chose fort impolitique, car il serait peut-être remplacé par des hommes plus faibles et plus mal intentionnés [1] ». Sous-entendu, ceux qui refusent d'envoyer les Girondins à l'échafaud !

Il ne s'est surtout pas précipité pour faire partie du Comité de salut public et il a attendu le 26 juillet pour s'y présenter, car si ses amis Couthon, Saint-Just et Jean Bon Saint-André, un des rares protestants de la Convention, y sont présents, Danton aussi — et Robespierre s'en méfie. Une campagne de dénigrement a lieu dès le début de juillet contre Danton dans la presse et il est certain que Robespierre n'y est pas étranger. Comme par hasard, le 10 juillet, Danton n'est pas réélu au Comité de salut public et, le 27, Robespierre est élu à la place d'un démissionnaire, Gasparin. Notre avocat est dans la place, il n'en sortira plus. Il a obtenu ce qu'il voulait, être au sein du moteur de la Révolution française, même s'il déclare accepter cette élection contre son inclination. C'est une coquetterie dont il a l'habitude. Mais il ne peut cette fois-ci se dérober et se retirer, comme il l'a fait si souvent, sur son Aventin personnel. Dès lors que son parti, celui des Montagnards, est majoritaire à l'Assemblée, ne pas accepter de charges serait considéré comme une démission de ses responsabilités par ses collègues et fort mal vu.

Mais sur d'autres questions, notamment en juin, il n'est pas resté inactif, par exemple en contrecarrant à la Convention, le 24, Jacques Roux, du club des Cordeliers et qui fait partie de ceux qu'on surnomme les Enragés parce qu'ils veulent abattre la Constitution de 1793 pour mettre à la place une république égalitaire. Roux est soutenu en particulier par Hébert, Pache, maire de Paris, et Chaumette. Robespierre a compris que cette fuite en avant de la Révolution, qui prône la fin de la propriété et d'un sectarisme ahurissant, ne peut pas être acceptée par ses collègues. Le 28 juin, il n'a pas de mots assez durs à la Convention contre Hébert et ses sbires démagogues, représentants de l'extrême gauche, contre lesquels il demande que soient prises des mesures de salut public :

> Les mesures à prendre pour sauver le peuple ne sont pas toujours les mêmes. De même qu'à la guerre on fonce quelquefois

sur l'ennemi, l'épée à la main, et quelquefois on le fatigue en lui faisant rechercher le combat ; de même, quand la force est inutile avec nos ennemis, nous devons employer la ruse, la finesse et l'astuce, armes dont ils ont tous abusé avec nous et qui leur ont valu de grands succès. Si nous les eussions employées, au lieu d'épuiser nos forces avec eux depuis quatre ans, nous serions victorieux[2].

Les Enragés, comme Hébert, ont tout de même fait un bon diagnostic : la situation économique de la France est désastreuse et la famine s'installe en plusieurs provinces. Mais les conventionnels, dont on connaît les origines fort peu populaires, pensent qu'il y a d'autres sujets de préoccupation beaucoup plus graves et n'entendent pas se soumettre à des lois qui leur rappelleraient celles des Gracques sous la République romaine. Ils se sentent tous alors comme ces sénateurs romains qui, entre 130 et 120 av. J.-C., s'opposèrent à toutes mesures égalitaristes qui auraient mis à mal leurs privilèges de propriétaires.

Sur ce plan-là, Robespierre est inflexible. Le bourgeois qu'il est ne peut envisager une Révolution qui serait pratiquement d'ordre communiste. L'assassinat de Marat le 13 juillet par Charlotte Corday ne déplaît pas à Robespierre, qui s'exprime très froidement sur ce meurtre aux Jacobins et sur une éventuelle panthéonisation de la victime qui lui déplaît :

L'on réclame les honneurs du Panthéon et que sont-ils ces honneurs ? Qui sont ceux qui gisent dans ces lieux ? Excepté Le Pelletier, je n'y vois pas un homme vertueux. Est-ce à côté de Mirabeau qu'on le placera ? de cet homme intrigant dont les moyens furent toujours criminels, de cet homme qui ne mérita de réputation que par une profonde scélératesse. Voilà les honneurs qu'on sollicite pour l'ami du peuple [...]. Ce n'est point aujourd'hui qu'il faut donner au peuple le spectacle d'une pompe funèbre, mais quand, enfin victorieux, la république affermie nous permettra de nous occuper de ses défenseurs[3].

Même s'il se sentait proche du journaliste de *L'Ami du peuple*, les méthodes violentes et surtout grossières de ce dernier pour exprimer ses idées le rebutaient totalement. Et puis c'est un concurrent qui disparaît. Robespierre sait qu'il sera désormais le seul à être écouté par le peuple qui lui reste fidèle, et même lui apporte des marques de considération et d'amour.

Camille Desmoulins avait bien remarqué naguère, dans son journal, *Les Révolutions de France et de Brabant*, cet engouement amoureux des femmes à l'égard de Robespierre qui étaient allées porter une couronne à ce dernier. L'une d'entre elles avait tenu ce discours fort bien tourné :

Robespierre ! Des citoyennes libres et reconnaissantes viennent t'offrir l'hommage que la France te doit. Éloignées par leur sexe et leurs occupations paisibles du théâtre où l'intrigue prépare les lauriers au vice et aiguise les poignards de la calomnie pour les tourner contre la vertu, nous ne jugeons ceux qui ont été honorés de la confiance de la patrie que par le bien qu'ils ont fait ou qu'ils ont voulu faire. Au milieu de la corruption tu n'as cessé d'être l'inébranlable soutien de la vérité ; toujours ferme, toujours incorruptible, toujours d'accord avec ta conscience tu as combattu pour qu'aucun alliage impur ne se mêlât à une Constitution que la philosophie devait dicter pour le bonheur du genre humain. Le peuple à qui tu as dévoué ta vie, pour qui tu as fait avec joie le sacrifice de ton repos et des avantages que promet la fortune ; le peuple dont ton unique ambition est d'être le bienfaiteur et l'ami ; le peuple dont la cause t'a mérité tant d'atroces calomnies, tant de cruelles mais honorables persécutions ; le peuple, dis-je, ne prononce ton nom qu'avec estime ; tu es son ange tutélaire, son espoir, sa consolation. Oh Robespierre, son amour, sa vénération te vengeront toujours des noirs et vilains complots des lâches détracteurs [...]. Tu as des autels dans tous les cœurs des bons citoyens[4].

Voilà qui a dû mettre du baume au cœur de Robespierre et le pousser plus tard à se montrer de plus en plus intransigeant, comme semble le lui demander constamment le peuple. Aussi ne va-t-il pas hésiter à se montrer de plus en plus radical. Il ne reste que quelques semaines avant que ne soient promulguées les principales lois qui seront à l'origine de la fameuse Terreur. Robespierre intervient plusieurs fois au Comité de salut public, notamment sur un sujet qu'il n'a pas encore traité : celui de l'éducation. On voit à quel point, malgré des journées harassantes et des nuits certainement fort courtes, au cours desquelles il prépare ses interventions, Robespierre est sur tous les fronts. On ne peut qu'admirer le travail gigantesque qu'il fournit, fruit d'une tension révolutionnaire à son comble et certainement nourri par sa culture romaine. Car dans aucun des sujets qu'il aborde, les anciens ne sont délaissés. Excepté celui de l'éducation qui était réservée dans la Rome antique aux gens bien nés. Robespierre en ce domaine innove :

> Quel est le but ? L'exécution de la constitution en faveur du peuple. Quels seront les ennemis ? Les hommes vicieux et les riches. Quels moyens emploieront-ils ? La calomnie et l'hypo-

crisie. Quelles causes peuvent favoriser l'emploi de ces moyens ? L'ignorance des sans-culottes. Il faut donc éclairer le peuple. Mais quels sont les obstacles à l'instruction du peuple ? Les écrivains mercenaires qui l'égarent par des impostures.

Comment ferez-vous taire les écrivains mercenaires, ou comment les attacherez-vous à la cause du peuple ? Ils sont ceux qui les payent ; or les seuls hommes capables de les payer sont les riches, ennemis naturels de la justice et de l'égalité, et le gouvernement qui tend sans cesse à étendre son pouvoir aux dépens du peuple. Que conclure de là ? 1° Qu'il faut proscrire ces écrivains comme les plus dangereux ennemis de la patrie. 2° Qu'il faut répandre de bons écrits avec profusion.

Le peuple... Quel autre obstacle y a-t-il à l'instruction du peuple ? La misère. Quand le peuple sera-t-il donc éclairé ? Quand il aura du pain et que les riches et le gouvernement cesseront de soudoyer des plumes et des langues perfides pour le tromper ; lorsque leur intérêt sera confondu avec celui du peuple. Quand leur intérêt sera-t-il confondu avec celui du peuple ? Jamais[5] !

Cette note, retrouvée chez Robespierre après sa mort, accompagnée de beaucoup d'autres comme celle-ci, est implacable si l'on songe qu'elle a dû être écrite dans le courant de juin 1793 :

Il faut une volonté, une. Il faut qu'elle soit républicaine ou royaliste. Pour qu'elle soit républicaine, il faut des ministres républicains, des papiers républicains, des députés républicains, un gouvernement républicain. La guerre étrangère est une maladie mortelle tant que le corps politique est malade de la révolution et de la division des volontés [...]. Il faut que le peuple s'allie à la Convention et que la Convention se serve du peuple. Il faut que l'insurrection, celle qui a précédé puis suivi celle du 2 juin 1793 qui a vu l'arrestation des députés girondins, s'étende de proche en proche sur le même plan, que les sans-culottes soient payés et restent dans les villes. Il faut leur procurer des armes, les colérer, les éclairer ; il faut exalter l'enthousiasme républicain par tous les moyens possibles[6].

Ne nous méprenons pas, le peuple constitue chez Robespierre, et chez les députés les plus avancés de la Montagne, une nébuleuse assez indéfinie qui est celle des pauvres. D'autres ténors de la politique se trouvent au sein du Comité de salut public qui se montreront dès le 5 septembre des partisans farouches d'un régime de Terreur pour débusquer tous les suspects, ce sont Couthon, Billaud-Varenne, Saint-Just, Lindet, Jean Bon Saint-André et Collot d'Herbois. Si Robespierre ne semble plus être le maître des événements dramatiques qui vont suivre et des lois terribles qui vont être votées et appliquées, il ne s'y opposera jamais. C'est donc une légende qu'il faut immédiatement contester, Robespierre ne sera jamais le chef de la Terreur, mais il l'accompagnera sans états d'âme et sans protester, et même parfois en l'appuyant ouvertement.

Le 11 août, il est décidé par la Convention que les travaux de la nouvelle Constitution sont terminés et qu'il convient de procéder à des élections pour une nouvelle Assemblée chargée d'appliquer la Constitution de 1793. Robespierre s'oppose vivement à cette mesure qui lui paraît totalement inappropriée dans les circonstances d'une gravité exceptionnelle que traverse la France, et choisit pour s'exprimer le club des Jacobins :

> Appelé contre mon inclination au Comité de salut public, j'ai vu des choses que je n'aurais jamais osé soupçonner ; j'y ai vu, d'un côté, des membres patriotes faire tous leurs efforts, quelquefois vainement, pour sauver leur pays, et, d'un autre côté, des traîtres conspirer jusqu'au sein du Comité, et cela avec d'autant plus d'audace qu'ils le pouvaient avec plus d'impu-

nité... J'ai entendu, j'ai lu une proposition qui a été faite ce matin à la Convention et je vous avoue qu'à présent, il m'est difficile d'y croire. Je ne croupirai pas membre inutile d'un Comité ou d'une Assemblée qui va disparaître. Je saurai me sacrifier au bien de mon pays.

Si ce que je prévois arrive, je déclare que je me sépare du Comité, que nulle puissance humaine ne peut m'empêcher de dire à la Convention toute la vérité, de lui montrer les dangers du peuple, de lui proposer des mesures qui, seules, peuvent les prévenir. Je déclare que rien ne peut sauver la République si l'on adopte la proposition qui a été faite ce matin, que la Convention se sépare et qu'on lui substitue une assemblée législative. La proposition que je combats ne tend qu'à faire succéder aux membres épurés de la Convention actuelle les envoyés de Pitt et de Cobourg [7].

Pitt est le Premier ministre de l'Angleterre et Cobourg est presque un nom générique pour désigner les puissances austro-prussiennes, ennemies de la France.

Bref, malgré ses exhortations, c'est-à-dire en fait depuis 1789, Robespierre sent parfaitement que pour diverses raisons, crise des subsistances, défaites des armées, guerre de Vendée, la République est loin d'être consolidée. Il le voit comme un constat d'échec personnel puisque, une fois de plus, il menace de se retirer, forme de coquetterie, de chantage, de conviction profonde ? Sans doute les trois. Il attend de nouveau le « Non ! Non ! ne pars pas » qui avait déjà retenti si agréablement à ses oreilles.

Il semble qu'il soit écouté puisque le comité demande à la Convention de poursuivre sa tâche tant que la France ne sera pas en paix. Le 13 août, Robespierre est élu président de la Convention nationale, ce qui montre que sa popularité et surtout son prestige restent intacts.

C'est alors qu'on se tourne vers l'idée d'une levée en masse, dont on peut se douter qu'elle ne retient pas l'adhésion de Robespierre, toujours méfiant à l'égard des fureurs du peuple qu'il a pourtant objectivement excité. Il le dira aux Jacobins : « Ce ne sont pas les hommes qui nous manquent, mais bien les vertus des généraux et leur patriotisme[8]. »

Mais il se rallie tout de même à cette idée qui sera décrétée par la Convention le 23 août 1793. Il a bien compris qu'elle sera pratiquement impossible à appliquer sur l'ensemble du territoire, parce que impossible à organiser à l'échelle nationale.

De même, les propositions et les exigences des Enragés comme Leclerc, Varlet, Roux, Hébert voulant donner le pouvoir au peuple exclusivement, sans le contrôle de la Convention et sans que celle-ci puisse en débattre, sont rejetées par Robespierre qui préside la Convention à la fin du mois d'août.

La situation militaire de la France est de plus en plus catastrophique. Dans le Nord, Le Quesnoy est assiégé par Cobourg et Dunkerque par York ; dans le Sud, Toulon l'est par les Anglais. Le 4 septembre, apprenant ces mauvaises nouvelles, le peuple de Paris, entraîné par la Commune et armé par elle, se précipite vers la Convention que préside Robespierre pour demander une loi du maximum qui permettrait la disparition des spéculations sur le blé. Robespierre promet mais ne décide rien, suivi en cela par la Convention. Même s'il s'en prend le 4 septembre aux comploteurs qui affament Paris, il se montre aux Jacobins beaucoup plus extrémiste qu'à la Convention. C'est une manière d'avoir une double face : l'une radicale, l'autre plus conciliante :

> Nous ferons des lois sages et en même temps terribles [...] qui détruiront à jamais les accapareurs et les accaparements [...]. Si les fermiers opulents ne veulent être que les sangsues du peuple, nous les livrerons au peuple lui-même ; si nous trouvions trop d'obstacles à faire justice des traîtres, des conspirateurs et des accapareurs nous dirions au peuple de s'en faire justice lui-même[9].

Il semble que son appel soit entendu, puisqu'une horde de pétitionnaires de la Cité envahit la Convention, conduite notamment par Pache et par Chaumette. Robespierre, dans un grand mouvement de manche, s'écrie : « Le bras du peuple est levé, la justice le fera tomber sur la tête des traîtres, des conspirateurs, et il ne restera de cette race impie ni trace ni vestiges[10]. »

Le 5 septembre, moins connu que le 14 juillet, le 20 juin et le 10 août, est pourtant une journée capitale dans l'histoire de la Révolution. Robespierre préside encore pour cette journée la Convention. Celle-ci ne peut résister à la pression populaire et à celle des Hébertistes et vote tout ce qu'ils réclament : institution d'un Tribunal révolutionnaire, loi des suspects, épuration, loi du maximum, réquisitions dans les campagnes, déchristianisation, création d'un calendrier révolutionnaire, etc. La Terreur est instituée avec l'approbation de la Convention dans une sorte de fuite en avant qui ne sera plus jamais rattrapable. Robespierre l'a validée, mais l'a-t-il approuvée du fond du cœur, rien n'est moins sûr, car ce bourgeois dans l'âme se méfiait beaucoup du peuple en armes, des émeutiers irréfléchis. BillaudVarenne, Granet et Collot d'Herbois entrent au Comité de salut public, mais Danton refuse d'en faire partie. La Convention, dans un élan irrésistible, prend des décrets terrifiants au sens propre du terme, réorganise surtout le Tribunal révolutionnaire qui ne pourra voter que la mort ou l'acquittement sans que l'accusé soit défendu par un avocat. Il est impossible de savoir ce qu'en pense Robespierre — quelles sont alors ses activités et ses conversations avec ses collègues —, sinon qu'il valide sans broncher des mesures dont l'arbitraire et l'illégalité auraient dû le faire bondir. Mais pour lui la nécessité de la vertu républicaine, de la pureté républicaine, vaut toutes les illégalités, toutes les sauvageries.

Il continue à se méfier de tous et le voilà qui, aux Jacobins, s'en prend désormais aux Comédiens-Français, d'une manière qui paraîtrait comique parce que hors de propos, si en ces temps redoutables ses paroles ne constituaient des accusations qui pouvaient conduire des innocents à la mort. Mais ce puritain et ce misogyne ne doit pas non plus aimer le théâtre, ni les comédiennes, associant le premier à un lieu de débauche, selon les préventions bourgeoises de son temps, et les secondes à des catins dont beaucoup avaient été les maîtresses des grands de la noblesse française, il est vrai :

> Les princesses de théâtre ne sont pas meilleures que les princesses de l'Autriche. Les unes et les autres sont également perverses, les unes et les autres doivent être traitées avec une

égale sévérité. Le Comité de sûreté générale a eu grand tort d'exempter quelques-uns d'eux ou d'elles d'une peine que tous avaient encourue, que tous avaient mérité... Le Comité de sûreté générale est composé de vingt-quatre membres. Il n'était pas possible que quelqu'un d'eux ne fût accessible aux séductions des princesses dont il est question, et cela est arrivé, il faut y porter remède [11].

Le 25 septembre, alors que la Convention a repris ses esprits et qu'elle commence par contester un certain nombre de décisions votées sous la pression des sans-culottes, Robespierre prend la parole. Ce qu'il dit est important car, sans être le père de la Terreur, il en est tout de même l'initiateur depuis longtemps par ses invectives et ses déclarations très radicales, et par ses déclarations il laisse apparaître la Convention comme une Assemblée qui, au milieu de la confusion et des périls dramatiques, tente de remettre de l'ordre :

> On nous accuse de ne rien faire ; mais a-t-on réfléchi à notre position ? Onze armées à diriger, le poids de l'Europe entière à porter, partout des traîtres à démasquer, des émissaires soudoyés par l'or des puissances étrangères à déjouer, des administrateurs infidèles à surveiller, à poursuivre, partout à aplanir des obstacles et des entraves à l'exécution des plus sages mesures ; tous les tyrans à combattre, tous les conspirateurs à intimider, eux qui se trouvent presque tous dans une caste si puissante, autrefois par ses richesses et encore par ses intrigues : telles sont nos fonctions. Croyez-vous que, sans unité d'action, sans secret dans les opérations, sans certitude de trouver un appui dans la Convention, le gouvernement puisse triompher de tant d'obstacles et de tant d'ennemis ?
> On déclame sans cesse contre les nobles ; on dit qu'il faut les destituer ; et, par une étrange contradiction, tandis que nous exécutons ces grandes mesures de révolution [...] on nous

accuse de tout désorganiser. On nous disait qu'on ne voulait rien voir que de vrais sans-culottes à la tête des armées ; nous avons choisi ceux que des exploits nouveaux désignaient à la reconnaissance nationale, tel Jourdan [...] et l'on nous dénonce...

[...] Je sais que nous ne pouvons nous flatter d'avoir atteint la perfection ; mais lorsqu'il faut soutenir une république environnée d'ennemis, armer la raison en faveur de la liberté, détruire les préjugés, rendre nuls les efforts particuliers contre l'intérêt public, il faut alors des forces morales et physiques que la nature a peut-être refusées et à ceux qui nous dénoncent et à ceux que nous combattons. — Le Comité a des droits à la haine des rois et des fripons ; si vous ne croyez pas son zèle aux services qu'il a rendus à la chose publique, brisez cet instrument. Mais auparavant, examinez dans quelle position vous êtes.

[...] Je pense que la patrie est perdue si le gouvernement ne jouit pas d'une confiance illimitée, et s'il n'est composé d'hommes qui la méritent. Je demande que le Comité de salut public soit renouvelé [12].

Comme un certain Briez, qui a pourtant capitulé à Valenciennes, est toujours membre du Comité de salut public, Robespierre se lance dans une tirade dont il a le secret ; non seulement il a lu les discours romains, mais il connaît ses classiques, Corneille notamment. Subjuguée, la Convention destitue Briez et ne nomme au Comité que des Montagnards, sûrs, impitoyables — et amis de Robespierre !

Heureusement, les armées françaises à la tête desquelles ont été placés des révolutionnaires, comme Hoche, Pichegru, à la suite de la nomination de Jourdan, sont victorieuses à l'est, en Piémont devant les Autrichiens, au sud devant les Espagnols, tandis que Carnot et Jourdan sont vainqueurs au nord à Wattignies. Les Vendéens sont défaits à Cholet devant les efforts conjugués de Kléber et de Marceau. Mais Toulon est toujours assiégé par les Anglais, l'Alsace, que va défendre Hoche, reste menacé. Saint-Just et Lebas seront envoyés en mission afin de relever le moral des troupes et de faire en sorte de détruire tout ferment de la contre-révolution toujours possible dans ces pays de Marche. Là aussi, comme Tallien à Lyon qui s'est révolté et qu'il a soumis, comme Fouché à Nantes, la chasse aux suspects est devenue une véritable chasse aux sorcières que le Tribunal révolutionnaire de Paris met à la mode en prononçant des condamnations à mort à la chaîne. Mais il faut reconnaître que, si les principaux chefs de la Gironde arrêtés le 2 juin sont pourchassés et exécutés le 10 brumaire (31 octobre 1793), un certain nombre de députés girondins, 73 en tout, dit députés protestataires, qui avaient clamé leur opposition à l'arrestation des Girondins, croupiront dans les prisons jusqu'à la mort de Robespierre, qui a exigé qu'ils soient simplement traités comme des « Égarés » et qu'ils ne passent pas sous le « rasoir national[13] », leur sauvant incontestablement la vie, en dépit des demandes réitérées des Enragés. Cette supplique, il l'a faite dans un discours à la Convention le 12 vendémiaire, an II de la République, c'est-à-dire le 3 octobre, peu de temps avant l'exécutions des chefs girondins : « La Convention nationale ne doit pas chercher à multiplier les coupables ; c'est aux chefs de la faction qu'elle doit s'attaquer[14]. »

Mais Robespierre est impitoyable envers la reine.

C'est lui qui a demandé, dès le début du printemps 1793, le jugement de Marie-Antoinette qui sera guillotinée, après un procès bâclé, le 16 octobre. Mais si Madame Élisabeth, sœur de Louis XVI, subit le même sort, c'est malgré Robespierre qui ne la pense pas coupable.

En revanche, on ne l'entend pas quand de grands personnages de la Révolution sont eux aussi exécutés, comme Mme Roland, Philippe Égalité, cousin de Louis XVI et qui avait voté la mort contre celui-ci, ou Lavoisier, le grand savant, après cette réplique célèbre de Fouquier-Tinville : « La République n'a pas besoin de savants. » Il approuve certainement. Ce qui, à la lumière de ce que l'on sait aujourd'hui, est une sanglante erreur. On ajourne la Constitution de 1793 jusqu'à ce que la France soit en paix, c'est Saint-Just qui la proclame, mais c'est évidemment Robespierre très lié à lui, et, diront les méchantes langues, bien plus que cela même, qui est derrière cette décision.

Un dirigisme économique est institué sous l'autorité des Sociétés populaires et des Comités de surveillance, avec des cartes de rationnement pour le pain. Mais comme les principaux articles de la Constitution de 1791 restent toujours en vigueur et que ceux-ci avaient passé à la naissance d'une France décentralisée, la Terreur doit sans cesse faire peser son poids dans tout le pays en envoyant des chargés de mission pour faire appliquer les lois iniques qu'elle a promulguées.

L'obsession de Robespierre, qui sur ce point n'a pas tort, reste l'encadrement des armées par des officiers naturellement issus de l'Ancien Régime et peu enclins à servir le nouveau pouvoir. Ainsi dénonce-t-il sans cesse leur trahison. Ne voulant pas prononcer leurs noms au risque de « rougir d'indignation », il s'écrie :

> Si, avec de tels chefs, vous n'avez pas éprouvé les derniers malheurs, c'est peut-être à votre gouvernement que vous le devez. C'est à son énergie, à son dévouement éternel à la chose publique, à son travail opiniâtre et forcé que vous êtes redevables de tout ce qui a échappé aux combinaisons des scélérats [15].

Ce discours, rapporte le rédacteur du *Journal des Jacobins*, est couvert d'applaudissements.

Le 20 vendémiaire, 11 octobre, Robespierre annonce aux Jacobins une offensive des armées du Nord contre les Autrichiens. Ce qui montre que les questions militaires ne lui sont pas étrangères et qu'il les suit de près également. Il conclut par une de ses phrases, belle et imprécatoire, dont il a le secret et qui est destinée à redonner du courage au peuple :

> Si la fortune favorise la cause de la vertu, du courage et de la liberté, la victoire est à nous. Si cela n'arrivait pas, qu'on se rappelle que la république est impérissable [16].

Le 23 vendémiaire, 14 octobre, peu informé sans doute, on l'espère pour lui, il dénonce le rapport d'un député, Julien de Toulouse, sur les exactions commises à Lyon par Fouché, avec cette phrase fameuse : « Lyon n'est plus [17]. » Elle est même débaptisée après la répression des mouvements antirévolutionnaires. Pour Robespierre, qui les excuse, tous les excès de la Révolution sont préférables à trop de mollesse et il les considère sans doute, dirait-on aujourd'hui, comme des « bavures ». Une telle attitude montre un point de caractère constant chez Robespierre, son absence d'imagination dû à sa rhétorique froide et juridique.

C'est aux Jacobins qu'il prend la parole au sujet de Lyon :

> Ce rapport peint comme des anarchistes les magistrats du peuple qui se sont immolés pour la chose publique et qui ont été massacrés par les ennemis du peuple. Du sein de la Montagne même, je vois des hommes qui assassinent la mémoire des héros de la liberté [...]. Non ! Il faut que leur mémoire soit vengée ! Il faut que ces monstres soient démasqués, exterminés, ou que je périsse[18].

De même, le 25 vendémiaire, le 16 octobre, alors que Marie-Antoinette vient d'être « conduite au supplice », comme le rapportera David\*, spectateur du convoi, dans un dessin à la plume désormais célèbre, il ne fait aucune allusion à cet événement mais s'en prend aux Anglais et aux étrangers en général, dans un accès furieux de xénophobie qui, ne l'oublions pas, est une des marques les plus indignes, les plus ignobles de la Révolution. Tout étranger est suspect à ses yeux, parce que tout étranger est forcément royaliste. C'est ce qu'il prétend dans son discours à la Convention :

---

\* Le peintre Louis David.

On veut nous intéresser en faveur des Anglais sous le prétexte qu'ils sont les amis de la liberté\*. Je ne vois en eux que des esclaves dont les chaînes sont plus difficiles à briser que celles des autres peuples [...]. On nous opposera la philanthropie ; je n'ai jamais cru à celle des étrangers que nous avons eu l'imprévoyance de souffrir parmi nous, depuis l'aurore de la liberté. Ce sont ces étrangers si patriotes qui sont les artisans de tous nos maux. Ce sont eux qui n'ont cessé d'employer tour à tour le poison du modérantisme et l'art de l'exagération. Tous ont été les agents du despotisme. Il n'en faut épargner aucun. S'il est dans le nombre quelque homme véritablement digne du nom de philosophe, il sera trop généreux pour refuser d'être le martyr de la liberté française [19].

Ouvrons ici une sorte de parenthèse sur un portrait de Robespierre que fait le comte Cochet, dans ses *Mémoires*, très exactement en date du 27 brumaire, 17 novembre 1793. C'est un témoignage passionnant et pris sur le vif. Le comte, alors premier chef de la division au ministère des Affaires étrangères, collabora avec Robespierre à l'établissement d'un rapport sur la situation politique de la République française. Il est très rare que quelqu'un se soit exprimé en termes mesurés et non passionnels sur l'homme fort du Comité de salut public. Dans le témoignage qui suit, Robespierre apparaît comme un être humain, et non plus comme un orateur guindé :

Robespierre vint. Je fus appelé : on nous laissa seuls. Il se montra fort poli. Comme lui, j'étais peigné, poudré et dans un costume qui n'était pas celui du temps. Il m'appela *Monsieur* et non citoyen et s'abstint de me tutoyer : j'en usai de même à son égard. J'entrai en matière. Je passai en revue les gouver-

---

\* C'est du moins ce que bon nombre de penseurs des Lumières pensaient déjà.

nements avec lesquels nous avions conservé des relations [...]. J'avais parlé pendant trois quarts d'heure sans que Robespierre m'eût interrompu une seule fois. Je ne pouvais guère espérer que la franchise avec laquelle j'avais exprimé des principes et des opinions qui n'étaient pas à l'ordre du jour me vaudrait un compliment. Aussi n'est-ce pas sans surprise que je l'entendis me dire, d'une manière fort obligeante, qu'il m'avait écouté avec intérêt et plaisir, et que je ne devais pas douter qu'il ne mît à profit, dans le rapport qu'il se proposait de faire, les notions et les réflexions que je venais de lui présenter. Il me demanda cependant une seconde conférence sur le même sujet pour mieux s'assurer, me dit-il, que sa mémoire ne le trahirait pas. Cette conférence eut lieu quelques jours après : elle dura une demi-heure. Robespierre parut fort content. Cependant, paraissant toujours se défier de sa mémoire, il me pria de lui envoyer une notice sur chacun des objets dont je l'avais entretenu. Je le satisfis encore sur ce point ; je ne me contentai même pas de lui envoyer de simples notes : je lui fis passer sur chaque objet une feuille qui lui présentait le résumé de ce que je lui avais exposé verbalement. Mon travail fut trouvé, à sa mort, parmi les papiers qu'il avait laissés [20].

Ce témoignage constitue, par sa simplicité même, un document exceptionnel. Il nous montre Robespierre nullement vindicatif à l'égard d'un noble auquel il ressemble par sa tenue d'un autre temps et sa perruque poudrée. Le comte Cochet témoigne du côté formidablement travailleur de Robespierre qui ne laisse rien au hasard, et enfin il montre bien qu'en lui subsiste, par-delà les discours enflammés des tribunes, un homme d'une grande courtoisie, en somme un grand bourgeois éduqué et poli...

La création du calendrier républicain, les décadis, par Fabre d'Églantine qui commence en vendémiaire, an II de la République, est faite dans une intention anticléricale pour que la vie des Français ne soit pas rythmée par les fêtes religieuses. La déchristianisation de la France est en marche, la fête de la déesse Raison a lieu à Notre-Dame. De nombreux prêtres se défroquent officiellement et font assaut de zèle révolutionnaire.

Robespierre, qui, en bon disciple de Rousseau, est un déiste, voit d'un mauvais œil cette politique s'accentuer sous la pression des Hébertistes et décide de lui donner un coup d'arrêt. Il le fait lors d'un discours prononcé à la Convention, le 1er frimaire an II (21 novembre 1793). C'est un discours passionnant où Robespierre s'exprime enfin personnellement sur son indéniable sensibilité religieuse et sur la valeur spirituelle dont a besoin toute révolution. L'orateur, en pleine Terreur, en pleine violence, en pleine cruauté, apparaît soudain comme un homme des Lumières. Incontestablement son discours est émouvant et, derrière l'emphase oratoire, il est facile de discerner, et de façon étrangement éphémère, à quel point Robespierre n'est sans doute pas ce monstre froid que nous décrit une légende posthume :

> Vous craignez, dites-vous les prêtres ! Les prêtres craignent bien davantage les progrès de la lumière. Vous avez peur des prêtres ! Et ils s'empressent d'abdiquer leurs titres pour les échanger contre ceux de municipaux, d'administrateurs ou même de présidents de sociétés populaires : croyez seulement à leur amour de la patrie, sur la foi de leur abjuration subite, et ils seront contents de vous [...]. Vous ne le serez peut-être pas également d'eux[21].

Pour Robespierre, ces prêtres qui veulent faire oublier leur cléricature pourraient bien être les chevaux de Troie de l'aristocratie, chargés de désorganiser la Révolution. Il s'en méfie et il développe ce thème en de longues tirades, pour dire son hostilité à ces nouvelles recrues, à ces convertis de fraîche date, qu'il croit capables de toutes les trahisons ; ses propos sont en tout point conformes à la Constitution de 1791 et à l'énoncé des droits de l'homme :

> On a supposé que [...] la Convention avait proscrit le culte catholique. Non, la Convention n'a point fait cette démarche téméraire. La Convention ne le fera jamais. Son intention est de maintenir la liberté des cultes qu'elle a proclamée et réprimer en même temps ceux qui en abuseraient pour troubler l'ordre public. Elle ne permettra pas qu'on persécute les ministres paisibles du culte [...]. On a dénoncé des prêtres pour avoir dit la messe ! Ils la diront plus longtemps si on les empêche de la dire. Celui qui veut les empêcher est plus fanatique que celui qui dit la messe [...]. Ce n'est point en vain que la Convention a proclamé *La Déclaration des droits de l'homme* en présence de l'Être suprême [22].

Et il prononce cette phrase qui est devenue quasiment un proverbe et dont peu connaissent sans doute la paternité : « Si Dieu n'existait pas, il faudrait l'inventer. »

Il rappelle que, dans un discours ancien, il a déjà évoqué la Providence qui frapperait les contre-révolutionnaires de la vengeance divine :

> Gardons-nous de blesser cet instinct sacré et ce sentiment universel des peuples\*. L'idée d'un Grand Être qui veille sur l'innocence opprimée et qui punit le crime triomphant est toute populaire [23].

---

\* C'est-à-dire l'esprit religieux.

Robespierre a compris qu'aucune Terreur, aucune dictature ne pourrait faire ployer le peuple dans sa croyance en Dieu. Il en prend acte, il montre là, lui qui apparaît souvent comme un fanatique, ses qualités d'adaptation à un sujet qui n'est pas facile à traiter sous le régime de la Terreur. Mais il a sans doute compris que poursuivre une politique anticléricale, antireligieuse et prôner l'athéisme ne peut que susciter de nouvelles révoltes en France, comme cela s'est produit en Vendée. Rappelons que face au peu de succès rencontré par le mouvement de déchristianisation dans les régions de l'Ouest et du midi de la France, il avait fait voter par la Convention, et avec le soutien de Danton, un décret favorable à la liberté du culte…

Cette accusation d'athéisme dont la Révolution française serait coupable et qui est colportée par les ennemis de la France à l'étranger, Robespierre en voit parfaitement les dangers et s'exprime à ce sujet dans un discours à la Convention, du 5 décembre 1793 (15 frimaire, an II), où il laisse entendre que les étrangers établis en France pour faire des affaires ne sont pas innocents sur cette question. Ils forment ce qu'on pourrait appeler aujourd'hui une cinquième colonne. Il s'écrie ironiquement en évoquant le cruel empereur Tibère, les sottises de l'empereur Claude et la débauche de Messaline, montrant par là que les rois n'ont pas de leçons de vertu à donner à la France révolutionnaire :

> Les rois accusent le peuple entier d'immoralité ! Peuples, prêtez une oreille attentive aux leçons de ces respectables précepteurs du genre humain. La morale des rois, juste ciel !

Peuples, célébrez la bonne foi de Tibère. Admirez le bon sens de Claude [...] exaltez la chasteté de Messaline [...]. Ils se disent les images de la Divinité [...]. Est-ce pour la faire haïr ? Ils disent que leur autorité est son ouvrage*. Non : Dieu crée les tigres, mais les rois sont le chef-d'œuvre de la corruption humaine. S'ils invoquent le ciel, c'est pour usurper la terre. S'ils nous parlent de Divinité, c'est pour se mettre à sa place ; ils lui renvoient les prières du pauvre et les gémissements du malheureux ; mais ils sont eux-mêmes les dieux des riches, des oppresseurs et des assassins du peuple. [...] Honorer la Divinité et punir les rois, c'est la même chose. Et quel peuple rendit jamais un culte plus pur que le nôtre au Grand Être sous les auspices duquel nous avons proclamé les principes immuables de toute société humaine ? [...] Nos ennemis se sont proposés un double but en imprimant ce mouvement violent contre le culte catholique** : le premier, de recruter la Vendée, d'aliéner les peuples de la nation française et de se servir de la philosophie pour détruire la liberté[24].

Et c'est bien aux étrangers qui vivent en France qu'il s'adresse :

Vos maîtres vous disent que la nation française a proscrit toutes les religions, qu'elle a substitué le culte de quelques hommes à celui de la Divinité ; ils nous peignent à vos yeux un peuple idolâtre ou insensé. Ils mentent : le peuple français et ses représentants respectent la liberté de tous les cultes et n'en proscrivent aucun[25].

Puis, retrouvant ses chers Romains, le voilà qui s'envole avec eux dans un lyrisme oratoire de toute beauté et qui évidemment aujourd'hui nous confond parce que cette culture-là était instantanément comprise par les députés de la Convention :

---

\* Allusion à l'absolutisme voulu par Dieu.
\*\* Culte mis en cause par les Enragés.

> Les lâches osent vous dénoncer, vous les fondateurs de la République française. Les Tarquins modernes ont osé dire que le Sénat de Rome était une assemblée de brigands [26].

Cette identification de la Convention au Sénat de Rome et des députés de cette Assemblée aux pères conscrits de l'Assemblée romaine est, répétons-le une nouvelle fois, une constante implicite ou explicite chez Robespierre, comme chez tous ses amis, et tout particulièrement Saint-Just.

Robespierre poursuit sa métaphore liée à l'Antiquité :

> Les valets même de Porsena traiteraient Scévola d'insensé [27].

Pour la bonne intelligence de cette allusion, disons brièvement que Porsena, roi étrusque, voulut rétablir le roi Tarquin sur son trône à Rome et qu'il échoua. Quant à Mucius Scaevola, il est connu pour avoir, lors de cet épisode de l'histoire romaine antique, mis sa main gauche sur le feu pour montrer sa détermination de patriote républicain.

Robespierre poursuit :

> Suivant les manifestes de Xerxès, Aristide a pillé le trésor de la Grèce. Les mains pleines de rapines et teintes du sang des Romains, Octave et Antoine ordonnent à toute la terre de les croire seuls cléments, seuls justes et seuls vertueux.
> Tibère et Séjean* ne voient dans Brutus et Cassius que des hommes de sang et même des fripons. Français, hommes de tous les pays, c'est vous qu'on outrage en insultant à la liberté dans la personne de vos représentants ou de vos défenseurs [28].

---

* Séjean conspira contre Tibère.

Dans un autre discours, prononcé le même jour, il filera aussi une métaphore antique, en appelant ses collègues à plus de courage et à croire à leur triomphe sur la coalition étrangère. Il leur demande rien de moins que de devenir des héros :

> Jusque sous le règne des lâches empereurs de Rome la vénération publique couronnait les images sacrées des héros qui étaient morts en combattant contre eux ; on les appelait les derniers des Romains. Rome dégradée semblait dire chaque jour au tyran : tu n'es point un homme ; nous-mêmes nous avons perdu ce titre en tombant dans tes fers : les seuls hommes, les seuls Romains sont ceux qui ont eu le courage de se dévouer pour délivrer la terre de toi ou de tes pareils. Pleins de ces idées, pénétrés de ces principes, nous seconderons notre énergie de tout notre pouvoir. En butte aux attaques de toutes les passions, obligés de lutter à la fois contre les puissances ennemies de la République et contre les hommes corrompus qui déchirent son sein, placés entre la lâcheté hypocrite et la fougue imprudente du zèle, comment aurions-nous osé nous charger d'un tel fardeau, sans les ordres sacrés de la patrie [29] ?

Deux pays trouvent grâce dans ce discours aux yeux de Robespierre, ce sont les États-Unis d'Amérique, parce que sans doute ils se sont rebellés contre le despotisme de l'Angleterre, et la Suisse, parce que c'est la patrie de Rousseau.

Le complot étranger que Robespierre dénonce a une réalité : beaucoup d'hommes d'affaires de pays étrangers se sont installés en France pour profiter de la Révolution, notamment en spéculant et en s'enrichissant. Danton est très lié à eux, mais avec assez de prudence pour ne pas être mis en accusation.

# Vers une révolution permanente

Robespierre toujours méfiant, toujours hanté par le retour éventuel de l'aristocratie dont il devine la présence occulte dans tout ce qui lui déplaît au sein de la Révolution, demande aux Jacobins le 19 frimaire an II (9 décembre 1793) de ne point croire que la Révolution a gagné la partie et de se montrer toujours alertés par les moindres tendances suspectes des aristocrates camouflés qui rôdent en France, notamment et toujours dans l'armée. L'armée, c'est là son éternel cheval de bataille :

Je crois [...] que la surveillance et l'activité sont plus que jamais nécessaires. Vous ne savez pas que dans vos armées, la trahison pullule. Vous ne savez pas qu'à l'exception de quelques généraux fidèles, vous n'avez de bon que le soldat. Au-dedans l'aristocratie est plus dangereuse que jamais, parce que jamais elle ne fut plus perfide. Autrefois elle vous attaquait en bataille rangée ; maintenant, elle est au milieu de vous, elle dans votre sein, et, déguisée sous le voile du patriotisme, elle vous porte dans le secret des coups de poignard, dont vous ne vous défiez pas. Puisqu'elle a changé de tactique, il faut changer nos moyens de défense. Il est temps enfin de fonder le repos des gens bien sûr la ruine des scélérats[1].

Sa xénophobie le reprend quelques jours plus tard, lorsqu'il demande d'exclure des Jacobins Anacharsis Cloots, qu'il fera par la suite guillotiner. Il trouve pour chasser ce Grec qui avait pris fait et cause avec enthousiasme pour la Révolution française des arguments bien spécieux :

> Les Jacobins ne regarderont pas comme un ami du peuple ce prétendu sans-culotte qui possède 100 000 livres de rente, qui dîne avec les banquiers conspirateurs. Ils ne regarderont point comme un patriote cet étranger qui veut être plus démocrate que les Français et qu'on voit tantôt au Marais tantôt au-dessus de la Montagne, car jamais Cloots ne fut à la Montagne. Il fut toujours au-dessus ou au-dessous. Jamais il ne fut le défenseur du peuple français [2]...

Toujours torturé par l'idée de complots souterrains ourdis par les aristocrates, il demande aux Jacobins le 26 frimaire (16 décembre 1793) que tous les gens qui portent un nom de la noblesse soient « chassés de partout », mais demande aussi qu'on prenne bien garde à faire de même avec les membres du clergé, car cela risquerait de susciter des relents de guerre civile dans le pays, comme la France en a trop souvent donné l'exemple, notamment dans la malheureuse guerre de Vendée qui n'en finit pas :

> On pourrait, sans inconvénient, chasser tous les nobles des sociétés populaires. On pourrait les chasser de partout. Il n'en serait peut-être pas de même des prêtres. Les campagnes ont été induites en erreur par les ennemis du peuple, toujours prêts à profiter de la moindre de nos erreurs. Rappelez-vous les malheurs qui ont été la suite de mesures violentes qu'on avait

prises à leur égard dans certains pays, et craignez de les voir se renouveler[3] !

L'anticléricalisme évident de Robespierre est tout de même atténué par son éducation religieuse au collège Louis-le-Grand à Paris et par l'enseignement qu'il y a reçu.

Fabre d'Églantine demande un jour de la fin de l'automne 1793 audience à Robespierre et aux autres membres du Comité de sûreté générale, parmi lesquels l'inévitable Saint-Just. C'est pour leur dénoncer un complot étranger dont un certain Proli serait le chef, ami jadis de Dumouriez, ce qui le rend immédiatement suspect. Proli a réussi à enrôler autour de lui les plus acharnés des révolutionnaires et jusqu'aux Enragés. On se perd en conjectures sur ses buts : il est probable qu'il voulait rendre la Terreur encore plus redoutable, appeler le peuple à l'insurrection pour provoquer les conventionnels et les pousser à la répression et à la fin de la Révolution. Voilà un plan diabolique et pervers, mais dans la situation où se trouve la France, tout est possible, y compris cette incroyable provocation !

Bref, le Comité autour de Proli pousse à accentuer la violence, la cruauté et les injustices de la Terreur et à cette déchristianisation qui fait tant peur à Robespierre parce qu'elle provoque à l'étranger des réactions incontrôlables. Mais d'autres clans se forment qui, eux aussi, dénoncent leurs proches ou leurs amis comme étant des comploteurs contre-révolutionnaires. Des députés sont arrêtés, Hébert est exclu des Jacobins. Danton, qui voit nombre de ses amis arrêtés, sait bien que Robespierre est l'âme de cette nouvelle répression et cherche à « liquider alors la révolution[4] », selon l'expression d'Albert Mathiez, c'est-à-dire à conclure la paix, à délivrer les prisonniers politiques et à permettre le retour de quelques émigrés. C'est une rébellion ni plus ni moins contre son ancien ami et complice. Mais Danton n'est pas sûr de lui et Robespierre finit par donner un brevet de patriotisme à Danton, tout en se demandant s'il ne se trompe pas sur lui.

Danton, enhardi, se trouve de plus en plus d'alliés qui veulent que le sang cesse de couler et accuse les Hébertistes, par leur côté pousse-au-crime, d'être les agents de Pitt et de l'Angleterre, ce qui est l'avis de Robespierre qui ne peut protester, même s'il s'aperçoit que Danton est en train de changer de cap. Mais lorsque les amis de Danton attaquent le Comité de salut public pour sa trop grande rigueur, voire sa férocité, aussitôt il le défend, bien qu'assez mollement... Il attend, tapi dans l'ombre, silencieux, que les événements lui donnent raison. Marceau et Kléber sont victorieux une nouvelle fois des Vendéens au Mans puis à Savenay, et Augustin Robespierre, aidé d'un jeune officier, Bonaparte, chasse les Anglais de Toulon. En décembre, Hoche libère l'Alsace. La France est sauvée grâce à la fermeté du Comité de salut public.

Mais Robespierre sent bien que la Révolution se divise, parce que ces victoires successives incitent certains députés regroupés autour de Danton à mettre un terme à la Terreur qui ne s'impose plus. Les factions sont de plus en plus nombreuses entre les Indulgents et les Enragés. Elles risquent, aux yeux de Robespierre, de diviser le pays et ainsi de faire le jeu des ennemis de la France.

Robespierre sent que la situation est mûre devant l'incapacité des révolutionnaires de s'entendre, ce qui sert au fond ses desseins et le fait apparaître comme l'arbitre indispensable et celui qui montre la voie juste. Il prononce un important discours sur les *Principes du gouvernement révolutionnaire* le 5 nivôse an II (25 décembre 1793), élaboré avec les membres du Comité de salut public :

> Citoyens, représentants du peuple
> Les succès endorment les âmes faibles ; ils aiguillonnent les âmes fortes. Les défenseurs de la République adoptent la maxime de César : ils croient qu'on n'a rien fait tant qu'il reste quelque chose à faire. Il nous reste encore assez de danger pour occuper tout notre zèle [5].

Robespierre est très partagé au fond sur le personnage de César dont il admire la ruse politique et la stratégie militaire, mais qu'il considère tout de même comme un tyran, puisqu'il loue toujours ses assassins. Faut-il y voir chez lui, même inconsciemment, une manière de se proclamer le conducteur de la Révolution ?

Son discours se poursuit. C'est celui d'un juriste et surtout d'un homme qui est à présent très à l'aise dans la démonstration et l'argumentation de ses convictions : « Le but du gouvernement constitutionnel est de conserver la République ; celui du gouvernement révolutionnaire est de la fonder. La Révolution est la guerre de la liberté contre ses ennemis. La Constitution est le régime de la liberté victorieuse et paisible. » Autrement dit, nous n'en sommes pas encore là et la nécessité d'un Comité de salut public est d'autant plus nécessaire qu'elle impulse courage et détermination aux conventionnels. Il critique ceux qui trouvent arbitraires et tyranniques ceux qui contestent le gouvernement révolutionnaire et les traite de « sophistes stupides ». « Les temples des dieux ne sont pas faits pour servir d'asile aux sacrilèges qui viennent les profaner ; ni la Constitution pour protéger les complots des tyrans qui cherchent à la détruire[6]. »

Il justifie la légalité d'un gouvernement révolutionnaire avec des arguments assez spécieux, ou du moins assez vagues, comme à l'habitude : à elle seule l'éloquence lui sert d'explication. Il sait bien, lui l'avocat, combien celle-ci peut être séduisante et emporter l'adhésion même des plus timides :

> Il doit voguer entre deux écueils, la faiblesse et la témérité, le modérantisme et l'excès ; le modérantisme, qui est à la modération ce que l'impuissance est à la chasteté, et l'excès qui ressemble à l'énergie, comme l'hydropisie à la santé[7].

Robespierre, depuis ses bredouillis à la Constituante, a fait des progrès, ce que le journaliste du *Journal des Débats*, sous la plume du futur historien de la Révolution française, Charles de Lacretelle, âgé alors de vingt-sept ans, a bien remarqué, lui qui écrit dans son *Histoire de France pendant le XVIII$^e$ siècle* :

> Il n'y eut jamais de tribun moins séduisant et en apparence moins redoutable. Sa figure était celle que l'imagination du peintre prête à l'Envie. Un mouvement convulsif de ses lèvres et de ses mains révélait l'agitation de son âme ; sa voix était

tour à tour criarde ou monotone, mais convenait si bien à l'expression de la cruauté qu'elle eût produit dans vos organes un long frémissement. Il avait une manière de prononcer pauvre peuple et peuple vertueux qui ne manqua jamais son effet sur de féroces spectateurs. À l'Assemblée constituante, il ne s'était montré qu'un rhéteur ennuyeux et cruel ; mais son talent se fortifia dans les progrès de son malfaisant pouvoir. Son élocution devint plus brillante, plus variée. Jamais il ne choquait le goût, même en offensant tout sentiment humain. Il cherchait peu à persuader par la logique ceux qu'ils pouvaient entraîner par l'effroi. Il y avait je ne sais quel effet d'une horrible éloquence dans son ironie prolongée, qui annonçait la mort et semblait la donner déjà[8].

Robespierre semble, en effet, au faîte de son art oratoire. Il justifie indirectement la Terreur par des phrases extrêmement habiles :

S'il fallait choisir entre un excès de ferveur patriotique et le néant de l'incivisme ou le marasme du modérantisme, il n'y aurait pas à balancer. Un corps vigoureux, tourmenté par une surabondance de sève, laisse plus de ressources qu'un cadavre [...]. Le patriotisme est ardent par nature ? Qui peut aimer froidement la patrie[9] ?

Il en appelle donc à l'unité de tous les patriotes sincères, de tous les membres de la Convention. Et pour mieux convaincre, il en revient solennellement à l'Antiquité :

Élevons nos âmes à la hauteur des vertus républicaines et des exemples antiques. Thémistocle avait plus de génie que le général lacédémonien qui commandait la flotte des Grecs : cependant, quand celui-ci, pour réponse à un avis nécessaire qui devait sauver la patrie, leva son bâton pour le frapper, Thémistocle se contenta de lui répliquer : « Frappe, mais écoute », et la Grèce triompha du tyran de l'Asie. Scipion valait bien un autre général romain : Scipion, après avoir vaincu Hannibal à Carthage, se fit une gloire de servir sous les ordres de son ennemi. Ô vertu des grands cœurs ! Que sont devant toi toutes les agitations de l'orgueil et toutes les prétentions des petites âmes ? Ô vertu, es-tu moins nécessaire pour fonder une République que pour la gouverner dans la paix ? Ô patrie, as-tu moins de droits sur les représentants du peuple français que la Grèce et Rome sur leurs généraux [10] ?

Il en revient alors à son obsession, le complot étranger qui a des ramifications très bien organisées en France, ce qui est une manière de justifier la Terreur et de maintenir les lois sur les suspects et surtout de sévir contre de nombreux prisonniers dont la trahison est certaine et qui n'ont pas été encore jugés et exécutés :

Nous vous proposerons, dès ce moment, de faire hâter le jugement des étrangers et généraux prévenus de conspiration avec les tyrans qui nous font la guerre [11].

Son discours contient des allusions perfides et menaçantes contre les Hébertistes et contre les Dantonistes :

D'après tous ces motifs, nous vous proposons le décret suivant :
La Convention nationale décrète :
Article Ier — L'accusateur du Tribunal révolutionnaire fera juger incessamment Dietrich, Custine fils du général puni par la loi, Biron, de Brulys, Barthélémy et tous les généraux et officiers prévenus de complicité avec Dumouriez, Custine, Lamarlières, Houchard. Il fera juger pareillement les étrangers, banquiers et autres individus prévenus de trahison et de connivence avec les rois ligués contre la République française.
Article II — Le Comité de salut public fera, dans le plus court

délai, son rapport sur les moyens de perfectionner l'organisation du Tribunal révolutionnaire.

Article III — Les secours et récompenses accordés par les décrets précédents aux défenseurs de la patrie blessés en combattant pour elle, ou à leurs veuve et à leurs enfants, sont augmentés d'un tiers.

Article IV — Il sera créé une commission chargée de faciliter les moyens de jouir des avantages que la loi leur accorde.

Article V — Les membres de cette commission seront nommés par la Convention nationale sur la présentation du Comité de salut public [12].

Des dissensions se font jour au sein des Jacobins, notamment contre Camille Desmoulins, un Indulgent qui a écrit des articles assez incendiaires dans *Le Vieux Cordelier* contre la Terreur, et que Robespierre attaque, tout en le protégeant, parce que c'est un ami de collège. Il en veut davantage à Fabre d'Églantine, qui sera emprisonné quelques jours plus tard, en nivôse, pour cause de modérantisme et pour avoir favorisé la faction de l'étranger et qui finira sur l'échafaud.

Puis une fois de plus, après avoir lancé décrets et anathèmes, Robespierre se tait et n'intervient plus que mollement dans les discussions et les débats. C'est sa tactique habituelle, laisser se répandre ses idées, voir comment elles sont interprétées et appliquées et ne jamais en prendre la tête au moment où elles font force de loi.

Bien entendu, ses collègues ne sont pas dupes. Certains l'accusent de dictature, ce qui le fait chaque fois bondir, comme à cette séance des Jacobins, le 21 nivôse (10 janvier 1793) :

> Quiconque aujourd'hui est un ambitieux est en même temps un insensé. Parce que j'ai exercé dans le Comité de salut public un douzième d'autorité, on m'appelle dictateur. Ma dictature est celle de Le Pelletier, de Marat — tous les deux assassinés par des royalistes — c'est-à-dire les poignards des tyrans[13].

N'ayant pas voulu arbitrer les disputes entre ses collègues qui se menacent les uns les autres de se faire jeter en prison, voire envoyer à la guillotine — conséquence inévitable du régime de la Terreur, ce que Robespierre se refusera toujours à admettre —, il remonte à la tribune de la Convention le 17 pluviôse, an II (5 février 1794), pour y prononcer un discours fleuve, mais de la plus grande importance et ayant pour sujet les principes de morale politique qui doivent guider la Convention nationale dans l'administration intérieure de la République. Discours capital, puisque cette fois-ci on le sent totalement enfermé dans sa bulle révolutionnaire, incapable de voir une autre réalité qu'une République toujours en danger, comme jadis les Romains de la fin de la République, tendus vers cet idéal qu'il faut défendre par tous les moyens, sans se rendre compte que la France commence à être lasse, que ses frontières ne sont plus menacées, que la guillotine atteint surtout les gens du peuple, bref que l'accablement de ses collègues et de l'opinion se fait sentir.

La République n'est plus en danger à cette époque, c'est incontestable, mais Robespierre ne veut pas voir cette réalité. Son discours est le reflet de son aveuglement, mais aussi celui de son imitation stricte de ces modèles antiques dont il ne parvient plus à se défaire. Il se croit toujours face aux tyrans. Enfermé dans ses idées, il n'en sortira plus. Submergé par une cécité politique qui frise le pathétique ou la folie, il se refuse à comprendre qu'il vit dans une autre époque que celle de la République romaine :

> Il est temps de marquer nettement le but de la Révolution et le terme où nous voulons en arriver ; il est temps de nous rendre compte à nous-mêmes, et des obstacles qui nous en éloignent encore, et des moyens que nous devons adopter pour l'atteindre : une idée simple et importante qui semble n'avoir jamais été aperçue. Eh ! comment un gouvernement lâche et corrompu aurait-il osé le réaliser ? Un roi, un Sénat orgueilleux, un César, un Cromwell doivent avant tout couvrir leurs projets d'un voile religieux, transiger avec tous les vices, caresser tous les partis, écraser celui des gens de bien, opprimer ou tromper le peuple pour arriver au but de leur perfide ambition. Si nous n'avions pas eu une plus grande tâche à remplir, s'il ne s'agissait ici que des intérêts d'une faction ou d'une aristocratie nouvelle, nous aurions pu croire comme certains écrivains, plus ignorants encore que pervers, que le plan de la Révolution était écrit en toutes lettres dans les livres de Tacite et de Machiavel, et chercher les devoirs des représentants du peuple dans l'Histoire d'Auguste, de Tibère et de Vespasien, ou même dans celle de certains législateurs français ; car, à quelques nuances près de perfidie et de cruauté, tous les tyrans se ressemblent [14].

S'étant installé sous la protection de l'histoire romaine, et même s'il semble sous-entendre que la Révolution française et sa République ouvrent des voies nouvelles, il ne parvient pas à se détacher de ce que celui qu'on surnommait le Romain a appris dans sa jeunesse, pas plus que du code civil français qui, à cette époque, est copié sur le code romain.

Suit l'énumération de tâches nécessaires pour construire une France idyllique qui fait penser à l'idéalisme de Rousseau qui ne peut s'appliquer que… par la guillotine. Et de reparler de la vertu et de « voir briller au moins l'aurore de la félicité universelle[15] » :

> Quel est le principe fondamental du gouvernement démocratique ou populaire, c'est-à-dire le ressort essentiel qui le soutient et qui le fait mouvoir ? C'est la vertu ; je parle de la vertu publique qui opéra tant de prodiges dans la Grèce et dans Rome et qui doit en produire de bien plus étonnants dans la France républicaine ; de cette vertu qui n'est autre que l'amour de la patrie et de ses lois…
>
> Il n'est que la démocratie où l'État est véritablement la patrie de tous les individus qui le composent et peut compter autant de défenseurs intéressés à sa cause qu'il renferme de citoyens. Voilà la source de la supériorité des peuples libres sur tous les autres. Si Athènes et Sparte ont triomphé des tyrans de l'Asie et les Suisses des tyrans de l'Autriche et de l'Espagne, il n'en faut point chercher d'autre cause[16].

Ce qui est tout à fait intéressant, c'est que jamais Robespierre ne parle d'une opposition au sein de la Convention ni même d'une opposition démocratiquement élue et qui pourrait comprendre des monarchistes. Il est tout simplement favorable à un parti unique dont tous les citoyens seraient des républicains vertueux et inattaquables. L'Angleterre aurait dû lui donner une autre image de la véritable démocratie, mais comme il a choisi de la haïr, elle ne peut lui servir de modèle.

Nous en arrivons immanquablement à cette conclusion : Qui est contre moi est contre la République. Nous sommes là dans une sorte de délire très bien structuré, si bien même que Robespierre s'y laisse prendre. Il a malgré tout l'idée de déclarer que « nous ne prétendons pas jeter la République française dans les moules de Sparte : nous ne voulons lui donner ni l'austérité ni la corruption des cloîtres [17] ».

C'est une phrase qui paraît bien peu appropriée aux rigueurs sanglantes de la Terreur et à ses lois intransigeantes. N'oublions pas que dans un vers célèbre, extrait de « Ce siècle avait deux ans », poème appartenant aux *Feuilles d'automne*, Victor Hugo parle de la Révolution comme proche de Sparte : « Rome\* remplaçait Sparte. » Bien trop content de parler de l'Antiquité, Robespierre poursuit :

> Lorsque après quatre cents ans de gloire, l'avarice a enfin chassé de Sparte les mœurs avec les lois de Lycurgue, Agis\*\* meurt en vain pour les rappeler. Démosthène a beau tonner contre Philippe\*\*\*, Philippe trouve dans les vices d'Athènes dégénérée des avocats plus éloquents que Démosthène. Il y a bien encore dans Athènes une population aussi nombreuse que du temps de Miltiade et d'Aristide\*\*\*\* ; mais il n'y a plus d'Athéniens. Qu'importe que Brutus ait tué le tyran ? La tyrannie vit encore dans les cœurs et Rome n'existe plus que dans Brutus [18].

Pour Robespierre, la France républicaine doit faire mieux et différemment que ces deux exemples qui ont été finalement négatifs. Elle le peut et c'est en sous-entendu la Terreur qui va le permettre en

---

\* C'est-à-dire Napoléon.
\*\* Roi de Sparte.
\*\*\* Philippe II de Macédoine, père d'Alexandre le Grand.
\*\*\*\* Tous les deux vainqueurs à Marathon.

pourchassant non seulement les opposants, mais aussi les tièdes ou les neutres : « Il faut étouffer les ennemis intérieurs et extérieurs de la République ou périr avec elle [19]. » C'est une phrase qui n'est pas loin d'un des vers du *Chant du départ* : « Un Français doit vivre pour elle, pour elle un Français doit mourir. » Et cette phrase encore qui résume tout de la situation de la France en cet hiver 1794 : « Le ressort du gouvernement populaire en révolution est à la fois la vertu et la terreur. La terreur n'est autre chose que la justice prompte, sévère, inflexible : elle est donc une émanation de la vertu [20]. »

Terrible aveu qui, évidemment, est fort éloigné de la démocratie parlementaire, même si la France est en guerre.

Robespierre reproche aux officiers monarchistes d'avoir fait tuer pour rien deux cent mille héros, l'élite de la nation :

> [Il s'insurge qu'il] faille presque prouver qu'on a fait immoler dix mille Français, comme un général romain, pour obtenir le triomphe, devait avoir tué, je crois, dix mille ennemis. On se plaint de la détention des ennemis de la République. On cherche ses exemples dans l'histoire des tyrans, parce qu'on ne veut pas choisir dans celle des peuples, ni les puiser dans le génie de la liberté menacée. À Rome, quand le consul* découvrit la conjuration et l'étouffa au même instant par la mort des complices de Catilina, il fut accusé d'avoir violé les formes. Par qui ? par l'ambitieux César qui voulait grossir son parti de la horde des conjurés, par les Pisons, les Clodius et tous les mauvais citoyens qui redoutaient pour eux-mêmes la vertu d'un vrai Romain et la sévérité des lois [21].

---

\* Il s'agit de Cicéron.

Et il s'élève à nouveau contre l'athéisme :

> Prêcher l'athéisme n'est qu'une manière d'absoudre la superstition et d'accuser la philosophie ; la guerre déclarée à la divinité n'est qu'une diversion en faveur de la royauté[22].

D'après Robespierre, il faut se méfier des faux révolutionnaires qui font de la surenchère. Et il évoque un accusateur du Tribunal criminel de Strasbourg qui a « répandu la terreur parmi le peuple, en semant le bruit qu'on allait tuer tous les enfants au-dessous de dix ans et tous les vieillards au-dessus de soixante-dix ans... Les folies tyranniques de cet homme rendent vraisemblable tout ce que l'on raconte de Caligula et d'Héliogabale *[23]. »

L'orateur en vient à une sorte de définition idyllique de la Révolution lorsqu'elle sera achevée et qu'elle sera à l'origine d'un paradis sur terre. Cette sorte d'hymne est parfaitement irréaliste et montre bien que Robespierre n'est plus en phase avec le monde qui l'entoure mais dans la fermentation de ses idées. Ces propos, certes de toute beauté, sont fort inquiétants :

> Nous voulons un ordre des choses où toutes les passions basses et cruelles soient enchaînées, toutes les passions généreuses et bienfaisantes éveillées par les lois ; où l'ambition soit le désir de mériter la gloire et servir la patrie ; où les distinctions ne naissent que de l'égalité même ; où les citoyens soient soumis au magistrat, le magistrat au peuple, et le peuple à la justice ; où la patrie assure le bien-être de chaque individu et où chaque individu jouisse avec orgueil de la prospérité et de la gloire de la patrie ; où toutes les âmes s'agrandissent par la

---

* Deux empereurs romains célèbres pour leur folie criminelle.

communication continuelle des sentiments républicains et par le besoin de mériter l'estime d'un grand peuple; où les arts soient la décoration de la liberté qui les ennoblit; le commerce, la source de la richesse publique, et non pas seulement de l'opulence monstrueuse de quelques maisons.

Nous voulons substituer dans notre pays la morale à l'égoïsme, la probité à l'honneur, les principes aux usages, les devoirs aux bienséances, l'empire de la raison à la tyrannie de la mode, le mépris du vice au mépris du malheur, la fierté à l'insolence, la grandeur d'âme à la vanité, l'amour de la gloire à l'amour de l'argent, les bonnes gens à la bonne compagnie, le mérite à l'intrigue, le génie au bel esprit, la vérité à l'éclat, le charme du bonheur aux ennuis de la volupté, la grandeur de l'homme à la petitesse des grands, un peuple magnanime, puissant, heureux à un peuple aimable, frivole et méprisable, c'est-à-dire toutes les vertus et tous les miracles de la République à tous les vices et à tous les ridicules de la monarchie.

Nous voulons, en un mot, remplir les vœux de la nature, accomplir les destins de l'humanité, tenir les promesses de la philosophie, absoudre la Providence du long règne du crime et de la tyrannie. Que la France devienne le modèle des nations, l'effroi des oppresseurs, la consolation des opprimés, l'ornement de l'univers, et qu'en scellant notre ouvrage de notre sang, nous puissions au moins voir briller l'aurore de la félicité universelle. Voilà notre ambition, voilà notre but[24].

Pendant que les fusillades se multiplient à Lyon, qu'à Nantes Carrier noie de prétendus suspects en liant homme et femme l'un à l'autre et en appelant cela « un mariage républicain », pendant qu'à Lyon Fouché se conduit comme un criminel, ce qui lui vaudra d'être rappelé par le Comité de sûreté générale, mais ce sera un cas presque unique, pendant que les Vendéens sont exterminés, Robespierre vaticine en une sorte de vision totalement décalée de la Révolution, qui est le fruit de sa culture romaine, de ses origines bourgeoises, de sa solitude et de son enfance où la mort d'une mère et la disparition d'un père firent de lui un orphelin, de la pauvreté qui l'avait contraint jadis à demander une bourse.

Il est impossible de ne point voir que pour Robespierre, totalement enfermé en lui-même, la Révolution, c'est sa propriété, idéale certes, mais à ce point d'aveuglement, on ne peut être que confondu par tant d'irresponsabilité, par son refus de voir tout ce sang répandu par la Terreur, par sa surdité qui l'empêche d'entendre tous ces hurlements poussés par les condamnés, les prisonniers, jeunes, vieillards, enfants conduits à l'échafaud. Il y a une mystique révolutionnaire dans son discours, une sorte de religion de la Révolution et de la République. Mais cette mystique, cette religion sont le fruit de l'autisme.

On pourrait presque penser que, sans être dément, Robespierre a perdu le contrôle de lui-même et des événements qu'il prétend diriger. Il court vers l'abîme et sans doute le sait. Sa lucidité doit lui revenir souvent, au moment où il se retire de l'arène politique et se réfugie chez Duplay. Il ne peut ignorer, ne serait-ce que par sombres éclairs, que la France ne supportera éternellement la vision de tant de sang répandu, de tant de martyrs, de tant d'innocents assassinés pour rien.

Mais il poursuit officiellement sa fuite en avant, toujours persuadé que tous les ennemis de la République et de la Terreur finiront par être anéantis. Sans vouloir établir un point de comparaison, qui serait sans doute outrancier, on a tout de même le sentiment que Robespierre veut faire disparaître et de la France et de la terre tout ce qui n'est pas républicain. Il n'a aucun sens de ce qu'est une démocratie parlementaire, avec une majorité et une opposition. Cette dernière, quelle qu'elle soit, c'est-à-dire un ramassis de toutes sortes de gens depuis les aristocrates jusqu'au peuple exaspéré par la crise des subsistances qui se poursuit, doit être supprimée. Robespierre ne fait pas le décompte. À l'entendre on a le sentiment que, si la moitié des Français n'était ni républicaine, ni révolutionnaire, elle mériterait la mort.

Avec un tel fanatisme, on peut aller très loin dans le crime contre l'humanité. Et si Robespierre en avait eu les moyens techniques, que n'aurait-il fait ? Il faut se poser la question devant une telle exaltation, devant un fanatisme de la terreur déguisée en vertu suprême. Tout semble permis à Robespierre. Il est facile de comprendre que non seulement ceux qui n'ont pas la conscience tranquille à la Convention, et ils sont nombreux, mais aussi beaucoup d'autres membres écoutent ce discours étonnant non sans surprise et angoisse.

Il n'y a que la garde rapprochée, si je puis dire, de Robespierre, menée par Saint-Just, Couthon et son frère Augustin, qui se sent en plein accord avec un tel discours. Ils sont peu, mais ils sont si pleins d'une fièvre révolutionnaire qu'ils finissent par ne plus savoir ce qu'ils font ni ce qu'ils disent, emportés par le torrent de la Terreur qui a eu peu d'équivalents dans l'histoire du monde, sauf sous les dictatures européennes et au temps des guerres civiles du XX$^e$ siècle.

# Une révolution idéale par la Terreur ?

Nous n'entendons pas, à ce point de cette biographie, dresser le procès de Robespierre qui, hélas, n'aura jamais lieu, mais simplement tenter de comprendre la psychologie de cet homme, intelligent, cultivé, ayant apparemment toute sa raison, et sombrant non point dans une sorte de folie sanguinaire — il a des aides pour cela —, mais dans un égarement que la fatigue, l'insomnie, la fièvre ne font qu'accroître.

Robespierre est en pays d'utopie, tout comme son rêveur de maître, Rousseau, et on comprend mieux pourquoi il est courant de prétendre que Rousseau est le père de la Terreur, affirmation qui nous avait toujours surpris. Non, il est le père de la rêverie politique de la Révolution française, le père d'une philosophie qui prétend avoir toujours raison contre tous, et qui a engendré des révolutionnaires qui, comme Robespierre, l'ont suivie jusqu'au bout. Rome n'est pas non plus oubliée dans ce monde chimérique qui habite Robespierre et ses amis, au point de se croire transportés deux mille ans en arrière dans une confusion tragique entre les temps de l'Histoire qui nous paraît absurde et même démente, mais que les historiens eux-mêmes connaissent bien : cette impression de vivre, lorsque la passion s'en mêle, au plus près des personnages historiques, même très éloignés de soi et dans des temps très anciens, qui deviennent imperceptiblement des contemporains.

Quand l'imaginaire dépasse la réalité, quand l'aveuglement du présent ne trouve d'issue que dans la lumière du passé, on parvient à cette Terreur qui sera, hélas, suivie de beaucoup d'autres.

Au point capital que constitue ce discours du 17 pluviôse an II, cet arrêt sur Robespierre et ses motivations, qui ne peut être fait que de suppositions, sur sa forme de pensée et sur sa psychologie était nécessaire. L'homme qui hésitait à signer, tout jeune, un décret de peine de mort lorsqu'il était juge à Arras n'est plus le même. La Révolution en a fait un automate magistral de l'art oratoire et lui a donné une pensée aussi brillante que rhétorique d'où toute humanité semble s'être retirée, sinon celle d'un idéal vertueux aussi abstrait qu'irréalisable. Il ne faut l'accuser de rien. Il ne faut pas lui jeter la pierre : il faut être fataliste devant cet homme qui s'est tant donné à la politique qu'il a fini par être dévoré par elle, tout comme la Révolution finira par dévorer ses propres enfants.

Comme par hasard et une nouvelle fois, il tombe malade quelques jours après ce discours. On pourrait penser à une échappatoire comme il en a trouvé beaucoup dans sa vie. Mais la médecine psychosomatique moderne saurait poser un diagnostic plus sûr : Robespierre, surmené, doit sombrer certainement dans une dépression, peut-être dans le doute, peut-être dans le sentiment, qui n'est qu'une lueur passagère, qu'il s'est trompé et que la Révolution roule vers l'abîme. Il a certainement été souffrant puisque le 23 ventôse, 13 mars, il remercie les Jacobins de lui avoir adressé des marques de sympathie pendant sa maladie. Il lui reste un peu plus d'un trimestre à vivre.

L'agitation des sans-culottes ne s'est pas arrêtée. La loi du maximum qui interdisait toute spéculation sur le blé est mal appliquée et Robespierre montre une fois de plus qu'il n'est ni un économiste ni un corrompu, incapable de comprendre qu'on puisse faire des affaires sur le dos des citoyens les plus pauvres, ce que beaucoup de ses collègues moins naïfs comprennent et même approuvent, se livrant eux-mêmes à la spéculation ! La pureté de Robespierre est d'une candeur sans égale en politique : encore une manière de ressembler à Rousseau dont Voltaire, plus d'une fois armé de sa cruelle ironie, fustigea la naïveté, se moquant de sa théorie selon laquelle c'est la société qui dénature l'homme.

Pendant cette période d'abattement, c'est Saint-Just qui va prendre la relève et faire voter les impitoyables lois de ventôse qui créent une commission chargée de veiller au sort des suspects arrêtés, soit pour les déporter, soit pour les libérer, soit pour les traduire devant le Tribunal révolutionnaire, autrement dit pour les guillotiner. On privera les suspects devenus des coupables de leurs biens que l'on donnera aux pauvres. Saint-Just, contrairement à Robespierre, avait bien compris qu'il ne pourrait y avoir de Révolution réussie tant qu'il y aurait des indigents. Mais ces mesures sont à la fois timides et inapplicables et ne sont pas à la hauteur de l'enjeu que représente la sortie de la misère d'un très grand nombre de citoyens français.

Ces décrets sombreront vite dans l'oubli et l'agitation populaire, dirigée presque essentiellement par le club des Cordeliers, reprendra, ainsi que les disputes entre les différents clans pour savoir quelle est la meilleure façon d'agir devant la crise économique et pour faire plier la Convention en lui demandant des mesures de plus en plus drastiques.

Mais Robespierre semble avoir retrouvé sa santé, ayant bien senti le danger de cette fronde et, acclamé aux Jacobins, il fera arrêter la plupart des membres influents des Cordeliers, soit tout l'état-major des Enragés, dont Hébert, qu'il accusera d'être du parti de l'étranger. À la fin de ventôse an II, aux premiers jours du printemps 1794, les meneurs auront été guillotinés. La rupture est consommée entre ceux qui croyaient en une révolution sociale et Robespierre qui ne l'avait au fond jamais envisagée.

Cette fois-ci, c'est Danton qui se fait silencieux pendant que Robespierre réapparaît, guéri, et discourt à la Convention de nombreuses fois. Danton attend et observe car il n'ignore pas que Robespierre, qui a frappé à l'extrême gauche, va frapper à droite, c'est-à-dire éliminer les Indulgents, ceux qui, comme Camille Desmoulins, pensent que la paix est possible avec l'Angleterre.

Mais Robespierre poursuit son idée et entend abattre les Indulgents, y compris Danton si nécessaire. Il le dit nettement chez les Jacobins, le 1ᵉʳ germinal (21 mars 1794) :

> Ce n'est pas assez d'étouffer une faction, celle de Hébert, il faut les écraser toutes ; il faut attaquer celle qui existe encore avec la même fureur que nous avons montrée en poursuivant l'autre\* [...]. Oui, les armées seront battues si la dernière faction n'est pas anéantie demain, la République sera déchirée par les lambeaux, Paris sera affamé, vous tomberez vous-mêmes sous les coups des ennemis, et vous laisserez votre postérité sous le joug de la tyrannie[1].

Robespierre critique également aux Jacobins le discours que Tallien vient de faire devant la Convention affirmant que l'exécution des partisans d'Hébert fait la joie des aristocrates et des modérés. Il s'oppose à ce que son discours soit imprimé et diffusé.

On peut se demander s'il croit réellement à cette histoire de complot de l'étranger dont les Enragés et les Indulgents seraient, en quelque sorte, les porte-parole. On pourrait penser que non. Mais soyons cléments. Robespierre est à ce point emporté par ses déclamations et leur pathos qu'il finit par y croire, qu'il devient prisonnier de ses exagérations et de ses mensonges qu'il prend pour des vérités.

Des biographes en ont fait un paranoïaque, le mot nous semble trop fort, d'autant plus qu'il absoudrait Robespierre devant l'Histoire et le rendrait irresponsable. Il a simplement un ego des plus volumineux. Populaire et terrorisant, il est acclamé. Pourquoi pourrait-il penser qu'il se trompe ? Pourquoi même se poserait-il des questions sur ce qu'il

---

\* Robespierre fait ici allusion aux Enragés.

affirme, puisque tous semblent l'approuver et que ses ennemis tour à tour sont conduits à la guillotine ?

Il aura des entretiens avec Danton qu'il hésitera à traduire devant le Tribunal révolutionnaire parce qu'il serait obligé d'y entraîner aussi son ami, Camille Desmoulins, dont les écrits lui semblent contre-révolutionnaires. Mais le cynisme de Danton est contraire à la morale de Robespierre. Tous deux liés, ils étaient destinés à devenir adversaires. Le 11 germinal (31 mars), Robespierre s'oppose à ce que Danton soit entendu par la Convention, et c'est lui qui est chargé de justifier ces arrestations. Tâche pénible et difficile dont il s'acquittera aisément, ayant à l'esprit toutes les « ficelles » d'un art oratoire consommé :

> Nous verrons dans ce jour si la Convention saura briser une prétendue idole pourrie depuis longtemps ou si dans sa chute elle écrasera la Convention et le peuple français ! [...] En quoi Danton est-il supérieur à ses collègues ? À Chabot, à Fabre d'Églantine, son ami et confident dont il a été l'ardent défenseur ? En quoi est-il supérieur à ses concitoyens ? Est-ce parce que quelques individus trompés, et d'autres qui ne l'étaient pas, se sont groupés autour de lui pour marcher à sa suite à la fortune et au pouvoir ?
>
> [...] On veut vous faire craindre les abus du pouvoir, de ce pouvoir national que vous avez exercé et qui ne réside pas dans quelques hommes seulement. Qu'avez-vous fait que vous n'ayez fait librement, qui n'ait sauvé la République, qui n'ait été approuvé par la France entière ? [...] On se défie donc de la justice nationale ? [...] Je dis que quiconque tremble en ce moment est coupable ; car jamais l'innocence ne redoute la surveillance publique [...]. Et à moi aussi on a voulu inspirer des terreurs ; on a voulu me faire croire qu'en approchant Danton le danger pourrait arriver jusqu'à moi ; on me l'a présenté

comme un bouclier qui pourrait me défendre [...]. On m'a écrit ; les amis de Danton m'ont fait parvenir des lettres, m'ont obsédé de leurs discours ; ils ont cru que le souvenir d'une ancienne liaison, qu'une foi antique dans de fausses vertus me détermineraient à ralentir mon zèle et ma passion pour la liberté. Eh bien, je déclare qu'aucun de ces motifs n'a effleuré mon âme de la plus légère impression [...]. Que m'importent les dangers ! Ma vie est à la patrie, mon cœur est exempt de crainte, et si je mourais, ce serait sans reproche et sans ignominie [2].

Danton est aussitôt arrêté, ainsi que d'autres membres du Comité de salut public comme Delacroix, Desmoulins et Philippeaux. Saint-Just est le plus intransigeant dans cette affaire, en dépit de quelques réticences sentimentales de Robespierre qui livre ainsi ses amis à la mort. Déjà, il songe à éliminer quelques députés qui ont été ses amis mais qui refusent de le suivre dans ce jusqu'au-boutisme qui leur paraît suicidaire.

Le 16 germinal, 5 avril 1794, il exige que la question de Danton soit portée à l'ordre du jour des Jacobins et que ses activités de conspirateur soient dévoilées. Il se montre alors implacable :

Je demande que si quelque bon citoyen peut développer les circonstances affreuses qui dérivent du principe de cette conspiration, s'il peut vous faire part des détails importants qui n'ont pas été connus jusqu'à présent, qu'il monte à la tribune et qu'il fasse connaître la profonde scélératesse des conspirateurs qui voulaient nous entraîner dans le précipice où seuls ils sont tombés. C'est de cette manière que nous porterons des coups terribles, c'est ainsi que nous écraserons les ennemis de la liberté, et non par des mesures partielles et inconsidérées : c'est en allant droit à eux, c'est en attaquant de face et avec acharnement ; c'est en plongeant dans leur cœur le poignard de la justice que nous pourrons délivrer la liberté de tous les scélérats qui veulent la détruire[3].

On a retrouvé des notes de Robespierre sur Danton, mort sur l'échafaud peu de temps après ce discours, en germinal (avril 1794), coupable avec ses amis d'avoir voulu sauver des criminels, exécuté avec Camille Desmoulins et son épouse Lucile sans que leur ancien ami Robespierre n'ait éprouvé un quelconque état d'âme. Les phrases de Robespierre sont cinglantes, sans pitié. « Le mot de vertu faisait rire Danton ; il n'y avait pas de vertu plus solide, disait-il plaisamment, que celle qu'il déployait toutes les nuits avec sa femme. Comment un homme à qui toute idée morale était étrangère pouvait-il être le défenseur de la liberté ? » se demande Robespierre qui supporte mal, on le voit, qu'on lui parle de sexe, lui auquel on n'a jamais connu de maîtresses ni de compagnes affirmées. Sa misogynie est bien de son temps et de sa classe. Il poursuit :

> Une autre maxime de Danton était qu'il fallait se servir des fripons. Aussi était-il entouré d'intrigants les plus impurs. Il professait pour le vice une tolérance qui devait lui donner autant de partisans qu'il y a d'hommes corrompus dans le monde.

Et, comble pour une République à construire :

> Quand je montrais à Danton le système de calomnie de Roland et des brissotins, développé dans tous les papiers publics, Danton me répondait : Que m'importe ! L'opinion publique est une putain, la postérité une sottise[4] !

Un langage aussi grossier, venant de la part d'un homme qui ne l'était pas moins, heurtait la dignité et la rigueur de vocabulaire de Robespierre. Cet homme était vraiment inaccessible. Il était impossible qu'il ne chutât un jour du piédestal où il s'était installé et où il venait prophétiser dans le vide comme une Sibylle sur l'avenir radieux de la République et de la Révolution française et parler de sa mort prochaine.

Ce n'est pas la première fois que Robespierre parle de la mort. Il sait et il sent que les inimitiés s'accumulent, que son côté incorruptible finit par ne plus être compris, que son désir de Révolution permanente est d'ordre totalitaire, et que sa solitude, à présent que tous ses amis sont morts — et parmi eux nombreux sont ceux qu'il a fait exécuter —, est effrayante. Mais il a atteint un tel point de non-retour dans son idéalisme et ses convictions que peu lui importe. Il aura eu, selon lui, raison avant tout le monde et on voit bien qu'il croit à la gloire de sa postérité, ce en quoi il se trompe lourdement.

Robespierre ayant mis fin à la vie de ses ennemis, il serait normal qu'il apparaisse désormais comme le chef incontesté de la Révolution. Les Montagnards se demandent à qui désormais il peut bien s'attaquer. Il a fait le vide autour de lui, que reste-t-il alors ? Lui seul ? Évidemment tous ses biographes se précipitent sur ce qui leur apparaît comme une pathologie égocentrique. Je ne le pense pas. Robespierre est un homme trop réfléchi pour sombrer dans cette sorte de démence. Il croit encore que la France populaire est derrière lui, au-delà de la Convention qu'il méprise et dont, ayant éliminé les plus vils de ses représentants à ses yeux, il lui reste tout de même des collègues qui, faisant partie du Marais, ne se prononcent pas encore, mais n'en pensent pas moins.

Dans sa bouche, le peuple si souvent cité devient une fleur de rhétorique. L'ayant anéanti, en éliminant ses chefs, comme Hébert, il va s'empresser de lui ôter tout pouvoir en supprimant au printemps 1794 l'armée révolutionnaire, en créant la Commission des subsistances qui se substitue à la Commune, en abolissant les ministères qui sont transformés en commissions. Le club des Cordeliers a disparu, foyer de toute l'agitation radicalement populaire, les sociétés populaires elles aussi s'effacent et seul reste le club des Jacobins. Les ultras, comme Tallien à Bordeaux et Fouché à Lyon, sont rappelés à Paris tant leurs exactions sanguinaires sont effrayantes.

Mais ils s'en tireront avec la réprobation indignée de Robespierre. D'autres épurations des représentants en mission ont aussi lieu. Les commerçants, les négociants, si souvent attaqués par l'extrême gauche, ne sont plus suspects. La loi du maximum est écornée par une série de dérogations. Les Tribunaux révolutionnaires de provinces sont supprimés et les affaires judiciaires seront traitées par le seul Tribunal révolutionnaire de Paris. C'est le Comité de salut public qui régit l'ensemble de la Révolution au détriment du Comité de sûreté générale.

La Terreur en est-elle pour autant abolie ? Non, mais elle est centralisée à Paris. Le jacobinisme, qui est un terme aujourd'hui encore utilisé pour montrer la suprématie de Paris d'où partent tous les ordres et qui est le symbole de la centralisation, naît on peut le dire à ce moment-là, en ce temps où Robespierre craint les foucades, les soulèvements incontrôlables du peuple et, surtout, le fédéralisme pour lequel ont péri les Girondins. Le programme social de la Convention, maniée désormais par Robespierre, qui a devant lui quelques semaines pour tout diriger, est donc intentionnellement des plus minces.

Le 18 floréal (7 mai 1794), Robespierre monte à nouveau à la tribune de la Convention pour exalter l'idée de la Divinité dont il sent bien qu'elle est inexistante dans l'âme de ses collègues, presque tous athées. Il est étrange qu'en pleine période révolutionnaire, bien qu'il soit débarrassé de tous ses adversaires, l'orateur soit habité par cette préoccupation qui lui paraît capitale, comme le ferment d'une métaphysique au service de la Révolution :

> L'idée de son néant inspirera-t-elle à l'homme des sentiments plus purs et plus élevés que celle de son immortalité ? Lui inspirera-t-elle plus de dévouement pour la patrie, plus d'audace à braver la tyrannie, plus de mépris pour la mort ou pour la volupté ? [...] Si l'existence de Dieu, si l'immortalité de l'âme n'étaient que des songes, elles seraient encore la plus belle de toutes les conceptions de l'esprit humain [...]. Aux yeux du législateur, tout ce qui est utile au monde et bon dans la pratique est la vérité. L'idée de l'Être suprême et de l'immortalité de l'âme est un rappel continuel à la justice ; elle est donc sociale et républicaine [...]. Celui qui peut remplacer la divinité dans le système de la vie sociale est à mes yeux un prodige de génie ; celui qui, sans l'avoir remplacée, ne songe qu'à la bannir de l'esprit des hommes me paraît un prodige de stupidité ou de perversité [5].

Devant la division évidente de la Révolution, Robespierre semble en appeler à la Divinité, à Dieu, à la Foi, pour qu'ils soient les symboles du ciment social. Mais s'il prononce l'éloge de Rousseau, dont les cendres viennent d'être transportées au Panthéon, il attaque plus que jamais l'Église et tout ce qui est clérical. Et il termine par une profession de foi, évidemment très rousseauiste :

> Le véritable prêtre de l'Être suprême, c'est la nature, son temple l'univers, son culte la vertu, ses fêtes la joie d'un grand peuple rassemblé sous ses yeux pour resserrer les doux nœuds de la fraternité universelle et pour lui présenter l'hommage des cœurs sensibles et purs[6].

À ce point rousseauiste, qu'il ne pourra éviter de faire l'éloge de son inspirateur préféré :

> Un homme, par l'élévation de son âme et par la grandeur de son caractère, se montra digne du ministère de précepteur du genre humain. Il attaqua la tyrannie avec franchise, il parla avec enthousiasme de la divinité ; son éloquence mâle et probe peignit en traits de flamme les charmes de la vertu ; elle défendit ces dogmes consolateurs que la raison donne pour appui au cœur humain ; la pureté de sa doctrine puisée dans la nature et dans la haine profonde du vice, autant que son mépris invincible pour les sophistes, les intrigants, lui attira la haine et la persécution de ses faux amis. Ah ! S'il avait été témoin de cette Révolution dont il fut le précurseur et qui le porta au Panthéon, qui peut douter que son âme généreuse eût embrassé avec transport la cause de la justice et de l'égalité[7].

Ce n'est pas seulement le doctrinaire Rousseau que Robespierre loue, mais aussi le panthéiste de *La Profession de foi du vicaire savoyard* et l'adorateur de l'Être suprême dont Robespierre va appliquer intégralement la doctrine et en faire la religion d'État de la France. Le voici soudain lyrique et transporté dans des sphères poétiques tout à fait surprenantes. Mais il n'a pas oublié derrière cette phraséologie quasi mystique son but : celui d'unir les révolutionnaires entre eux, lui qui a tout de même contribué à les diviser, voire à les éliminer par la Terreur.

Ce qui est encore plus étrange c'est que, en conclusion, Robespierre proposera un décret qui, certes, consacre l'existence de l'Être suprême, mais aussi des fêtes, des anniversaires et des commémorations révolutionnaires, mais encore, et personne ne l'a encore souligné, demande qu'on voue également un culte à des entités abstraites, ce qui était le propre de la religion païenne romaine, toujours prompte à déifier tout ce qui concernait les rapports entre les hommes, c'est-à-dire les sentiments et les différents âges de leurs vies. Ceux-ci sont pratiquement élevés par Robespierre au rang de divinités puisqu'il demande qu'on célèbre aux jours de décadi des fêtes à la Liberté et à l'Égalité, à la République, à la Vérité, à la Justice, à la Pudeur, à l'Amitié, au Courage, à l'Héroïsme, à l'Amour, à l'Enfance, à la Jeunesse, à l'Âge viril\*, à la Vieillesse, à nos Aïeux\*\*, au Bonheur, etc. Varron qui disait, ironiquement, que les Romains avaient 30 000 dieux, pensait à toutes ces entités abstraites qu'évoque Robespierre avec le plus grand naturel.

---

\* On remarquera l'adjectif *viril* emprunté à la fameuse « toge virile » que revêtaient ceux qui, à Rome, étaient devenus des adultes.
\*\* Très proches des dieux lares, mânes romaines des ancêtres, protectrices des demeures.

Si naturel même qu'à l'article 13 de son décret, il propose :

> Il sera célébré le 20 prairial prochain une fête nationale en l'honneur de l'Être suprême. David est chargé d'en présenter le plan à la Convention nationale[8].

Les propositions de Robespierre sont toutes acceptées. Celui-ci est même élu président de la Convention le 20 prairial, et gère personnellement la fête de l'Être suprême. Il est parvenu au sommet.

Charles Nodier, dans ses *Souvenirs de la Révolution et de l'Empire*, a raconté cette fête, entre palinodie et ridicule :

> L'habit de cérémonie des conventionnels faisant la Fête-Dieu par ordre de Robespierre, était bleu barbeau, noué de la ceinture tricolore. Leurs sabres, leurs chapeaux, leurs rubans, leurs panaches, la majesté affectée de leur marche processionnelle, ce mélange d'hiérophantisme et de patriciat sauvage, ces cris d'un peuple émerveillé à qui l'on vient de rendre Dieu par décret, il faut avoir vu cela pour le croire et comprendre que tout cela était très beau. Chaque député tenait un bouquet de fleurs. Robespierre portait seul un habit bleu foncé. Il avait un bouquet sur le cœur et un bouquet énorme à la main. Il lui était difficile de donner à sa morne physionomie l'expression du sourire qui n'a peut-être jamais effleuré ses lèvres ; mais je me souviens qu'il tenait levés avec fierté sa tête blême et son front lisse et que son œil, ordinairement voilé, exprimait quelque tendresse et quelque enthousiasme[9].

Ce cortège arrive au Champ-de-Mars où doit avoir lieu la cérémonie, après être passé au jardin des Tuileries où Robespierre met le feu aux symboles de l'athéisme et de la superstition. À ce propos Benjamin Constant aura cette phrase définitive, évoquant Robespierre comme « le plus stupide de nos tyrans qui crut égaler Mahomet en fabriquant une religion[10] ».

La Terreur est-elle alors toujours à l'ordre du jour ? Elle qui avait été décidée et suivie par une direction collective est à présent entre les mains d'un seul homme, Robespierre.

Or celui-ci vient d'échapper à deux attentats. Le 3 prairial, un certain Admirat, n'ayant pu trouver Robespierre pour l'assassiner, a tiré deux coups de pistolet sur Collot d'Herbois qu'il a manqué. Le lendemain, Cécile Renault parvient jusque dans la demeure de Robespierre, avec deux couteaux sur elle, mais elle est arrêtée. Robespierre a fait allusion plusieurs fois dans ses discours à sa vie menacée. Il a semblé y être indifférent ou apparaître comme l'homme qui se sacrifiait à la Révolution. Mais il semble que ces deux tentatives d'assassinat, sans doute isolées, l'aient soudain profondément bouleversé.

Épuisé, au bord de la dépression, celui qui apparaissait comme un homme qui sait se contrôler se sent soudain à la merci du premier assassin venu. Il se croit entouré d'ennemis, même au sein de la Convention, largement épurée par ses soins. Il s'imagine l'objet de complots aux multiples ramifications. Il ne supporte pas non plus ceux qui, en qualité d'envoyés en mission, ont fait tant de zèle qu'ils ont répandu sans doute du sang innocent. Il pense qu'en agissant ainsi en son nom, ils l'ont désigné pour cible. Bref, il est atteint du syndrome de tous les tyrans qui croient trouver en chacun de leurs amis des criminels ou des tueurs en puissance. Il faut dire que son caractère s'est considérablement aigri, qu'effectivement les révolutionnaires commencent à se lasser de cette Terreur qui n'en finit pas.

Le 7 prairial (26 mai 1794), Robespierre fait un long discours à la Convention sur les ennemis de la nation. Il semble, à l'entendre, qu'ils sont partout. Il voit des conspirateurs prêts à frapper. Il profère des phrases qu'on peut qualifier de délirantes : « Réjouissons-nous et rendons grâce au ciel, puisque nous avons assez bien servi notre patrie pour avoir été jugés dignes des poignards de la tyrannie[11]. » Il se montre persuadé que les personnes qui ont voulu l'assassiner avaient été armées par les ennemis extérieurs. Il se dit « entouré d'assassins », et il déclare, menaçant : « Plus ils se dépêchent de terminer ma carrière ici-bas, plus je veux me hâter de la remplir d'actions utiles au bonheur de mes semblables. » Il se dit prêt à laisser un testament qui « fera frémir les tyrans » et à « révéler des secrets redoutables ». Et il laisse entendre dans la suite de son discours que, non seulement le régime dit de la Terreur n'est pas achevé, mais qu'il doit s'amplifier. « En disant ces choses, j'aiguise contre moi des poignards, et c'est pour cela même que je le dis. » Et il conclut : « Nous tracerons de notre sang la route de l'immortalité[12]. »

Et rentrant chez Duplay, quelques jours plus tard, après avoir célébré la fête de l'Être suprême, il lui dira : « Vous ne me verrez plus longtemps[13]. »

Mais il a chargé Couthon, le 22 prairial (10 juin),

de renforcer les attributions du Tribunal révolutionnaire :

> Il est évident, dit ce paralytique qui doit en vouloir à la terre entière de son infirmité, que le délai pour punir les ennemis de la patrie ne doit être que le temps de les reconnaître. Il s'agit moins de les punir que de les anéantir. Une révolution, comme la nôtre, n'est qu'une succession rapide de conspirations, parce qu'elle est la guerre à la tyrannie contre la liberté, du crime contre la vertu. Il n'est pas question de donner quelques exemples, mais d'exterminer les implacables satellites de la tyrannie ou de périr avec la République [14].

Les fameuses lois de Prairial, renforçant inopinément et sans nécessité l'arsenal répressif de la Révolution, sont décrétées. Mais dès la chute des Girondins en juin 1793, la Terreur avait déjà commencé à se mettre en place par toute une série de mesures évoquées plus haut.

Le résultat sera probant : du 11 ventôse an I (1er mars 1793) au 22 prairial an II (10 juin 1794), soit une durée de quinze mois, il y a eu moins de condamnations à mort que du 22 prairial an II au 9 thermidor (26 juillet 1794), soit un mois et demi, 1 251 pour la première tranche, et 1 376 pour la seconde, rien que pour Paris !

Des historiens robespierristes prétendent que ni Couthon, ni Saint-Just, ni Robespierre ne peuvent être tenus pour responsables de cette hécatombe, pour se demander, ce qui est tout de même leur donner tort, pourquoi ils ne l'ont pas prévenue et nous allions ajouter : « prévue ». Ces historiens parlent « d'erreur tragique ». C'est le moins qu'on puisse dire de cette cruauté disproportionnée. Pour avoir manqué d'être assassiné, Robespierre semble avoir voulu faire payer à la France ces tentatives avortées contre sa personne. On peut effectivement parler alors de sa dictature qui va s'exercer pendant un peu plus d'un mois, qui sera terrible et, surtout, animée d'un effrayant délire de persécution.

Lui qui s'était acharné contre les massacreurs, le voici incontestablement devenu l'un d'entre eux. Autant ses appels à la vertu, son idéal républicain hérité des grandes figures romaines, ses exhortations à ne pas faillir devant les ennemis de l'extérieur et de l'intérieur pouvaient sembler justifiés dans une France révolutionnaire, autant sa demande d'amplification de la Terreur ne se justifie plus : elle est le fruit d'un esprit qui n'a plus toute sa raison parce que emporté par un fanatisme qui l'aveugle.

Le Comité de sûreté générale n'a pas été consulté sur ces lois draconiennes de Prairial. Les conventionnels sont d'autant plus inquiets qu'ils se sentent menacés, et cela d'autant plus qu'il n'est nullement précisé que, pour traduire un de ses membres devant le Tribunal, il faut l'accord de la Convention. Un des membres de celle-ci demande l'ajournement de ce décret du 22 prairial. Robespierre bondit à la tribune, furieux, prétendant que « depuis longtemps la Convention nationale discute et décrète sur-le-champ, parce que depuis longtemps elle n'est plus asservie à l'empire des factions[15] ». Bref, il réclame l'unanimité. C'est pour les députés donner un blanc-seing à Robespierre et pour beaucoup se retrouver un jour devant le Tribunal, puis sur les marches de l'échafaud.

Mais l'ascendant de Robespierre est si fort, il effraie tant l'Assemblée que celle-ci finit par voter les lois de Prairial qui renforcent la Terreur. Même si le lendemain on prétend que c'est contraire au droit de la Convention de mettre elle-même ses membres en accusation.

Couthon se met en colère deux jours plus tard et prétend que jamais le Comité de salut public n'a voulu attaquer ce droit. Un mensonge qui inquiète un peu plus les conventionnels. Que Couthon ait été furieux montre bien qu'il se sent attaqué ainsi que ses collègues sur un point que lui et ceux-ci ont laissé exprès dans le vague. Robespierre appuie Couthon, mais s'enferre dans deux erreurs monumentales en déclarant que la Montagne a cessé d'exister comme parti puisque ses membres sont automatiquement tous unis et tous du même avis. Cette déclaration, qui est une véritable négation de la démocratie parlementaire, n'étonne pas les députés mais provoque chez eux une angoisse grandissante. Et Robespierre d'ajouter que désormais à la Convention, il n'y a que deux partis, « les bons et les méchants [16] » ! Chacun doit se demander alors si Robespierre le juge bon ou méchant. Personne au fond ne le sait. Les conventionnels ont l'impression d'être à la discrétion d'un dictateur qui a désormais pouvoir de vie et de mort sur eux. Et le sang dans les rues continue de couler : une femme de ménage, qui avait manifesté son mécontentement à la porte d'une boucherie parisienne, est guillotinée !

# Un dictateur déguisé ?

Un débat s'ensuit en ce matin du 24 prairial (12 juin), où ceux qui se sentent menacés interpellent Robespierre qui rappelle que des intrigants se trouvent encore peut-être dans la Montagne. « Nommez-les », lui crie-t-on, et Robespierre de répondre, faisant planer la terreur sur la Convention : « Je les nommerai quand il faudra[1]. » Chacun se sent alors désigné. Aucun député, à part le cercle très rapproché de Robespierre, ne se sent à l'abri d'une accusation qui l'enverrait aussitôt à la guillotine.

Robespierre, le 13 messidor (1ᵉʳ juillet 1794), justifie une nouvelle fois la Terreur. Il ne sait pas qu'il n'a plus que quelques semaines à vivre :

De tout temps les ennemis de la patrie ont voulu assassiner les patriotes au physique et au moral. Aujourd'hui, comme dans tous les temps, on s'efforce de jeter sur les défenseurs de la république un vernis d'injustice et de cruauté. On dénonce comme des attentats contre l'humanité la sévérité employée contre les conspirateurs. Celui qui protège et favorise ainsi les aristocrates combat par là même les patriotes ; il faut que la révolution se décide par la ruine des uns et des autres [...].

Quant à moi, quelque effort que l'on fasse pour me fermer la bouche, je crois avoir autant le droit de parler que du temps des Hébert, des Danton, etc. Si la providence a bien voulu m'arracher des mains des assassins, c'est pour m'engager à employer utilement les moments qui me restent [2].

Le 26 messidor (14 juillet 1794), il attaque Fouché aux Jacobins :

J'appelle ici Fouché en jugement. Qu'il réponde, qu'il dise qui de lui ou de nous a soutenu plus dignement les droits des représentants du peuple et foudroyé avec plus de courage toutes les factions ? [...] Jamais la vertu ne sera sacrifiée à la bassesse, ni la liberté à des hommes dont les mains sont pleines de rapines et de sang [3].

Visiblement, il n'a pas pardonné à Fouché ses cruautés lors de la répression à Lyon où il avait été envoyé en mission. Fouché dans ses *Mémoires* ne sera pas plus tendre avec son ancien complice : « Un seul dans la Convention semblait jouir d'une popularité inattaquable : c'était l'Artésien Robespierre, plein d'astuce et d'orgueil, être envieux, haineux, vindicatif, ne pouvant que se désaltérer du sang de ses collègues ; et qui par son aptitude, sa tenue, la suite de ses idées et l'opiniâtreté de son caractère, s'élevait souvent au niveau des circonstances les plus terribles [4]. »

Les opposants à Robespierre ont trouvé un moyen légal de le contrer sournoisement en organisant des banquets patriotiques, comme cela se fera à la fin du règne de Louis-Philippe en 1847. Naturellement, Robespierre voit dans cette initiative un nouveau complot, comme il le dira le 28 messidor (16 juillet), aux Jacobins :

> Les calomnies contre le gouvernement révolutionnaire et aussi contre le tribunal révolutionnaire, les persécutions dirigées contre les patriotes énergiques et probes ont un rapport intime avec ces banquets. Des intrigants adroits voulaient s'y glisser et amener, s'il eût été possible, une amnistie pour les conspirateurs [5].

Robespierre se retire une nouvelle fois, selon sa tactique qui est de vilipender, d'accuser ou de proposer toujours plus de révolution, puis de se confiner dans un silence qui ne peut être interprété que comme hostile. Le 27 prairial (15 juin) éclate l'affaire Vadier. Une femme, Catherine Théot, proférant des idées révolutionnaires radicales, et se prenant pour la « Mère de Dieu », semble avoir des visions et entraîner derrière elle de pauvres cervelles que la Révolution a quelque peu dérangées. Elle est naturellement une robespierriste fanatique. Un certain Vadier fait un rapport sur elle à la Convention qui vise en apparence à la déconsidérer, mais surtout à porter un coup à Robespierre, objet du délire d'une folle illettrée, qui voit en lui « son premier prophète [6] ».

De là à déduire que les partisans de Robespierre sont tous des illuminés de la cervelle, il n'y a qu'un pas. La Convention, qui craint par-dessus tout quelques nouveaux coups d'éclat de Robespierre, décide de traduire la pauvre femme devant le Tribunal révolutionnaire. Toute cette opération, montée de toutes pièces par les ennemis de Robespierre, a pour but unique de le déconsidérer et de le tourner en ridicule.

Robespierre exige alors de Fouquier-Tinville, président du Tribunal révolutionnaire, qu'il lui remette le dossier de cette affaire, ce que celui-ci, qui déteste Robespierre, fait de mauvaise grâce. Ce dernier comprend qu'il s'agit d'un début de complot visant à affaiblir sa crédibilité et demande que la « Mère de Dieu » ne soit pas traduite devant le Tribunal révolutionnaire !

Le Comité de sûreté générale conteste Robespierre qui en est de moins en moins le maître. Ce dernier va jusqu'à exiger que Fouquier-Tinville soit révoqué, ce qui est une erreur supplémentaire. Décidément, l'avocat d'Arras ne contrôle plus sa raison ni ses nerfs et se fait chaque jour de nouveaux ennemis, avec une sorte de délectation morose et désespérée qui a été bien remarquée par ceux qui l'ont alors approché. Son attitude est proprement suicidaire. D'autant plus que ses amis sont absents ou en mission, comme Saint-Just. Lorsque celui-ci revient, c'est pour annoncer au Comité de sûreté générale, le 10 messidor (28 juin), que Kléber et Marceau se sont couverts de gloire et qu'une brillante victoire a été remportée par les armées françaises à Fleurus en Belgique. Mais Saint-Just est atterré de voir que des disputes et des insultes sont échangées au sein du comité, notamment par Billaud-Varenne et Collot d'Herbois qui accusent Robespierre d'être devenu un dictateur.

Billaud-Varenne, qui sera déporté en Guyane et y mourra en 1819, pour avoir été un moment le complice de Robespierre, écrit dans ses *Mémoires* :

> Dans la Convention nationale, Robespierre se trouva bientôt le seul qui, fixant sur sa personne les regards, acquit tant de confiance qu'elle le rendit prépondérant de sorte que, lorsqu'il est arrivé au Comité de salut public, il était déjà l'être le plus important de la France. Si l'on me demandait comment il avait réussi à prendre tant d'ascendant sur l'opinion publique, je répondrais que c'est en affichant les vertus les plus austères, le dévouement le plus absolu, les principes les plus purs [7].

Il n'était plus alors de mode, lorsque Billaud-Varenne écrivait ses souvenirs, d'accuser Robespierre de dictature. Mais en juillet 1794, aucun conventionnel ne se privait de le faire. Furieux, Robespierre quitte le comité, suivi de Saint-Just. Il n'en refranchira jamais la porte. Il sait aussi qu'on vient d'arrêter un royaliste qui s'est introduit chez les Duplay avec quelques armes tranchantes. Plus que jamais, il se sent entouré de comploteurs, vrais ou imaginaires, qui en veulent à son existence.

En revanche, dès le 1er thermidor (19 juillet), soit une semaine avant sa mort, il réapparaît au club des Jacobins qui avait été pour lui une seconde tribune et dont les membres lui étaient restés fidèles. Il prononce alors un discours où on sent à la fois le fiel de la fureur et l'amertume de celui qui se sent incompris. Il est toujours utile de donner des passages importants de ses discours, surtout à la fin de sa vie. Ils parlent pour lui, ils expriment l'homme et le montrent dans toute sa foi révolutionnaire intacte, mais comme brisée : décidément la Révolution française, qu'il espérait vertueuse, pure et idéale, ne méritera plus à ses yeux ces trois épithètes. Son idéal s'écroule, forgé chez les Romains, et il est bien près de penser que lui, Robespierre, ressemble de plus en plus aux derniers défenseurs de la République romaine et que, comme eux, il risque de succomber. Il s'écrie du haut de la tribune des Jacobins :

> Déjà sans doute on s'est aperçu que tel patriote qui veut venger la liberté et l'affermir est sans cesse arrêté dans ses opérations par la calomnie qui le présente aux yeux du peuple comme un homme redoutable et dangereux*... On se croit assez fort pour calomnier le Tribunal révolutionnaire et le décret de la Convention concernant son organisation. On va même jusqu'à révoquer en doute sa légitimité [...]. On a osé répandre dans la Convention que le Tribunal révolutionnaire n'avait été organisé que pour égorger la Convention elle-même. Malheureusement cette idée a obtenu trop de consistance [...]. À Londres on me dénonce à l'armée française comme un dictateur. Les mêmes calomnies ont été répétées à Paris : vous frémiriez si je vous disais dans quel lieu. À Londres**, on me dépeint comme l'assassin des honnêtes gens [...]. À Paris, on dit que c'est moi qui ai organisé le Tribunal révolutionnaire, que ce Tribunal a été organisé pour égorger les patriotes et les membres de la Convention ; je suis dépeint comme un tyran et un oppresseur de la représentation nationale [...]. Si l'on me forçait de renoncer à une partie des fonctions dont je suis chargé, il me resterait encore ma qualité de représentant du peuple et je ferais une guerre à mort aux tyrans et aux conspirateurs [...]. Je continuerai de démasquer les traîtres et de défendre les opprimés[8].

Nous pouvons utiliser ici le terme contemporain de « paranoïa », celle de tous les dictateurs sur le déclin et qui se voient entourés de comploteurs. Venant de Hitler, de Staline, de Ceausescu, ce sont

---

\* On reconnaît bien là un autoportrait de Robespierre !
\** Londres est, rappelons-le, un foyer d'émigrés.

des attitudes pathologiques quasi normales, mais venant d'un homme comme Robespierre qui ne vivait pas dans un palais, travaillait jour et nuit et menait une vie frugale et sage, sans tirer profit du peuple, venant de celui qui voulait tirer les leçons que lui avaient léguées les républicains romains et les idées politiques et métaphysiques d'un Rousseau, on éprouve un indicible sentiment de tristesse et d'incompréhension.

Robespierre n'est pas un dictateur sanguinaire, pervers et cruel, il est pire, il est sûr de la pureté de ses idées politiques.

On ne saurait donc au point où sa chute commence, inexorable, l'accabler, comme on vilipende les tyrans les plus sanguinaires. Ce serait un contresens et, surtout un anachronisme peu admissible.

Comme il l'a fait bien des fois, lorsqu'il sentait que la situation lui échappait, il se retire, non point pour abdiquer ses pouvoirs de député à la Convention, mais sans doute pour essayer de comprendre comment il pourrait reprendre la main, comment il pourrait encore faire avancer la Révolution jusqu'à la vertu la plus grande, au milieu des ennemis qui l'entourent. Il l'a assez déclaré, comme les Cicéron, les Cassius, les Caton d'Utique, il ne craint pas la mort puisqu'il n'a rien à se reprocher. Les noyades de Carrier, les cruautés sadiques de Fouché, les violences sanglantes des envoyés en mission, il les assume totalement. Il peut être considéré au point où il en est arrivé comme un mystique révolutionnaire, comme saint Dominique combattant les cathares et se considérant à ses yeux comme le bras de Dieu et de la juste Inquisition.

Nous ne pensons pas que la comparaison soit outrée. La politique, lorsqu'elle est conçue avec la candeur effrayante de Robespierre, qui pense que tous les moyens sont bons pour arriver à un homme nouveau plein de bonté et de vertu, et que doit épanouir la Révolution, n'est plus de la politique : elle devient quasiment une religion.

Et quand on connaît le déisme de Robespierre, on peut penser qu'il se prend pour une sorte de moine intrépide, armé et combattant pour la juste cause de la vraie foi révolutionnaire.

Son absence volontaire ne lui est cette fois-ci pas favorable. Il ne se doute pas suffisamment que, pendant ce temps, ses adversaires se concertent et échafaudent des plans pour l'éliminer, non pas physiquement dans un premier temps, mais politiquement. Naturellement, les charrettes des condamnés à mort qui sillonnent Paris, notamment vers l'actuelle place de la Nation, permettent aux détracteurs de Robespierre de l'en rendre responsable totalement. Il est vrai qu'il ne connaît pas tous les condamnés à mort qu'on exécute par centaines chaque jour, mais il a donné le branle à une machine infernale, une machine à tuer qui non seulement ne s'arrête pas, mais s'emballe.

Sent-il sa responsabilité devant ces milliers de morts de la Révolution dont il s'est fait l'apôtre ? Rien ne permet de le penser. Aucune phrase de contrition ne sortira de sa bouche, aucun sentiment de culpabilité et de responsabilité dans ces véritables massacres d'innocents immolés à la pureté révolutionnaire ne viendra lui effleurer l'esprit : du moins, il n'en fera jamais état dans les discours qui vont suivre, sinon pour se disculper, comme à son habitude. Certes, nous ne pouvons alors entrer dans la conscience intime de Robespierre… Éprouve-t-il seulement des doutes sur le bien-fondé de cette purification de la Révolution par le sang ? Nul ne le saura jamais.

Une Anglaise, Miss Helena Maria Williams, a publié, dans ses *Souvenirs sur la Révolution française*, ces lignes sur Robespierre qui le montrent insensible et implacable :

> Robespierre m'apparut comme l'un de ces êtres mystiques, éloignés de notre nature, dont la destinée est de se montrer dans ce monde sans modèle ni successeur, et d'en disparaître en laissant une traînée de sang. Son cœur ne communiquait avec aucun autre. Son âme farouche était cuirassée d'égoïsme. Il envoyait les gens à l'échafaud avec autant d'indifférence qu'il en eût mis à balayer un petit obstacle dans son chemin. La nature lui avait refusé le don des remords […]. Il y avait quelque chose d'extrêmement étrange dans son regard. J'ai conservé encore l'impression que ses yeux féroces produisirent sur moi, lorsque leurs livides lueurs perçaient au travers de ses lunettes vertes [9].

Pour accroître l'hostilité des conventionnels à l'égard de Robespierre, ses ennemis les plus acharnés, presque tous les membres de la Convention, font circuler des listes de noms des collègues dont l'Incorruptible souhaiterait la mort. Tout cela sans preuves, mais pour accentuer l'angoisse de ceux qui, dans l'Assemblée révolutionnaire, ont plus d'une chose à se reprocher et qui se sentent visés, eux qui sont la plupart du temps soit des modérés, soit des corrompus, fautes majeures aux yeux de Robespierre. Bref, l'air de la calomnie auquel

Robespierre est habitué s'enfle et même prend des proportions si inquiétantes qu'il est contraint de sortir de sa retraite chez les Duplay et de son silence pour se rendre, le 21 messidor (le 9 juillet 1794), à la tribune des Jacobins.

Au lieu de prononcer un discours apaisant, il va, au contraire, justifier la Terreur, donnant ainsi à croire qu'elle n'est pas sur le point de se terminer. C'est une erreur qui va augmenter les soupçons de ceux qui se sentent concernés par la guillotine. Robespierre semble alors perdre le sens commun, ou du moins, il se garde bien de se montrer diplomate dans ses propos, ce qu'il n'a d'ailleurs jamais fait. Raison de plus, à ses yeux, pour montrer qu'il ne cédera pas et qu'il restera intransigeant :

> Tous les scélérats ont abusé de la loi* qui a sauvé la liberté et le peuple français. Ils ont feint d'ignorer que c'était la justice suprême que la Convention avait mise à l'ordre du jour, c'est-à-dire le devoir de confondre les hypocrites, de soulager les malheureux et les opprimés, de combattre les tyrans. Ils ont laissé à l'écart ces grands devoirs et s'en sont fait un instrument pour tourmenter le peuple et perdre les patriotes [...]. Si les fonctionnaires publics avaient fait ces réflexions, ils auraient trouvé peu de coupables à punir, car le peuple est bon, et la classe des méchants est la plus petite [10].

Autrement dit, s'il y a eu des abus, la faute en incombe aux conventionnels eux-mêmes et aux exécutants du Tribunal révolutionnaire. Mais on remarquera que Robespierre ne cherche nullement à dénoncer le procureur Fouquier-Tinville, pas plus qu'à épurer les membres du Comité de sûreté géné-

---

* Celle du 22 prairial instituant la Terreur.

rale, comme il ne prononce aucun nom de ses collègues dont il est notoire qu'ils ont abusé de leur pouvoir à Paris et en Province pour faire régner une Terreur disproportionnée et souvent inutile. Le thème du peuple bon est cher à Rousseau, Robespierre le reprend sottement à son compte, il faut l'avouer, et avec un rien de condescendance, puisqu'il semble assimiler le peuple à l'homme primitif qui est né, lui aussi, bon par nature. Nous nous trouvons avec ces paroles de Robespierre sur le terrain du sophisme, de l'abstraction et loin de la réalité des échafauds où coule le sang des condamnés, parfois sans preuves.

Bien entendu, Robespierre a eu vent de la liste de proscriptions qui court à la Convention et où seraient inscrits les noms de ses ennemis qu'il serait prompt à faire condamner. Il n'est pas inintéressant de rappeler que des listes de proscriptions couraient elles aussi à la fin de la République romaine et visaient les républicains : Cicéron en fut une des premières victimes après la formation du triumvirat d'Octave, Marc Antoine et Lépide, qui firent la chasse à tous les opposants et à leurs menées personnelles factieuses visant à abattre la République. Si Robespierre fait souvent des allusions claires à la République romaine et à l'Antiquité, il sait aussi pratiquer sur ce plan-là des sous-entendus historiques qu'il convient de déceler. Il fait naturellement dans son discours état de cette fameuse liste des suspects qui circulent à la Convention et dont on dit qu'il y puisera ses prochaines victimes. C'est naturellement pour s'en indigner :

> On cherche à persuader chaque membre que le Comité de salut public l'a proscrit. Ce complot existe [...]. On veut forcer la Convention à trembler, on veut la prévenir contre le Tribunal révolutionnaire et rétablir le système de Danton, de Camille Desmoulins. On a semé partout les germes de divisions [...]. J'invite tous les membres à se mettre en garde contre les insinuations perfides de certains personnages qui, craignant pour eux-mêmes, veulent faire partager leurs craintes [11].

Mais ce discours, qui reste tout de même imprécis quant aux têtes que Robespierre voudrait, on peut en être sûr, voir encore tomber, ne fait qu'augmenter le malaise de la Convention qui continue à comploter sournoisement contre son omnipotence qu'elle juge intolérable. Un Dubois-Crancé, qui a été chassé de la Société des Jacobins, dit que Robespierre y règne en maître, de même Fouché, l'exécuteur des basses œuvres de la Révolution, ce que Robespierre n'ignore pas, est aussi du complot parce qu'il a beaucoup à se faire pardonner.

Mais les conventionnels n'ignorent pas non plus que Robespierre jouit dans la population d'un grand prestige et que l'attaquer et le faire tomber présente des risques de guerre civile non négligeables. Les deux Comités, celui de salut public et celui de sûreté générale, trouvent chacun des adversaires de Robespierre pour faire alliance. Cette sorte de coalition est dirigée par Barère. Ce dernier tente de se rapprocher de Saint-Just, pourtant grand ami de Robespierre mais qui, lui aussi, trouve que la Terreur prend par ses excès une tournure dangereuse pour la Révolution et rassemble de plus en plus de mécontents, y compris au sein du peuple qui est plus durement frappé qu'on ne l'a prétendu. Saint-Just, sans se compromettre, demande à ses collègues de la tempérance et de la réflexion sur ce problème et, surtout, de ne pas tremper dans un complot contre Robespierre qui serait fatal à la bonne marche de la Révolution. Barère est prêt à le suivre.

Dans les campagnes sont servis des banquets plus ou moins organisés par ceux qu'autrefois on nommait les Indulgents et dont on pouvait penser que leurs têtes ne pesaient pas lourd sur leurs épaules. On y invite le peuple et on discute ouvertement de la nécessité de la fin de la Terreur et de la reprise des affaires, d'autant plus que les nouvelles des victoires françaises contre la coalition austro-prussienne sont nombreuses et donc qu'il est à présent inutile de poursuivre une politique aussi impitoyable contre les ennemis de l'intérieur qui n'ont plus le soutien des émigrés et des armées étrangères.

Robespierre dénonce évidemment cette politique d'apaisement qui risque de démobiliser le peuple et, par conséquent, de remobiliser les contre-révolutionnaires. La Commune de Paris donne alors l'ordre que cesse aussitôt ce genre de fraternisation qui mêle les amis et les ennemis de la Révolution dans un amalgame périlleux.

Robespierre dit ce que répétera sans cesse Clemenceau en 1917 et jusqu'à la victoire : il fait la guerre. Joseph de Maistre ne s'y est pas trompé qui idéologiquement est à l'opposé de Robespierre et qui dans ses *Considérations sur la France* sera obligé d'avouer : « Comment résister à la Coalition ? Par quel moyen surnaturel briser l'effort de l'Europe conjurée ? Le génie infernal de Robespierre pouvait seul opérer ce prodige, et fut le seul moyen de sauver la France[12]. »

Il est vrai aussi que la guerre coûte cher et que le Comité de salut public réquisitionne denrées et céréales pour les troupes, provoquant parfois des troubles dans les campagnes menacées par la famine. Certes, la loi du maximum qui imposait un prix plancher pour les denrées de première nécessité existe toujours, mais elle n'est pas souvent appliquée, alors que la même loi qui imposait un maximum des salaires l'est toujours. Cela provoque des émeutes, notamment chez les ouvriers agricoles qui, en réponse, sont réquisitionnés, faute d'être considérés comme suspects. Cette mise au pas d'une partie de la population est mal perçue et joue sans doute aussi contre Robespierre, ce que ses adversaires ont bien compris, qui ne se sont pas opposés à des mesures aussi impopulaires : pendant tout le printemps et le début de l'été 1794, c'est le machiavélisme politique qui entre en force à la Convention.

La récolte est mauvaise, la crise économique évidente, on craint la disette comme aux pires moments de l'Ancien Régime. Là aussi les deux Comités, salut public et sûreté, essayent de s'entendre pour calmer le jeu et les esprits. Mais le mécontentement et ses répercussions vont plus vite que la temporisation qu'essayent de mettre en place les deux Comités, qui se réunissent le 4 thermidor (22 juillet), en présence de Saint-Just, mais toujours en l'absence de Robespierre, même si tout le monde a compris que le premier représente la pensée du second. On décide de créer des commissions d'enquête, ce qui est une façon bien connue d'enterrer les problèmes, sur la politique économique et sur la responsabilité de l'étranger qui répand de faux bruits sur des citoyens au-dessus de tout soupçon. Toujours cette peur presque constante sous la Révolution, lorsque celle-ci est incapable de résoudre des problèmes, qui fait accuser l'étranger et voir dans les ennemis de la France des comploteurs sans nombre. C'est pour la France se défausser trop facilement de ses responsabilités. Le parti de l'étranger est une vieille rengaine dans la France contemporaine qui ne cessera jamais et qui est née sous la Révolution. Souvenons-nous, pendant la drôle de guerre en 1940, des « oreilles ennemies qui vous écoutent ».

Le 5 thermidor (le 23 juillet), quelques jours avant la mort de Robespierre, les deux Comités le convoquent pour lui demander des explications sur son absence et ses silences. Robespierre contre toute attente est présent, avec Saint-Just, et le peintre Louis David, mais on ne sait pas ce que Robespierre a dit ou demandé, sinon que Billaud-Varenne a proclamé que tous étaient amis dans cette assemblée improvisée. En revanche, on connaît les propositions et les décisions de Saint-Just qui tentent d'aller dans le sens de l'apaisement. On évite de reparler de l'Être suprême et de l'immortalité de l'âme, idées fondamentalement robespierristes qui agacent nombre de révolutionnaires.

Il semble que les esprits s'apaisent lorsque Barère prononce le 7 thermidor (25 juillet) à la Convention un discours où il fait l'éloge d'une plus grande tempérance dans la Révolution, mais aussi de Robespierre, ce qui paraît contradictoire, *a posteriori*, mais ne l'est pas ce jour-là.

Robespierre s'est tu à nouveau, car il sent bien que cet apaisement est de circonstance et il n'y croit pas dans la durée. Il se méfie beaucoup de Carnot qui a retiré ses canonniers de la capitale, car il se demande si ce n'est pas pour désarmer Paris dans l'hypothèse d'un mouvement contre-révolutionnaire. De même, il n'a pas apprécié que des membres du Comité de sûreté générale soient allés rendre visite à 73 Girondins emprisonnés pour leur demander s'ils étaient bien traités. Il voit dans cet acte une concession donnée à la droite de la Convention pour l'entraîner dans un complot dont il serait la première victime. Il craint que ses amis ne soient peu à peu enveloppés et paralysés par les conspirateurs dont il a bien compris les actions concertées depuis longtemps.

Les événements s'accélèrent. Ce même 7 thermidor, le conventionnel Dubois-Crancé, éliminé des Jacobins, demande à la Convention de convoquer Robespierre pour s'expliquer à ce sujet. Robespierre, dans cette première mise en accusation, ne peut pas se dérober. Il décide alors non pas de se défendre mais d'attaquer et rédige pendant toute la nuit son discours qu'il va prononcer devant la Convention le 8 thermidor (26 juillet), et dont il ne sait pas, comme ses collègues, que c'est son dernier.

Ce discours est évidemment long, mais il est capital. Il constitue comme une sorte de testament. Dans son entier, il comporte cinquante feuillets. Il est impossible de le donner dans son intégralité, mais on peut en tirer les principaux thèmes, les thèses essentielles, les éléments indispensables pour comprendre son ultime pensée. Tout est dit dans ce discours remarquable, car Robespierre semble sans illusions sur son avenir terrestre. Par sa culture romaine, il se sent proche de César qui, se rendant au Sénat, trouve sur son chemin des gens qui le préviennent qu'on entend l'assassiner et qui pourtant poursuit sa marche vers la mort. Dans un autre contexte certes, il n'est pas loin de ressembler au Romain. Tous les deux sont las des luttes incessantes et on sent dans leur obstination à affronter les périls une sorte de découragement quasi suicidaire. Robespierre, comme César, va au-devant de sa mort.

# Dernier discours de Robespierre : son testament politique

La parole doit être donnée à la défense de Robespierre par lui-même, puisqu'on ne lui laissera ni le temps ni l'occasion d'un procès, même devant le Tribunal révolutionnaire. Il sait bien que ce sont les conventionnels qui sont ses juges. Écoutons-le parler pour la dernière fois dans les passages les plus importants de son discours :

Citoyens,
Que d'autres vous tracent des tableaux flatteurs : je viens vous dire des vérités utiles. Je ne viens point réaliser des terreurs ridicules répandues par la perfidie ; mais je veux étouffer, s'il est possible, les flambeaux de la discorde par la seule force de la vérité. Je vais défendre devant vous votre autorité outragée et la liberté violée.

Je me défendrai aussi moi-même ; vous n'en serez point surpris [...]. La Révolution française est la première qui ait été fondée sur la théorie des droits de l'humanité et sur les principes de la justice [...]. La République, amenée insensiblement par la force des choses et par la lutte des amis de la liberté contre les conspirations toujours renaissantes, s'est glissée, pour ainsi dire, à travers toutes les factions : mais elle a trouvé leur puissance organisée autour d'elle et tous les moyens d'influence dans leurs mains ; aussi n'a-t-elle cessé d'être persécutée dès sa naissance dans la personne de tous les hommes de bonne foi qui combattaient pour elle.

Les amis de la liberté cherchent à renverser la puissance des tyrans par la force de la vérité ; les tyrans cherchent à détruire les défenseurs de la liberté par la calomnie ; ils donnent le nom de tyrannie à l'ascendant même des principes de la vérité [...] car il est dans la nature même des choses qu'il existe une influence partout où il y a des hommes rassemblés, celle de la tyrannie ou celle de la raison...

Ici, j'ai besoin d'épancher mon cœur ; vous avez besoin aussi d'entendre la vérité. Ne croyez pas que je vienne ici intenter aucune accusation ; un soin plus pressant m'occupe et je ne me charge pas des devoirs d'autrui : il est tant de dangers imminents que cet objet n'a plus qu'une importance secondaire [...]. Si je vous dis aussi quelque chose des persécutions dont je suis l'objet, vous ne m'en ferez point un crime ; vous n'avez rien de commun avec les tyrans qui me poursuivent.

Eh ! quel est donc le fondement de cet odieux système de terreur et de calomnies ? À qui devons-nous être redoutables, aux ennemis ou aux amis de la République ? Est-ce aux tyrans et aux fripons qu'il appartient de nous craindre ou bien aux gens de bien et aux patriotes ? C'est nous qu'on assassine et c'est nous que l'on peint redoutables ? [...] Mais si nous n'avons fait que dénoncer des monstres dont la mort a sauvé la Convention nationale et la République, qui peut craindre nos principes, qui peut nous accuser d'avance d'injustice et de tyrannie, si ce n'est ceux qui leur ressemblent ?

Ce sont les monstres que nous avons accusés [...]. Est-il vrai que l'on ait colporté des listes odieuses où l'on désignait pour victimes un certain nombre de membres de la Convention et qu'on prétendait être l'ouvrage du Comité de salut public et ensuite le mien ?

Est-il vrai qu'on ait osé supposer des séances du Comité, des arrêtés rigoureux qui n'ont jamais existé, des arrestations non moins chimériques ? Est-il vrai qu'on ait cherché à persuader un certain nombre de représentants irréprochables que leur perte était résolue ; à tous ceux qui, par quelque erreur, avaient payé un tribut inévitable à la fatalité des circonstances et à la faiblesse humaine, qu'ils étaient voués au sort de conjurés ?

Est-il vrai que l'imposture ait été répandue avec tant d'art et d'audace qu'un grand nombre de membres n'osaient plus habiter la nuit leur domicile ? Oui, les faits sont constants et les preuves de ces manœuvres sont au Comité de salut public. Vous pourriez nous en révéler beaucoup d'autres, vous, députés revenus d'une mission dans les départements ; vous, suppléants appelés aux fonctions de représentants du peuple, vous pourriez nous dire ce que l'intrigue a fait pour vous tromper, pour vous aigrir, pour vous entraîner dans une coalition funeste. Que disait-on, que faisait-on dans ces coteries suspectes, dans ces rassemblements nocturnes, dans ces repas où la perfidie distribuait aux convives les poisons de la haine et de la calomnie ?

Si on nous accuse d'avoir dénoncé quelques traîtres, qu'on accuse donc la Convention qui les a accusés ; qu'on accuse la justice qui les a frappés ; qu'on accuse le peuple qui a applaudi à leur châtiment. Quel est celui qui attente à la représentation nationale, de celui qui poursuit ses ennemis, ou de celui qui les protège ? Et depuis quand la punition du crime épouvante-t-elle la vertu ?

Robespierre en vient à l'accusation qui lui est faite d'aspirer à la dictature :

Telle est cependant la base de ces projets de dictature et d'attentats contre la représentation nationale imputés d'abord au Comité de salut public en général. Par quelle fatalité cette grande accusation a-t-elle été transportée tout à coup sur la tête d'un seul de ses membres ? Étrange projet d'un homme, d'engager la Convention nationale à s'égorger elle-même en détail de ses propres mains pour lui frayer le chemin du pouvoir absolu !

Paraître un objet de terreur aux yeux de ceux qu'on révère et de ce qu'on aime, c'est pour un homme sensible et probe le plus affreux des supplices ; le lui faire subir, c'est le plus grand des forfaits. Mais j'appelle toute votre indignation sur les manœuvres atroces employées pour étayer ces extravagantes calomnies [...]. Mais j'étais encore plus loin de penser qu'un jour on m'accuserait d'être [...] l'ennemi de la représentation nationale que j'avais servie avec dévouement : je m'attendais bien moins encore qu'on m'accuserait à la fois de vouloir la défendre et de vouloir l'égorger...

Je ne connais que deux partis, celui des bons et des mauvais citoyens ; que le patriotisme n'est point une affaire de parti, mais une affaire de cœur ; le cœur flétri par l'expérience de tant de trahisons, je crois à la nécessité d'appeler surtout la probité de tous les sentiments généreux au secours de la République [...]. Eh ! que suis-je pour mériter leurs persécutions, si elles n'entraient dans le système général de leur conspiration contre la Convention nationale ? N'avez-vous pas remarqué que, pour vous isoler de la nation, ils ont publié à la face de l'univers que vous étiez des dictateurs régnant par la terreur et désavoués par le vœu tacite des Français ? [...]

Quel terrible usage les ennemis de la République ont fait du seul nom d'une magistrature romaine\* ! [...] Mais elle existe, je vous en atteste, âmes sensibles et pures ; elle existe, cette passion tendre, impérieuse, irrésistible, tourment et délices des cœurs magnanimes, cette horreur profonde de la tyrannie, ce zèle compatissant pour les opprimés, cet amour sacré de la patrie, cet amour plus sublime et plus saint de l'humanité, sans lequel une révolution n'est qu'un crime éclatant qui détruit un autre crime. Elle existe, cette ambition généreuse de fonder sur la terre la première République du monde ; cet égoïsme des hommes non dégradés qui trouve une volupté céleste dans le calme d'une conscience pure et dans le spectacle ravissant du bonheur public. Vous le sentez, en ce moment, qui brûle dans vos âmes ; je le sens dans la mienne.

Mais comment nos vils calomniateurs la devineraient-ils ? [...] Ils m'appellent tyran. Si je l'étais, ils ramperaient à mes pieds, je les gorgerais d'or, je leur assurerais le droit de commettre tous les crimes, et ils seraient reconnaissants... C'est vous qu'on persécute ; c'est la patrie, ce sont tous les amis de la patrie. Je me défends encore. Combien d'autres ont été opprimés dans les ténèbres ? Qui osera jamais servir la patrie,

---

\* Lorsque, à Rome, les institutions étaient paralysées, on faisait alors appel à un homme plein de sagesse que l'on nommait dictateur pour six mois. Après quoi, il rentrait dans ses foyers. Ce fut le cas du fameux Cincinnatus.

quand je suis obligé encore ici de répondre à de telles calomnies ?

Il y a deux puissances sur la terre ; celle de la raison et celle de la tyrannie ; partout où l'une domine, l'autre est bannie. Ceux qui dénoncent comme un crime la force morale de la raison cherchent donc à rappeler la tyrannie [...]. Vous la servez, vous qui, toujours en deçà ou au-delà de la vérité prêchez tour à tour la perfide modération de l'aristocratie, et tantôt la fureur des faux démocrates [...]. Vous la servez, prédicateurs obstinés de l'athéisme et du vice... Vous voulez détruire la représentation, vous qui la dégradez par votre conduite ou qui la troublez par vos intrigues [...]

Que suis-je, moi qu'on accuse ? Un esclave de la liberté, un martyr vivant de la République, la victime autant que l'ennemi du crime [...]. Un homme est calomnié dès qu'il me connaît : on pardonne à d'autres leurs forfaits ; on me fait crime de mon zèle. Ôtez-moi ma conscience, je suis le plus malheureux des hommes ; je ne jouis pas même des droits du citoyen : que dis-je ? Il ne m'est pas même permis de remplir les devoirs d'un représentant du peuple.

En développant cette accusation de dictature mise à l'ordre du jour par les tyrans, on s'est attaché à me charger de toutes les iniquités, de tous les torts de la fortune, ou de toutes les rigueurs commandées par le salut de la patrie. On disait aux nobles : « C'est lui seul qui vous a proscrits » ; on disait en même temps aux patriotes : « C'est lui seul qui vous poursuit ; sans lui vous seriez paisibles et triomphants » ; on disait aux fanatiques : « C'est lui seul qui détruit la religion. » On disait aux patriotes persécutés : « C'est lui qui l'a ordonné ou qui ne veut pas l'empêcher. » On me renvoyait toutes les plaintes dont je ne pouvais faire cesser les causes en disant : « Votre sort dépend de lui seul. » Des hommes apostés dans les lieux publics propageaient chaque jour ce système ; il y en avait dans le lieu des séances du Tribunal révolutionnaire ; dans les lieux où les ennemis de la patrie expient leurs forfaits. Ils disaient : « Voilà des malheureux condamnés ; qui en est la cause ? Robespierre. » On s'est attaché particulièrement à prouver que le Tribunal révolutionnaire est un tribunal de sang, créé par moi seul et que je maîtrisais absolument pour faire égorger tous les gens de bien et même tous les fripons ; car on voulait me susciter des ennemis de tous les genres [...].

On rapportait fidèlement à mes collègues et tout ce que j'avais dit et surtout tout ce que je n'avais pas dit. On écartait avec soin le soupçon qu'on eût contribué à un acte qui pût déplaire à quelqu'un ; j'avais tout fait, tout exigé, tout commandé ; car il ne faut pas oublier mon titre de dictateur [...]. Ah ! Je n'ose les nommer, ces conspirateurs, dans ce moment et dans ce lieu. Je ne puis me résoudre à déchirer entièrement le voile qui couvre ce profond mystère d'iniquités, mais ce que je puis affirmer positivement, c'est que parmi les auteurs de cette trame, sont les agents de ce système de corruption et d'extravagance, le plus puissant de tous les moyens inventés par l'étranger pour perdre la République, sont les apôtres impurs de l'athéisme et de l'immoralité dont il est la base...

La tyrannie n'avait demandé aux hommes que leurs biens et leur vie ; et ceux-ci nous demandaient jusqu'à nos consciences ; d'une main ils nous présentaient tous les maux, et de l'autre ils nous arrachaient l'espérance. L'athéisme, escorté de tous les crimes, versait sur le peuple le deuil et le désespoir, et sur la représentation nationale les soupçons, le mépris et l'opprobre.

Grâces immortelles vous soient rendues ; vous avez sauvé la Patrie, votre décret du 18 floréal\* est à lui seul une révolution ; vous avez frappé du même coup l'athéisme et le despotisme sacerdotal ; vous avez avancé d'un demi-siècle l'heure fatale des tyrans ; vous avez rattaché à la cause de la révolution tous les cœurs purs et généreux ; vous l'avez montrée au monde dans tout l'éclat de sa beauté céleste. Ô jour à jamais fortuné où le Peuple français tout entier s'éleva pour rendre à l'auteur de la Nature le seul hommage digne de lui ! Quel touchant assemblage de tous les objets qui peuvent enchanter les regards et le cœur des hommes.

Ô vieillesse honorée ! Ô généreuse ardeur des enfants de la patrie ! Ô joie naïve et pure des jeunes citoyens ! Ô larmes délicieuses des mères attendries ! Ô charme divin de l'innocence et de la beauté ! Ô majesté d'un grand peuple heureux par le seul sentiment de sa force, de sa gloire et de sa vertu ! Être des

---

\* Instituant le culte de l'Être suprême.

êtres ! Le jour où l'univers sortit de tes mains toutes-puissantes brillait-il d'une lumière plus agréable à tes yeux que ce jour où, brisant le joug du crime et de l'erreur, il parut devant toi, digne de tes regards et de tes destinées ?

Ce jour avait laissé sur la France une impression profonde et calme, de bonheur, de sagesse et de bonté. À la vue de cette réunion sublime du premier peuple du monde, qui aurait cru que le crime existait encore sur la terre ? Mais quand le peuple, en présence duquel tous les vices privés disparaissent, est rentré dans ses foyers domestiques, les intrigants reparaissent, et les rôles des charlatans recommencent [...]. Si nous réussissons, disaient les conjurés, il faudra contraster par une extrême indulgence avec l'état présent des choses. Ce mot renferme toute la conspiration.

Les lâches ! Ils voulaient donc me faire descendre au tombeau avec ignominie ! Et je n'aurais laissé sur la terre que la mémoire d'un tyran ! Avec quelle perfidie ils abusaient de ma bonne foi ! Comme ils semblaient adopter les principes de tous les bons citoyens ! Comme leur feinte amitié était naïve et caressante ! Tout à coup leurs visages se sont couverts des plus sombres nuages ; une joie féroce brillait dans leurs yeux ; c'était le moment où ils croyaient toutes leurs mesures bien prises pour m'accabler. Aujourd'hui ils me caressent de nouveau ; leur langage est plus affectueux que jamais. Il y a trois jours, ils étaient prêts à me dénoncer comme un Catilina ; aujourd'hui ils me prêtent la vertu de Caton. Il leur faut du temps pour renouer leurs trames criminelles. Que leur but est atroce ! mais que leurs moyens sont méprisables !...

Il n'y a peut-être pas un individu arrêté, pas un citoyen vexé à qui l'on n'ait dit de moi : « Voilà l'auteur de tes maux ; tu serais heureux et libre s'il n'existait plus. » Comment pourrais-je ou raconter ou deviner toutes les espèces d'impostures qui ont été clandestinement insinuées, soit dans la Convention nationale, soit ailleurs pour me rendre odieux ou redoutable ?

Je me bornerai à dire que, depuis plus de six semaines, la nature et la force de la calomnie, l'impuissance de faire le bien et d'arrêter le mal m'a forcé à abandonner absolument mes fonctions de membre du Comité de salut public, et je jure qu'en cela même je n'ai consulté que ma raison et ma patrie. Je préfère ma qualité de représentant du peuple à celle de membre du Comité du salut public, et je mets ma qualité d'homme et de citoyen français avant tout.

S'il faut que je dissimule ces vérités, qu'on m'apporte la ciguë\*. Ma raison, mon cœur sont de ne point douter de la République vertueuse dont je m'étais tracé le plan [...]. Représentants du peuple français, il est temps de reprendre la fierté et la hauteur du caractère qui vous conviennent [...]. On vous a dit que tout est bien dans la République : je le nie.

Pourquoi ceux qui, avant-hier, vous prédisaient tant d'affreux orages, ne voyaient-ils plus hier que des nuages légers ? [...] Hier, ils croyaient aux conspirations. Je déclare que j'y crois en ce moment. Ceux qui vous disent que la fondation de la République est une entreprise facile vous trompent ou plutôt ils ne peuvent tromper personne. Qu'a-t-on fait pour tourner nos succès militaires au profit des principes, pour prévenir les dangers de la victoire et pour en assurer les fruits ? [...] Surveillez la victoire ; surveillez la Belgique. Nos ennemis se retirent et nous laissent nos divisions intestines. Songez à la fin de la campagne : craignez les factions intérieures ; craignez les intrigues favorisées par l'éloignement dans une terre étrangère.

On a semé la division parmi les généraux ; l'aristocratie militaire est protégée ; les généraux fidèles sont persécutés ; l'administration militaire s'enveloppe d'une autorité suspecte ; on a violé vos décrets pour secouer le joug d'une surveillance nécessaire. Ces vérités valent bien des épigrammes.

Le gouvernement révolutionnaire mérite toute votre attention : qu'il soit détruit aujourd'hui, demain la liberté n'est plus. Il ne faut pas le calomnier, mais le rappeler à son principe, le simplifier, diminuer la foule innombrable de ses agents, les épurer surtout : il faut la sécurité au peuple, mais non à ses ennemis. Il ne s'agit point d'entraver la justice du peuple par des formes nouvelles ; la loi pénale doit nécessairement avoir quelque chose de vague, parce que le caractère actuel des conspirateurs étant la dissimulation et l'hypocrisie, il faut que la justice puisse les saisir sous toutes les formes. Une seule

---

\* Allusion au suicide de Socrate.

manière de conspirer laissée impunie rendrait illusoire et compromettrait le salut de la patrie.

Guidons l'action révolutionnaire par des maximes sages et constamment maintenues ; punissons sévèrement ceux qui abusent des principes révolutionnaires pour vexer les citoyens ; qu'on soit bien convaincu que tous ceux qui sont chargés de la surveillance nationale, dégagés de tout esprit de parti, veulent fortement le triomphe du patriotisme et la punition des coupables. Le gouvernement révolutionnaire a sauvé la patrie ; il faut le sauver lui-même de tous les écueils ; ce serait mal conclure de croire qu'il faut le détruire, par cela seul que les ennemis du bien public l'ont d'abord paralysé et s'efforcent maintenant de le corrompre.

Au reste, je suis loin d'imputer les abus à la majorité de ceux à qui vous avez donné votre confiance ; la majorité est elle-même paralysée et trahie ; l'intrigue et l'étranger triomphent. On se cache, on se dissimule, on trompe : donc on conspire.

On était audacieux, on méditait un grand acte d'oppression ; on s'entourait de la force pour comprimer l'opinion politique après l'avoir irritée ; on cherche à séduire des fonctionnaires publics dont on redoute la fidélité ; on persécute les amis de la liberté : on conspire donc.

On devient tout à coup souple et flatteur : on sème des insinuations dangereuses contre Paris ; on cherche à endormir l'opinion publique ; on calomnie le peuple ; on ne renvoie point les déserteurs, les prisonniers ennemis, les contre-révolutionnaires de toute espèce qui se rassemblent à Paris et on éloigne les canonniers ; on désarme les citoyens ; on intrigue dans l'armée ; on cherche à s'emparer de tout : donc on conspire.

Ces jours derniers, on chercha à vous donner le change sur la conspiration ; aujourd'hui on la nie : c'est même un crime d'y croire ; on vous effraie, on vous rassure tour à tour : la véritable conspiration, la voilà [...]. Voilà une partie du plan de la conspiration. Et à qui faut-il imputer ces maux ? À nous-mêmes, à notre lâche faiblesse pour le crime, et à notre coupable abandon des principes proclamés par nous-mêmes. Ne nous y trompons pas : fonder une immense république sur les bases de la raison et de l'égalité, resserrer par un lien vigoureux toutes les parties de cet empire immense, n'est pas une entreprise que la légèreté puisse consommer : c'est le chef-d'œuvre de la vertu et de la raison humaine.

Toutes les factions naissent en foule au sein d'une grande révolution. Comment les réprimer si vous ne soumettez sans cesse toutes les passions à la justice ? Vous n'avez pas d'autre garant de la liberté que l'observation rigoureuse des principes de la morale universelle que vous avez proclamés. Qu'importe que nos armées chassent devant elles les satellites armés des rois si nous reculons devant les vices destructeurs de la liberté publique ? Que nous importe de vaincre les rois, si nous sommes vaincus par les vices qui amènent la tyrannie ? Or qu'avons-nous fait depuis quelque temps contre eux ?...

Que n'a-t-on pas fait pour les protéger parmi nous ? Qu'avons-nous fait depuis quelque temps pour les détruire ? Rien, car ils lèvent une tête insolente et menacent impunément la vertu ; rien, car le gouvernement a reculé devant les factions, et elles trouvent des protecteurs parmi les dépositaires de l'autorité publique : attendons-nous à tous les maux, puisque nous leur abandonnons l'empire. Dans la carrière où nous sommes, s'arrêter avec le terme, c'est périr ; et nous avons honteusement rétrogradé. Vous avez ordonné la punition de quelques scélérats, auteurs de nos maux ; ils osent résister à la justice nationale et on leur sacrifie les destinées de la patrie et de l'humanité.

Revient alors, comme une litanie, l'obsession si chère à Robespierre du complot de l'étranger :

Attendons-nous donc à tous les fléaux que peuvent entraîner les factions qui s'agitent impunément. Au milieu de tant de passions ardentes et dans un si vaste empire, les tyrans dont je vois les armées fugitives mais non enveloppées, mais non exterminées, se retirent pour vous laisser en proie à des dissensions intestines qu'ils allument eux-mêmes, et à une armée d'agents criminels que vous ne savez pas même apercevoir.

Ici intervient une idée magistralement prémonitoire, celle d'une révolution ratée qui s'achèvera par le césarisme. Naturellement, Robespierre ne songe nullement à Bonaparte, mais il connaît trop bien l'histoire romaine pour ne pas savoir que la République en danger ou agonisante finit toujours par être la proie des Césars :

> Laissez flotter un moment les rênes de la Révolution, vous verrez le despotisme militaire s'en emparer et les chefs des factions renverser la représentation nationale avilie. Un siècle de guerre civile et de calamité désolera notre patrie et nous périrons pour n'avoir pas voulu saisir un moment marqué dans l'histoire des hommes pour fonder la liberté ; nous livrerons notre patrie à un siècle de calamités et les malédictions du peuple s'attacheront à notre mémoire qui devait être chère au genre humain [...]. L'immortalité s'ouvrait devant nous : nous périrons avec ignominie. Les bons citoyens périront ; les méchants périront aussi.
>
> Pour moi, dont l'existence paraît aux ennemis de mon pays un obstacle à leurs projets odieux, je consens volontiers à leur en faire le sacrifice, si leur affreux empire doit durer encore. Eh ! qui pourrait désirer de voir plus longtemps cette horrible succession de traîtres plus ou moins habiles à cacher leurs âmes hideuses sous un masque de vertu, jusqu'au moment où leur crime paraît mûr ; qui tous laisseront à la postérité l'embarras de décider lequel des ennemis de ma patrie fut le plus lâche et le plus atroce.
>
> Si l'on proposait ici de prononcer une amnistie en faveur des députés perfides, et de mettre les crimes de tout représentant sous la sauvegarde d'un décret, la rougeur couvrirait le front de chacun de nous : mais laisser sur la tête des représentants fidèles le devoir de dénoncer les crimes et cependant d'un autre côté les livrer à la rage d'une ligue insolente, s'ils osent le remplir, n'est-ce pas un désordre encore plus révoltant ? C'est plus que protéger le crime, c'est lui immoler la vertu.
>
> En voyant la multitude des vices que le torrent de la révolution a roulés pêle-mêle avec les vertus civiques, j'ai tremblé quelquefois d'être souillé aux yeux de la postérité par le voisinage impur de ces hommes pervers qui se mêlaient dans les

rangs des défenseurs sincères de l'humanité [...]. Mais si les Verrès\* et les Catilina de la France se croient déjà assez avancés dans la carrière du crime pour exposer sur la tribune aux harangues la tête de leur accusateur\*\*, j'ai promis aussi naguère de laisser à mes concitoyens un testament redoutable aux oppresseurs du peuple et je leur lègue dès ce moment l'opprobre et la mort.

Je conçois qu'il est facile à la ligue des tyrans du monde d'accabler un seul homme ; mais je sais aussi quels sont les devoirs d'un homme qui peut mourir en défendant la cause du genre humain. J'ai vu dans l'Histoire tous les défenseurs de la liberté accablés par la fortune ou par la calomnie ; mais bientôt après, leurs oppresseurs et leurs assassins sont morts aussi. Les bons et les méchants, les tyrans et les amis de la liberté disparaissent de la terre, mais à des conditions différentes.

Français, ne souffrez pas que vos ennemis cherchent à abaisser vos âmes et à énerver vos vertus par une funeste doctrine. Non, Chaumette, non, Fouché, la mort n'est point un sommeil éternel. Citoyens, effacez des tombeaux cette maxime impie qui jette un crêpe funèbre sur la nature et qui insulte à la mort. Gravez-y plutôt celle-ci : *la mort est le commencement de l'immortalité.*

Peuple, souviens-toi que si, dans la République, la justice ne règne pas avec un empire absolu, et si ce mot ne signifie pas l'amour de l'égalité et de la patrie, la liberté n'est qu'un vain nom. Peuple, toi que l'on craint, que l'on flatte et que l'on méprise ; toi, souverain reconnu qu'on traite comme toujours en esclave, souviens-toi que partout la justice ne règne pas, ce sont les passions des magistrats, et que le peuple a changé de chaînes et non de destinées [...].

Dirons-nous que tout est bien ? Continuerons-nous de louer par habitude ou par pratique ce qui est mal ? Nous perdrions la patrie. Révélerons-nous les abus cachés ? Dénoncerons-nous les traîtres ? On nous dira que nous ébranlons les autorités constituées ; que nous voulons acquérir à leurs dépens une influence personnelle. Que ferons-nous donc ? Notre devoir.

---

\* Un des hommes les plus corrompus de l'Histoire romaine.
\*\* C'est la tête de Cicéron qui fut, après son assassinat, placée sur cette tribune.

Que peut-on objecter à celui qui veut dire la vérité et qui consent à mourir pour elle ?

Disons donc qu'il existe une conspiration contre la liberté publique ; qu'elle doit sa force à une coalition criminelle qui intrigue au sein même de la Convention ; que cette coalition a des complices dans le Comité de sûreté générale et dans les bureaux de ce Comité qu'ils dominent ; que les ennemis de la République ont opposé ce Comité de salut public et constitué ainsi deux gouvernements : que des membres du Comité de salut public entrent dans ce complot ; que la coalition ainsi formée cherche à perdre les patriotes et la patrie.

Quel est le remède à ce mal ? Punir les traîtres, renouveler les bureaux du Comité de sûreté générale, épurer ce Comité lui-même et le subordonner au Comité de salut public ; épurer le Comité de salut public lui-même, constituer l'unité du gouvernement sous l'autorité suprême de la Convention nationale, qui est le centre et le juge, et écraser ainsi toutes les factions du poids de l'autorité nationale pour élever sur leurs ruines la puissance de la justice et de la liberté : tels sont les principes.

S'il est impossible de les réclamer sans passer pour un ambitieux, j'en conclurai que les principes sont proscrits et que la tyrannie règne parmi nous, mais non que je doive le taire : car que peut-on objecter à un homme qui a raison et qui sait mourir pour son pays ? Je suis fait pour combattre le crime, non pour gouverner. Le temps n'est point arrivé où les hommes de bien peuvent servir impunément la patrie : les défenseurs de la liberté ne seront que des proscrits, tant que la horde des fripons dominera [1].

Ce long discours, dont nous n'avons donné que le quart, à la fois accusateur et désespéré, montre que Robespierre est plus que jamais seul. Il est révélateur de sa rhétorique qui tourne à présent la plupart du temps à vide. Son discours est, en effet, incantatoire, il y aurait à ce sujet une petite sémantique à faire : « fripons », « calomniateurs », « contre-révolutionnaires », « criminels »,

« comploteurs », « aristocrates[2] », tandis que Robespierre se pare de vertu et de raison. À ses yeux, qui ne sont pas encore dessillés, il est le seul qui détienne la vérité. Mystique révolutionnaire, voulant changer l'homme et le monde, il se prononce en fait pour la révolution permanente, telle que le voudra un moment Mao Tsé-toung. Il est le seul. Il évoque sans cesse le peuple, mais n'est plus en phase avec lui. Celui-ci est lassé de la Terreur, des victimes qui ne cessent d'augmenter et qui sont pour la plupart de sa classe sociale, il vit une crise économique grave, il connaît plus ou moins la famine. Il est incontestable qu'il admire Robespierre parce qu'il le sait incorruptible. Il n'ignore pas que ses collègues sont des « corrompus », autre mot qu'il prononce souvent, et s'il doit penser, en songeant à ses représentants à la Convention, à la phrase toujours à la mode, « Tous pourris ! », il reste parfaitement conscient que Robespierre n'en est pas un, avec juste raison.

Mais Robespierre vient de commettre une faute qui lui sera fatale. Il a bien prononcé quelques noms de collègues qu'il entend accuser de corruption et de contre-révolution, mais pas assez pour que bien des députés ne se sentent visés sournoisement. Ceux-ci, dans un premier temps, vont demander que le discours de Robespierre, fort applaudi paraît-il, selon *Le Journal de la Convention*, soit imprimé et distribué dans toute la France, sur proposition de Couthon. Mais Cambon, par deux fois stigmatisé par Robespierre, ne l'entend pas ainsi et, bien décidé à défendre sa vie, car il s'agit bien de cela, il se précipite à la tribune de la Convention en s'écriant : « Avant d'être déshonoré je parlerai à la France[3] ! » et le voici qui se défend d'être un agitateur et accuse Robespierre d'en être un, la meilleure défense étant en effet l'attaque, et Cambon de conclure comme un signal donné à la Convention, jusque-là paralysée par la peur : « Il est temps de dire la vérité tout entière : un seul homme paralysait la volonté de la Convention nationale ; cet homme est celui qui vient de faire le discours, c'est Robespierre : ainsi, jugez[4]. »

# Les dernières heures

La Convention, aussitôt retournée, et retrouvant son courage, applaudit Cambon vigoureusement et décide de revenir sur sa décision d'imprimer le discours de Robespierre. Celui-ci se fait traiter de menteur par Cambon, au cours d'une brève passe d'armes, puis se tait, anéanti. L'hallali commence, Billaud-Varenne lui aussi accuse Robespierre d'être un tyran et Panis, qui était l'ami de Danton, lui demande de révéler ses fameuses listes de proscription. C'est un peu l'air connu : « Des noms ! Des noms ! » Panis demande si Fouché s'y trouve. Robespierre, piqué au vif, réplique : « Fouché ! Je ne veux pas m'en occuper actuellement. Je n'écoute que mon devoir ; je ne veux ni l'appui ni l'amitié de personne, je ne cherche point à me faire un parti, il n'est donc pas question que je blanchisse tel ou tel. J'ai fait mon devoir, c'est aux autres de faire le leur[1]. »

Ceux qui se croient suspects aux yeux de Robespierre, sentant qu'ils ont la Convention derrière eux, se jettent à la tribune pour proférer injures et justifications, ce sont Bentabole, Charlier, Amar,

Thirion, Bréard, Bourdon qui a obtenu la révocation du décret de publication du discours de Robespierre.

Saint-Just, l'ami fidèle, n'a pas bronché, il est atterré par ce qu'il entend et voit Robespierre, après un moment de défaillance, se reprendre, quitter l'Assemblée et se rendre aux Jacobins où il pense trouver des alliés. Il est accompagné de Couthon qui le suit en actionnant son fauteuil de paralytique. Il retrouve Collot d'Herbois et Billaud-Varenne qui s'y trouvent déjà et ne peuvent empêcher que Robespierre se lance dans une brève déclaration : « Aux agitations de cette assemblée, il est aisé de s'apercevoir qu'elle n'ignore pas ce qui s'est passé ce matin à la Convention. Il est facile de voir que les factieux craignent d'être dévoilés en présence du peuple[2] », avant de relire son discours qui, cette fois-ci, est acclamé au point que Collot et Billaud sont hués et chassés, non sans que Dumas, président du Tribunal révolutionnaire, ne leur ait annoncé avec fracas qu'il les attendait le lendemain au tribunal.

Couthon, qui suit Robespierre et le défendra jusqu'au bout, prend alors la parole :

« Citoyens, je suis convaincu de la vérité des faits énoncés par Robespierre. C'est la plus profonde des conspirations qui ont eu lieu jusqu'à présent [...]. Il est certain qu'il y a des hommes purs dans les comités, mais il n'est pas moins certain qu'il y a des scélérats dans ces mêmes comités [...]. Moi aussi, je demande la discussion, non pas du discours de Robespierre, mais de la conspiration ; nous les verrons paraître à cette tribune, les conspirateurs; nous les examinerons, nous verrons leur embarras; nous retiendrons leurs réponses vacillantes; ils pâliront en présence du peuple; ils seront convaincus et ils périront[3]. » Ce que vient de dire Couthon met le feu à la salle, c'est du délire et tous de s'exclamer en chœur : « Les conspirateurs à la guillotine ! »

Robespierre quitte les Jacobins vers minuit pour rentrer chez lui. Il n'a pas gagné, mais il a le sentiment de n'avoir pas perdu non plus. Non seulement les Jacobins le soutiennent, mais aussi la garde nationale, commandée par Hanriot et Boulanger, ainsi que la Commune à l'Hôtel de Ville dont les chefs sont Fleuriot-Lescot et Payan. Il sait qu'il a aussi des soutiens du côté du Tribunal révolutionnaire.

Mais l'homme est légaliste. Déjà accusé de dictature, il ne veut pas envisager un coup de force ou une émeute populaire contre la Convention. Il espère amener celle-ci à la raison et à s'épurer elle-même de ses « scélérats », selon la terminologie qu'il utilise si souvent.

Pendant ce temps, le Comité de salut public tient une réunion toute la nuit, tandis que Saint-Just travaille dans un coin à un discours qu'il entend prononcer à la Convention le lendemain, 9 thermidor (27 juillet). À cinq heures du matin, il a terminé sa harangue et rentre chez lui, tandis que, en ce plein jour d'été, l'aube est déjà bien avancée. Les ennemis de Robespierre sont encore nombreux à ce Comité, mais ce dernier reste encore très partagé au point qu'on empêche Cambon, Fréron et Lecointre, ennemis jurés de Robespierre, d'entrer.

À dix heures, on attendait Saint-Just comme celui-ci l'avait promis, c'est Couthon qui revient, violemment pris à partie par Carnot. Saint-Just fait alors passer un billet indiquant qu'il s'exprimera à la Convention à midi. Aussitôt la salle du Comité de salut public se vide de tous ses membres qui courent à la Convention pour y livrer ce qu'ils savent être, quel que soit leur camp, leur ultime bataille.

Cette nuit-là, les conventionnels qui se sentent visés par les menaces déguisées de Robespierre, tels Tallien, Fouché, Fréron et Barras, cherchent à rallier les hommes du Marais, c'est-à-dire du centre. Mais ceux-ci se font prier et acceptent de soutenir les compères contre la promesse de voir la Terreur se terminer et le dirigisme économique être aboli. La stratégie des conventionnels, majoritaires désormais pour contrer Robespierre, est d'empêcher celui-ci et ses amis de parler.

À midi la séance est ouverte. Deux heures plus tard Saint-Just apparaît et commence à lire son discours qui est assez indulgent à ce qu'on entend. Ce qui inquiète profondément les conspirateurs, car on peut maintenant parler de conspiration contre Robespierre. Tallien, comprenant le danger et que Saint-Just risque fort d'entraîner l'adhésion de la majorité de la Convention, interrompt l'orateur qui soudain semble pétrifié, sans voix, anéanti par ce débordement de violence qui accompagne les vociférations de Tallien. Saint-Just a perdu de sa conviction, et on le voit dans un coin de la tribune, muet, immobile, sans aucune réaction. Le surmenage, la jeunesse de Saint-Just peuvent expliquer cette brusque démission d'un révolutionnaire tout aussi incorruptible que Robespierre.

Il est vrai que les orateurs qui se succèdent alors à la tribune, après l'arrivée des membres du Comité de salut public, ne ménagent pas leurs efforts pour diaboliser Robespierre qui est présent et qui, lui aussi, semble, comme Saint-Just, incapable de réagir contre cette vague de violence qui déferle sur lui. Billaud-Varenne est le plus virulent. Il affirme que Robespierre prépare un nouveau 31 mai (quand il fit éliminer à cette date de 1793 les députés « girondins »), il l'accuse de n'avoir pas su freiner les abus des lois de Prairial sur la Terreur, et finit par le traiter de tyran. Robespierre semble sortir de sa léthargie, tente plusieurs fois de répliquer, de se défendre et il est accueilli par toute la Convention par un « À bas le tyran ! » qui, répété sans cesse chaque fois qu'il fait mine de prendre la parole, finira par le réduire au silence. Impuissant, il demeure au bas de la tribune, après avoir prononcé une phrase vite coupée par les vociférations : « Je saurai bien la rappeler à… » et des mots : « Je réclame ! Mes ennemis veulent abuser de la Convention nationale[4] ! »

Il est vrai que Vadier vient d'ironiser sur la passion mystique de Catherine Théot pour Robespierre, ce que celui-ci ne peut supporter, même si Barère a tenté d'apaiser les esprits surchauffés en lançant un appel au calme.

Mais Tallien veut en finir au plus vite et revient alors sur le cas Robespierre qu'il traite de criminel pour avoir fait arrêter des innocents lorsqu'il dirigeait le bureau de la police générale. Robespierre essaiera de dire que c'est faux, mais c'est peine perdue.

*Le Courrier républicain* a donné un compte rendu de la suite de cette séance à tout le moins mouvementée, sans doute de la manière la plus impartiale qui soit. Mais on entend çà et là des phrases qui fusent et qui sont saisies au vol par le rédacteur du *Courrier républicain*. « Qu'on me délivre du spectacle du crime, je demande la mort », aurait dit Robespierre qui traite ses ennemis de lâches, de brigands et d'hypocrites. Par deux fois le président de la Convention se couvre, ce qui est une manière d'arrêter la séance provisoirement.

Robespierre, au comble de l'exaspération et du désespoir, répète sans cesse : « Je demande la mort ! » et son frère, Augustin, vient aussitôt réclamer qu'on l'arrête en même temps. Plusieurs crient pour exiger l'arrestation de Robespierre et de ses acolytes. Collot d'Herbois demande alors à Saint-Just de lui donner son discours qu'il n'a pas pu prononcer. Sans un mot, sans une protestation, Saint-Just s'exécute et Collot d'Herbois de lire ce discours qui n'a rien de révolutionnaire et qui prêche l'apaisement. Il s'empresse de dire à ses collègues que ce discours montre que Saint-Just et Robespierre s'apprêtaient à renouveler la journée du 31 mai, ce qui provoque la réaction furieuse de Robespierre : « C'est un mensonge[5] ! »

Alors, pendant quelque temps, on voit Robespierre parcourir la Convention, s'agiter dans tous les sens, s'asseoir, se relever, tenter de remonter à la tribune, chercher du secours dans le public qui assiste au débat, mais qui a été soigneusement choisi pour ses sentiments anti-robespierristes et qui lui fait part de son mépris.

Élie Lacoste, membre du Comité de sûreté générale, accable alors Saint-Just et requiert son arrestation ainsi que celles de Couthon, Lebas, Augustin Robespierre. Barère, qui monte à la tribune, y ajoute les noms de Maximilien Robespierre, de Dumas, de Hanriot, de Boulanger, de Lavalette, Dufresse, Daubigny, Prosper Sijas. Thuriot fait mettre aux voix : adopté à l'unanimité.

On peut être quelque peu étonné de l'acharnement capital de Barère qui a eu avec Robespierre des rapports souvent amicaux, d'autant plus que dans ses *Mémoires*, il juge son collègue d'une manière plutôt modérée et en fait un portrait assez juste :

> Ce Robespierre avait des vertus et des vices en même proportion : d'un côté la probité, l'amour de la liberté, la fermeté des principes, l'amour de la pauvreté, le dévouement à la cause populaire ; et de l'autre côté, une morosité dangereuse, un acharnement bilieux contre ses ennemis, une jalousie atroce contre les talents qui l'éclipsaient, une manie insupportable de dominer, une défiance sans bornes, une démagogie et un fanatisme de principes qui lui faisaient préférer l'établissement d'une loi à l'existence d'une population [6].

On n'a même pas fait le décompte exact des voix. Robespierre tente une ultime résistance, ne parvient pas à s'exprimer au point que Legendre, le boucher député qui avait pourtant pris part aux journées du 20 juin et du 10 août 1792, s'écrie : « C'est le sang de Danton qui t'étouffe [7] ! » Mais déjà, ainsi que son frère, on l'arrête, suivis de Couthon qu'on transporte, et Saint-Just et

Lebas. Il est cinq heures du soir. Collot d'Herbois demande une suspension de séance. Les conventionnels frappent le sol de leurs pieds pour dire leur contentement.

Peu après dix-sept heures, la nouvelle des événements dramatiques qui viennent de se passer à la Convention parvient à la Commune de Paris à l'Hôtel de Ville. Le maire de l'époque, Lescot-Fleuriot, dans sa fureur, décroche dans son bureau le tableau sur lequel est inscrite *La Déclaration des droits de l'homme* et, devant les membres de la Commune rassemblés, on dirait aujourd'hui dans une cellule de crise, il en lit un des passages : « Quand le gouvernement viole les droits du peuple, l'insurrection est pour le peuple le plus sacré et le plus indispensable des devoirs [8]. »

Ce n'est pas la première fois que la Commune appelle le peuple de Paris à la révolte pour sauver la Révolution. Payan et Hanriot, qui commandent les sans-culottes, c'est-à-dire l'ensemble des sections armées des différents quartiers de Paris, donnent aussitôt des ordres pour fermer les barrières de Paris, pour battre la générale, pour faire sonner le tocsin, pour demander aux chefs des sections d'arriver au plus vite à l'Hôtel de Ville, appelé la Maison commune, pour donner ordre aux canonniers encore dans la capitale\* de venir sur la place de la mairie de Paris, ainsi qu'aux gendarmes et aux membres de la garde nationale, et de s'emparer des poudres qui ont été entreposées dans des sous-sols.

---

\* Carnot, on s'en souvient, avait été accusé à ce sujet par Robespierre pour avoir exigé l'éloignement de ces canonniers qui ne pourraient plus défendre la Révolution à Paris, si les événements l'exigeaient. Il avait donc bien vu.

Hanriot n'a qu'une idée : aller délivrer les cinq emprisonnés aux Tuileries. Il brise les portes du Comité de salut public et demande aux prisonniers de le suivre. Interloqués, ceux-ci ne réagissent pas assez vite : on sait combien Robespierre est un homme par trop réfléchi, en raison de son caractère profondément introverti. Les gendarmes qui gardaient Robespierre et ses amis ont le temps de s'emparer de la personne d'Hanriot et de le faire prisonnier. Il est cinq heures et demie du soir. Les six prisonniers sont transférés dans une salle adjacente où on leur sert un repas — on dînait à cette époque très tôt. Puis on sépare les prisonniers pour qu'ils ne puissent pas se concerter et on les emmène dans différents lieux de Paris. Robespierre est pour sa part conduit au palais du Luxembourg. Il est alors sept heures. Le concierge du palais refusant d'ouvrir les portes, on conduit Robespierre à la mairie du quartier, qui ne se trouve pas à l'époque place Saint-Sulpice mais au quai des Orfèvres.

La nouvelle de l'arrestation de Robespierre a fait le tour de la capitale, et tandis que le peuple de Paris commence à se rassembler sur la place de l'Hôtel de Ville, Robespierre est accueilli par les cris de : « Vive la République ! » et : « Vive Robespierre[9] ! » Il est huit heures. Ses cinq autres collègues sont pour leur part sous les verrous. Mais ils sont peu à peu relâchés par les gendarmes de la Commune qui leur sont acquis et se rendent aussitôt à l'Hôtel de Ville. Le frère de Robespierre, Augustin, est parmi les cinq et prononce un petit discours où il se dit fidèle à la Convention nationale, ce qui semble habile, mais qui à tout le moins est une sottise puisque l'Assemblée l'a fait arrêter quelques heures plus tôt. C'est bien là le côté légaliste des deux Robespierre. Maximilien l'est encore davantage que son frère, qui refuse de se rendre à l'Hôtel de Ville, comprenant qu'il franchit un Rubicon et se coupe définitivement de la Convention, lui qui a toujours affirmé la primauté de la représentation nationale.

Cette attitude n'est pas nouvelle. Lors des grandes journées révolutionnaires, Robespierre a toujours été absent. Même lorsqu'il s'agit de lui et, il le sait bien, de sa vie, il entend respecter la légalité et ne pas donner prise à ceux qui, depuis des semaines, l'accusent de dictature. Mais il approuve la fermeture des barrières, et surtout l'arrestation des journalistes pour que les nouvelles ne circulent plus : ce qui est tout de même une manière cachée de rallier l'insurrection en sa faveur et en celle de ses cinq collègues.

Hanriot, toujours prisonnier au Comité de sûreté générale, est délivré par une colonne armée et les membres du Comité prennent aussitôt la fuite et vont tout raconter aux conventionnels qui siègent toujours aux Tuileries, dans le même bâtiment, et qui pensent que pour eux tout est perdu. Mais la colonne armée, issue de la Commune et sous ses ordres, ne songe pas à envahir la salle des séances et à arrêter les députés. Prudence de la part des chefs de l'insurrection de ne pas apparaître aux yeux du peuple comme des factieux ? Sans doute, mais c'est, si on se place de leur point de vue, une erreur de plus. Il est vingt et une heures passées.

La Convention se reprend alors, nomme Barras

commandant des troupes loyalistes et demande à un certain nombre de députés, qui se sont montrés particulièrement acharnés dans la journée à perdre Robespierre, de se rendre dans les quartiers les moins populaires, c'est-à-dire les plus hostiles à Robespierre, pour rameuter la bourgeoisie, celle qui vit à l'ouest de la capitale, et les sections armées, formées de négociants et d'industriels, le peuple habitant comme on le sait les faubourgs de l'est de Paris.

Mais ce qui est plus grave encore pour Robespierre, comme pour ses collègues dont on avait décidé l'arrestation, c'est que Barère fait alors voter par la Convention un décret qui met les prisonniers libérés par la Commune hors la loi, ainsi que les membres de la Commune et les gardes nationaux qui ont pris part à la libération des cinq députés. Dès lors, ces derniers, s'ils sont repris, n'auront droit à aucun procès, même devant le Tribunal révolutionnaire, et seront conduits directement à la guillotine. Il est autour de dix heures et demie, lorsque la Commune apprend cette nouvelle catastrophique. Elle presse alors par courrier Robespierre de venir rejoindre l'Hôtel de Ville. Cette fois-ci, Robespierre saute le pas et, parvenu dans la salle des séances, y retrouve ses autres collègues, dont Saint-Just et Lebas qui le rejoignent peu après, mais sans Couthon qui, infirme, ne se sent pas le courage de se mêler à une lutte qui risque d'être sanglante.

Minuit approche. La foule a envahi la place, prête à en découdre avec les conventionnels et les contre-révolutionnaires ; les sections armées sont là, venues de tous les points les plus révolutionnaires de la capitale, et tout le monde attend des ordres qui ne viennent pas. Des sections ont renaclé à bouger et à venir au secours de Robespierre, de son frère et de ses amis irréductibles. La Commune fait son possible pour leur envoyer des mandataires chargés de les persuader de prendre part à l'insurrection. Comme elle n'est pas entendue, elle demande aux Jacobins de venir sur la place de Grève. Les Jacobins ne bougeront pas : ils ont lâché Robespierre.

Celui-ci, pourtant, a repris vigueur et détermination, c'est bien lui qui a inspiré toutes ces mesures visant à encourager le peuple à défendre la Révolution contre une Convention qui ne lui est plus acquise. Il a répliqué à la mise hors la loi dont il est l'objet en demandant à la Commune de faire de même sur les personnes de Amar, Vadier, Javogue, Panis, membres du Comité de sûreté générale, de Collot d'Herbois et de Carnot du Comité de salut public, et de Fouché, Tallien, Fréron, Dubois-Crancé, Léonard Bourdon qui ont été dans l'après-midi les plus acharnés à l'empêcher de s'exprimer à la tribune de la Convention.

L'heure tourne, minuit est passé, la foule, lassée d'attendre, commence à se retirer. Robespierre demande à Couthon de rejoindre la Commune, pensant ainsi redonner vigueur à l'insurrection qui faiblit de minute en minute. Couthon s'exécute. Mais les troupes insurrectionnelles se retirent peu à peu, faute d'ordres, faute d'action, faute de leader. Ce n'est pas l'appel à l'armée demandé par Couthon qui changera quoi que ce soit à la désaffection grandissante du peuple de Paris. Barras, dit-on, a envoyé des espions qui incitent les bataillons à se retirer dans leurs casernes.

Il est deux heures du matin, et la place de Grève est vide. Elle se remplit une nouvelle fois. Arrive une colonne armée commandée par Bourdon, celui que la Commune a mis hors la loi, qui ne rencontre aucune résistance, aucune opposition. Bourdon et ses hommes pénètrent dans l'Hôtel de Ville dont ils ont reçu le mot de passe grâce sans doute à un traître. Ils forcent les portes de la salle dite de l'Égalité, où se trouvent les six prisonniers libérés et quelques membres de la Commune.

Lebas tire un pistolet de sa veste et se tue aussitôt. Augustin Robespierre se jette par la fenêtre, mais se rate et se brise simplement la jambe. Saint-Just, qui aura montré durant toute cette journée une impassibilité et un manque de réaction totale, se laisse prendre. Couthon, lui, sur son fauteuil de paralytique, est jeté dans l'escalier, roule tout en bas et se fait une grave blessure à la tête. Hanriot sera arrêté le lendemain.

Robespierre, de son côté, se tire également un coup de pistolet, mais il ne réussit qu'à s'emporter la mâchoire et gît à terre, grièvement blessé. Intervient alors la polémique historique qui veut que le gendarme Charles-André Merda, envoyé par la Convention, ait, selon son témoignage, blessé Robespierre. Tous les manuels d'histoire n'ont pas contesté ce témoignage qui est plus que suspect en raison de nombre d'incohérences chronologiques et factuelles relevées par les biographes de Robespierre.

Arrivé à l'Hôtel de Ville, où s'est donc réunie la Commune, avec une troupe de grenadiers, Merda, le gendarme, parvient non sans peine à la porte du secrétariat où il frappe plusieurs fois avant de se faire ouvrir :

> Je vois Robespierre aîné, assis dans un fauteuil, ayant le coude gauche sur les genoux et la tête appuyée sur la main gauche. Alors je saute sur lui ; je lui présente mon sabre au cœur, en lui disant : « Rends-toi traître ! » Il relève la tête et me dit : « C'est toi qui es un traître, je vais te faire fusiller. » À ces mots, je prends de la main gauche un des pistolets armés et faisant un à droite, je lui tire dessus. La balle le prend au menton et lui casse la mâchoire inférieure. Il tombe de son fauteuil, je crois l'avoir frappé à la poitrine [10].

Merda, devenu baron et ayant transformé son nom en Meda, mourra au cours de la campagne de Russie à la bataille de la Moskova dans la Grande Armée de Napoléon. Il avait laissé ce témoignage que Bonaparte connaissait mais ne voulut pas rendre public. La sœur du gendarme, fait général sur son lit de mort, forte de sa conviction que son frère avait porté un coup fatal et à Robespierre et à la Révolution, obtint de Louis XVIII quelque argent en récompense et put faire publier ce témoignage en 1825.

Aujourd'hui encore, la polémique n'est pas close et il reste des partisans de la tentative de suicide de Robespierre, c'est le cas de Jean Massin et de Gérard Walter. C'est la thèse qui, à mon sens, semble la plus plausible, et aussi, ne l'oublions pas, la plus romaine : tous les républicains romains s'étant en effet suicidés comme Caton d'Utique, son modèle.

Robespierre est mis sur un brancard et conduit aux Tuileries où son frère et lui seront soignés par deux chirurgiens qui ne pourront que mettre un bandeau sur sa mâchoire fracassée pour la retenir. On le conduit ensuite à la Conciergerie. Les Duplay ont été arrêtés et sa sœur Charlotte, qui écrira des *Mémoires* hagiographiques sur son frère, est également arrêtée, alors qu'elle tentait de le voir.

L'aube du 9 thermidor, c'est-à-dire du 27 juillet 1794, se lève. Mais ce n'est qu'à 17 heures que les hors-la-loi de la Convention sont conduits à l'échafaud. Robespierre, sur la charrette, avec son atroce blessure, est quelque peu insulté par des gens du peuple qui lui reprochent d'avoir institué la loi du maximum sur les salaires. Un témoin, Dessessarts, a décrit l'arrivée de Robespierre devant l'échafaud :

> Il est difficile de peindre sa contenance [...]. C'est un malheureux dont le visage était à moitié couvert par un linge sale et ensanglanté. Ce qu'on apercevait de ses traits était horriblement défiguré. Une pâleur livide achevait de le rendre affreux [...]. On observa que pendant le temps qu'on exécutait ses complices\*, il ne donna aucun signe de sensibilité. Ses yeux furent constamment fermés et il ne les rouvrit que lorsqu'il se sentit transporté sur l'échafaud [...]. Après avoir jeté son habit qui était croisé sur ses épaules, le bourreau lui arracha brusquement l'appareil que le chirurgien avait mis sur sa blessure. La mâchoire inférieure se détacha de la mâchoire supérieure, et laissant jaillir un flot de sang, la tête de ce misérable n'offrit plus qu'un objet monstrueux et dégoûtant [11].

---

\* Son frère, Augustin, Couthon et Saint-Just.

Robespierre pousse un cri horrible, puis il a la tête tranchée.

Ce qu'on appellera dans l'Histoire la « réaction thermidorienne » peut commencer. Elle fera, à son tour, de nombreuses victimes. La Grande Terreur s'achève sur une hécatombe qui en annonce une autre.

Les corps de Robespierre et de ses amis, ainsi que leurs têtes, furent enterrés au cimetière des Errancis qui se trouvait dans le quartier de Monceau et recouverts de chaux vive pour que leurs restes disparaissent et qu'aucun culte ne soit rendu aux révolutionnaires. Le terrain resta en friche et sous la monarchie de Juillet on y construisit une salle de bal. On en vint donc à danser sur les restes de Robespierre !

Les historiens ont beaucoup glosé sur le temps qu'on mit à guillotiner Robespierre, entre le moment où il tente de se suicider et celui où, effectivement, il aura la tête tranchée, soit plus de quinze heures ! Alors que, étant hors la loi, il ne devait même pas passer par les formalités du Tribunal révolutionnaire. A-t-on hésité ? A-t-on espéré que le peuple de Paris viendrait le délivrer au Palais de Justice où il gît, grièvement blessé à la mâchoire ? Mais une sorte de bureaucratie s'est mise en marche, actionnée par Fouquier-Tinville, l'accusateur public. La Convention a tenu séance le 9 thermidor, des conciliabules, des entretiens restés secrets ont eu lieu. Ce n'est qu'à sept heures trente du soir qu'est annoncé à la Convention que « les têtes des monstres viennent de tomber sous le glaive de la loi [12] ».

La légende veut que le peuple de Paris dans son entier acclamât cette exécution.

Et une chanson commença de circuler dans les rues de la capitale :

Qu'en dites-vous, bons Parisiens,
Et vous surtout, bons citoyens ?
Nous nous confions à des traîtres
Qui veulent devenir notre maître.
Mais par la loi
On punit la mauvaise foi.

De Robespierre, député,
Chacun vantait la probité
Mais sans avoir d'âme jalouse,
Sa tête tombe dans la blouse.
Ce scélérat
Provoquait notre assassinat.

Ah ! Qui l'aurait donc jamais dit
Qu'un homme avec un si grand esprit
Aurait ainsi perdu la tête !
Il vaut beaucoup mieux vivre bête
Que de mourir
Quand l'esprit nous fait raccourcir.

Quand on veut devenir trop grand
Et que pour l'être on entreprend,
On ne le peut sans âme fourbe
Et l'on se plonge dans la bourbe,
Et l'on finit
Par perdre la tête et l'esprit.

Notre municipalité
Robespierre ayant écouté,
Ses membres dans le précipice
Sont tombés, et par la justice
Ils sont punis :
Par nos lois ils sont raccourcis [13].

La vérité est moins sûre. Ce fut surtout dans les quartiers bourgeois qu'on se réjouit bruyamment de la mort de Robespierre. Dans les quartiers populaires, qui sont évidemment suspects aux nouveaux maîtres de la Convention dite thermidorienne, la joie n'est guère visible. Chacun craint d'être compromis dans l'inévitable réaction qui va s'instaurer, chacun a peur d'être pris pour un robespierriste, d'autant plus qu'il fallait montrer son zèle révolutionnaire ne serait-ce que pour obtenir une carte d'alimentation. Bref, les gens ont été fichés et les dossiers sur eux sont nombreux. Si comme le prétend Barras, le 10 thermidor, Paris est calme, c'est le calme de la peur et de l'angoisse.

La femme du menuisier Duplay, arrêtée ainsi que son mari, se pend dans sa cellule. D'autres partisans de Robespierre, trop compromis pour espérer l'indulgence de la réaction thermidorienne, choisirent aussi le suicide. Les pamphlets et les portraits à charge commencent à circuler. Des accusations d'orgie dont Robespierre se serait rendu coupable sont colportées par une presse servile. On prétend même qu'il a envisagé de se fiancer avec Madame Royale, la fille de Louis XVI et de Marie-Antoinette ! La presse étrangère, dans son ensemble, se réjouit de cette disparition. Des ragots circulent en Angleterre selon lesquels Robespierre a été assassiné par des conventionnels et qu'il s'en est suivi un effroyable massacre. La réhabilitation de Robespierre est, plus de deux siècles après sa mort, toujours impossible.

# Robespierre ne se conclut pas

Peut-on conclure sur un personnage tel que Robespierre qui a suscité tant de haine depuis plus de deux cents ans ? Et qui cependant est l'objet de nombreuses études qui n'accablent pas un personnage hors norme. Les jugements qu'on a portés sur lui ont été la plupart du temps négatifs. Nos manuels d'histoire, tout du moins ceux publiés dans la première moitié du XXe siècle dans la célèbre collection intitulée Malet et Isaac, du nom de leurs auteurs Albert Malet et Jules Isaac, nous ont laissé l'image d'un Robespierre, animal au sang froid, soutenant que le premier principe de tous les hommes libres était d'exterminer tous les traîtres.

C'est au moment où on commence à avoir un jugement plus nuancé sur Louis XVI qui était présenté jadis comme un roi faible et peu intelligent, alors qu'il était doté de nombreuses qualités et notamment d'une culture encyclopédique qui n'était pas étrangère à son siècle, celui des Lumières, qu'on se prend, non pas à vouloir réhabiliter Robespierre, mais à tenter d'expliquer l'attitude de cet homme confronté à des temps à la fois nouveaux et très durs et contraint, en quelque sorte, à improviser une Histoire qui n'avait jamais existé auparavant : celle d'une Révolution française sans aucun équivalent alors ni en Occident ni dans le monde.

C'est bien pourquoi Robespierre, ses émules, mais aussi ses ennemis ont été contraints d'aller chercher dans l'histoire de la République romaine, et parfois même dans l'histoire de l'Antiquité, des correspondances, des analogies et des comparaisons qui leur permettent de trouver des exemples, des tutelles, des hommes dont ils voulaient soit imiter les faits et gestes, soit les repousser avec horreur. La fin de la République romaine et les débuts du césarisme que prédit Robespierre dans son ultime discours ont été des références pour notre personnage, faute de mieux, a-t-on envie de dire. Projeté dans une France totalement désorganisée après la chute de Louis XVI, on a le sentiment que Robespierre et ses collègues ont dû sans cesse inventer pour tenir le navire France à flot et pour inventer une Révolution et une République. Beaucoup ont su le faire soit sans nuances, soit en manœuvrant avec habileté. Robespierre est le seul à avoir osé démontrer qu'il maîtrisait les événements, les prévoyait au besoin, alors qu'il était, la plupart du temps, totalement dépassé.

Il a tenu, en s'appuyant aussi sur Rousseau, et sur quelques principes de la République romaine (la vertu) ou de son temps (la raison), à donner l'image d'un homme assez compétent pour comprendre ce qui se passait, pour tenir les rênes du pays lorsque cela était nécessaire et pour accompagner des événements qui plusieurs fois lui ont échappé — jusqu'à ce 9 thermidor qui a dû être sa dernière surprise. Mais l'homme s'est joué la comédie en utilisant la rhétorique et l'enflure déclamatoire comme moyens d'action, il s'est en fait illusionné et s'est lancé, aveuglément, dans la mystique révolutionnaire et dans l'idée de création d'un homme nouveau, conforme à cette bonté native que Rousseau lui avait enseignée.

Il ne pouvait envisager la fin de la Révolution, faute de savoir comment justement elle se terminerait, ou ayant prédit qu'elle s'achèverait mal. Aussi a-t-il pratiqué, notamment lorsque, entre avril et juillet 1794, il eut vraiment en main tous les pouvoirs, une fuite en avant, décidé à ce que la France se lance dans une révolution perpétuelle et incapable qu'il était d'en arrêter le cours. Nous avons souvent pensé en rédigeant cette biographie aux grands dictateurs contemporains, Staline, Hitler, Mao, Ceausescu, notamment lorsque, au faîte du pouvoir, Robespierre était sans cesse tourmenté par la crainte des complots, une inquiétude propre à tous les esprits totalitaires. Mais il ne peut leur être comparé, par sa vie frugale et vraiment incorruptible, par son caractère, certes implacable, mais aussi voué au culte de l'Être suprême qui n'est pas chez lui une idée abstraite. On le sent convaincu, homme de foi et profondément incorruptible.

Certes, la psychiatrie et la psychanalyse pourraient aussi intervenir pour expliquer qu'orphelin de mère, et pratiquement de père (celui-ci quitte le domicile conjugal à la mort de sa femme et laisse quatre enfants, dont Maximilien âgé de six ans), Robespierre a été profondément choqué par ces deux absences sentimentales dans son enfance, qu'il a sombré pour cette raison dans la solitude et l'introversion et qu'il a trouvé dans la Révolution une sorte de mère idéale qu'il sera toujours prêt à servir, jusqu'à la mort. On pourrait, et on l'a fait, l'accuser de paranoïa et de mégalomanie. Nous hésitons toujours à nous livrer à ce genre d'interprétation même si elle paraît fort bien s'adapter à Robespierre, même si ses discours révèlent à quel point il est refermé sur lui-même et témoignent de son invraisemblable certitude : il pense avoir toujours raison et avant tout le monde.

Il a ensanglanté la Révolution française, mais sans perversité, sans volonté de faire le mal, comme l'ont fait tant de dictateurs de l'Histoire. La pureté est un mot qui revient souvent dans sa bouche et dont la Terreur ne serait qu'une émanation. À force de vouloir purifier la Révolution, il était prêt à sacrifier des milliers de Français. Il a été cruel par devoir, mais non par plaisir, comme le furent les Fouché, les Tallien, les Carrier. On ne décèle pas chez ce puritain — on entend bien pureté dans le sens de puritain — le moindre sadisme. Il sacrifie même ses amis, sans doute parce qu'il n'en a jamais vraiment eu, ayant toujours le sentiment d'avoir raison contre eux, incapable de conciliation, sinon par tactique et provisoirement.

Il n'a pas été non plus un homme couvert de femmes, ce qui aurait pu fort bien se produire, étant donné son extrême popularité. Il est sûr qu'il a dû recevoir des propositions amoureuses et qu'il les a toujours repoussées. On lui a attribué aussi des maîtresses, mais sans même savoir leurs noms. Cet homme exècre le sexe, cela se sent, cela se voit. Il l'a même certainement en horreur. C'est pourquoi, l'accuser d'avoir eu des relations homosexuelles avec Saint-Just est une absurdité.

Certes, il n'y a pas de rue Robespierre à Paris, mais une rue Danton, cet homme prévaricateur dont on sait qu'il jouait comme Mirabeau un double jeu avec la Cour, mais qui au contraire de Robespierre avait l'éloquence facile, était capable d'improviser des discours, et de donner de brillantes répliques. Mais il en existe en banlieue parisienne, notamment, dans cette fameuse banlieue rouge qui jadis ceinturait la capitale, et dans d'autres villes de France.

Il a manqué à Robespierre un vrai procès, non pas celui qu'il aurait eu, bâclé, devant le Tribunal révolutionnaire, surtout avec Fouquier-Tinville, comme président, qu'il détestait, preuve qu'il n'y avait entre eux aucune collusion possible, mais un procès public, avec des défenseurs, des partisans, des accusateurs, des avocats, des parties civiles, des procureurs, bref un grand procès d'assises. Il aurait certainement alors expliqué sa conception de la Révolution française.

Il a certes, dans son dernier discours, capital, plaidé sa cause, il s'est défendu de toute aspiration à la dictature. Ce que nous croyons. Mais il a été dictateur malgré lui, faute d'autres révolutionnaires assez engagés pour le suivre : c'est toujours l'homme seul qui apparaît, avec ses absences qui sont des accès de dépression ou, parfois, l'expression d'une tactique politique.

La postérité n'a pas été tendre avec lui, même si

on peut déceler dans de nombreux jugements portés à son encontre, parfois par des personnalités inattendues, des éléments qui sont loin d'être négatifs. Ce qui prouve bien que, au-delà de toute polémique, Robespierre n'est pas ce monstre sanguinaire qu'on a bien voulu nous laisser accroire. Nous reste évidemment la métaphore de Saturne : la Révolution, comme le dieu du Temps, finit par dévorer ses enfants.

Il nous paraît donc intéressant de clore cette biographie par un florilège d'appréciations que portèrent sur Robespierre des hommes intelligents et souvent puissants.

On verra à quel point l'homme suscite certes d'injustes passions, mais aussi une curiosité fascinée. Nous excluons naturellement ses collègues des deux Assemblées où il siégea, ceux-ci étant trop proches de lui pour avoir la distance nécessaire que donnent l'objectivité et le temps.

Premier jugement surprenant, celui de Louis XVIII, lorsqu'il était encore exilé en 1797 et ne portait que le titre de comte de Provence. Dans une conversation qu'il eut à cette époque avec le comte de Montgaillard, qui en fait état dans ses *Souvenirs*, le futur roi s'exprime en ces termes sur Robespierre :

> Votre opinion sur Robespierre est au moins fort hasardée si elle n'est pas fausse ; les hommes d'État ne doivent pas être jugés d'après les règles ordinaires de morale. En 1793 et 1794, il s'agissait de sauver le corps social et s'il était prouvé que le chef des Jacobins n'eût fait dresser les échafauds de la Terreur que pour abattre les factions et rétablir ensuite ce gouvernement royal que la France entière désirait, il serait injuste de regarder Robespierre comme un homme cruel et de l'appeler

tyran ; il faudrait au contraire voir en lui, comme dans Sylla, une forte tête, un grand homme d'État. Richelieu aurait fait plus que Robespierre s'il se fût trouvé dans une position semblable[1].

Napoléon a ces mots devant Las Cases, qui les rapporte dans son *Mémorial* le 18 novembre 1815 :

> L'Empereur s'est arrêté sur Robespierre [...] auquel il ne croyait ni talent, ni force, ni système. Il le pensait néanmoins le vrai bouc émissaire de la Révolution, immolé dès qu'il avait voulu entreprendre de l'arrêter dans sa course [...]. Il avait vu de longues lettres de lui à son frère\* blâmant les horreurs des commissaires conventionnels qui perdaient, disait-il, la Révolution par leur tyrannie et leurs atrocités[2].

Thiers dans son *Histoire de la Révolution française*, au milieu de quelques phrases impitoyables sur Robespierre, reconnaît tout de même ceci :

> Robespierre était intègre et il faut une bonne réputation pour captiver les masses. Il était sans pitié, et elle perd ceux qui en ont dans les révolutions. Il avait un orgueil opiniâtre et persévérant, et c'est le seul moyen de se rendre toujours présent aux esprits[3].

Le journaliste Armand Carrel écrit, dans un *Rapport à la Société de défense de la liberté de la presse* :

> Robespierre s'était cru la puissance personnelle nécessaire pour réaliser dictatorialement le système indiqué par sa déclaration des droits ; il espérait purifier la Terreur même, en la faisant aboutir à la régénération morale du riche et du pauvre[4].

---

\* Augustin, qui se trouvait, comme on l'a vu, avec Bonaparte au siège de Toulon en 1793.

Dans son *Histoire des Girondins*, Lamartine a la prudence et l'objectivité de considérer Robespierre comme une énigme. Il a sans doute raison. Robespierre est inexplicable. Le poète historien le dit avec mesure, avec une sorte d'admiration déguisée, sans cacher l'horreur finale qu'il peut lui inspirer :

> Homme d'idées plus que d'action, Robespierre avait le sentiment de la Révolution plus qu'il n'en avait la formule politique [...]. Ses théories, toutes empruntées aux livres étaient brillantes et vagues comme des perspectives, nuageuses comme des lointains. Il les regardait toujours, il s'en éblouissait, il ne les touchait jamais avec la main ferme et précise de la pratique [...]. Il croyait que les mots sans cesse répétés de liberté, d'égalité, de désintéressement, de dévouement, de vertu, étaient à eux seuls le gouvernement [...]. Il avait pris le peuple en illusion au lieu de le prendre au sérieux.
>
> Il y a un dessein dans sa vie et ce dessein est grand : c'est le règne de la raison par la démocratie. Il y a un mobile, et ce mobile est louable : c'est la soif de la vérité et de la justice dans les lois. Il y a une action et cette action est méritoire : c'est le combat à mort contre le vice, le mensonge et le despotisme. Il y a un dévouement et ce dévouement est constant, absolu, comme une immolation antique : c'est le sacrifice de soi-même, de sa jeunesse, de son repos, de son bonheur, de son ambition, de sa vie, de sa mémoire et de son œuvre. Enfin, il y a un moyen, et ce moyen est tour à tour légitime et exécrable : c'est la popularité. Il caresse le peuple par ses parties les plus ignobles [...]. Il ouvre les veines du corps social pour en guérir le mal ; mais il en laisse couler la vie, pure ou impure, avec indifférence, sans se jeter entre les victimes et les bourreaux [...]. Il espère racheter plus tard ce qui ne se rachète jamais : le crime présent par la sainteté des institutions futures. Il s'enivre d'une perspective de félicité publique pendant que la France palpite sur l'échafaud [5].

George Sand se fera plus positive dans *Histoire de ma vie* :

> Soyons justes enfin, et ne craignons plus de le dire : Robespierre est l'un des plus grands hommes de l'histoire. Ce n'est pas à dire qu'il n'ait eu des fautes, des erreurs, et par conséquent des crimes à se reprocher ; entraîné sur une pente rapide, il fut au niveau des malheureuses théories du moment, bien supérieur à tous les hommes qui les appliquaient. Mais dans quelle carrière politique orageuse, l'histoire nous montre-t-elle un seul homme pur de quelque péché mortel contre l'humanité [...]. Quel grand ministre, quel grand prince, quel grand capitaine, quel grand législateur n'a commis des actes qui font frémir la nature et qui révoltent la conscience ? Pourquoi donc Robespierre serait-il le bouc émissaire de tous les forfaits qu'engendre ou subit notre malheureuse race dans ses heures de luttes suprêmes [6] !

Jules Michelet, dans son *Histoire de la Révolution française*, a fait de Robespierre une succession de portraits et a porté nombre de jugements sur lui qui ont été très attaqués par les robespierristes et les biographes favorables au personnage. Or si on veut bien lire tous les chapitres que Michelet consacre à Robespierre, on s'aperçoit que son regard sur cet homme énigmatique, loin d'être manichéen, est sans doute celui qui l'a le mieux jugé. Outre sa superbe plume, Michelet est un visionnaire de l'Histoire, plus qu'un historien au sens moderne où on l'entend aujourd'hui. Il a donc des intuitions fulgurantes sur les personnages de la Révolution, intuitions qu'a bien soulignées Roland Barthes dans son étude sur *Michelet*. Michelet, bien avant Freud, fait remonter le caractère très particulier de Robespierre à son enfance malheureuse, à sa pauvreté initiale, à son projet de travailler durement pour s'affirmer et prendre sa revanche, mais solitairement, c'est-à-dire en perdant contact avec les réalités de la vie. Robespierre est, en quelque sorte, devenu une mécanique intellectuelle qui fonctionne sans songer aux conséquences sanglantes et dramatiques qu'elle peut entraîner dans un pays en pleine révolution. Michelet écrit :

> Robespierre n'avait point l'audace politique, le sentiment de la force qui fait qu'on prend autorité. Il n'avait pas davantage le haut essor spéculatif, il suivait de trop près ses maîtres Rousseau et Mably. Il lui manquait enfin la connaissance variée des hommes et des choses [...]. En revanche, il eut entre tous la volonté persévérante, un travail consciencieux, admirable qui ne se démentit jamais [...]. Avec moins de génie que plusieurs autres, moins de cœur et de bonté, Robespierre représente la suite, la continuité de la Révolution, la persévérance passionnée des Jacobins. S'il a été la plus forte personnification de la société jacobine, c'est moins encore par l'éclat du talent que comme moyenne complète, équilibrée, des qualités et défauts communs à la société, communs même à une grande partie des hommes politiques d'alors qui ne furent pas Jacobins [7].

En 1892, Jean Jaurès, dans son *Histoire socialiste de la Révolution française*, a écrit sur Robespierre des pages dont l'éloge nous paraît sans doute exagéré mais qui montrent bien l'activité inépuisable que le député d'Arras déploie pour faire triompher ses idées :

> C'est une erreur de croire que Robespierre était une sorte de rhéteur épris d'idées générales et capable seulement de phrases et de théories. La forme de ses discours où il procède souvent par allusions, où il enveloppe volontiers de formules générales un exposé très substantiel et des indications ou des

accusations très précises, a contribué à ce malentendu. En fait, il se tenait au courant de tous les détails de l'action révolutionnaire dans le pays tout entier et aux armées ; et avec une tension incroyable, avec un souci minutieux du réel, il essayait de se représenter l'exacte valeur des hommes que la Révolution employait. Toujours aux Jacobins, il est prêt à redresser, par les renseignements les plus précis, les vagues allégations et accusations d'une démagogie querelleuse [...]. Quelle âpre et dure vie d'aller presque tous les soirs dans une assemblée populaire souvent houleuse et défiante, rendre compte du travail de la journée et dissiper les préventions, animer les courages, calmer les impatiences, désarmer les calomnies [8] !...

La palme du jugement revient évidemment à Victor Hugo qui dans ses notes pour *Quatrevingt-treize* a écrit cette page superbe :

Le correcteur d'épreuves de la Révolution, c'est Robespierre ; il revoyait tout, il rectifiait tout ; il semble que, même lui disparu, la lueur sinistre de sa prunelle soit restée sur ce formidable exemplaire de progrès. Robespierre soignait son style comme son costume ; il ne risquait une phrase qu'en grande toilette [...]. Il était vertueux comme il était propre. Il ne pouvait souffrir sur lui une graine de poussière ni de vice. Sa probité faisait partie de sa correction. Il ne fut pas la raison de la révolution, il en fut la logique ; il en fut plus que la logique, il en fut l'algèbre. Il eut l'immense force de la ligne droite ; il en eut aussi la puissance. Le défaut de sa politique fut celui de sa littérature, l'abstraction. Avec cela sagace, trouvant le joint, voyant juste. Pas un homme ne fut plus bourgeois, pas un homme ne fut plus populaire [9].

Le rejet de Robespierre par la France est bien réel. En voici un exemple. En 1956 eut lieu au conseil de Paris un débat sur d'éventuelles cérémonies à organiser et de lieux à rebaptiser du nom de Robespierre, en prévision de l'année 1958 qui marquerait le deux centième anniversaire de sa naissance. Guy Mollet, secrétaire général de la SFIO, était alors président du Conseil et artésien tout comme Robespierre. Mais la discussion tourna vite court. Ceux qui exaltaient la mémoire de Robespierre furent ceux qui la réprouvaient. Déjà, en 1948, on avait envisagé de donner le nom de Robespierre à la place et à la rue du Marché-Saint-Honoré, mais certains habitants du quartier s'y étaient opposés. Puis on avait proposé de donner son nom à la rue de l'Hôtel-de-Ville et à la rue Hyacinthe, mais deux votes avaient alors mis fin à ces propositions. En 1958, la Ville de Paris, et à travers elle la France, refusait toujours de reconnaître en Robespierre un personnage qui avait pu marquer l'histoire nationale d'une manière qui ne fût pas seulement associée à la Terreur. La Société des études robespierristes se réunit alors dans une petite salle de la Sorbonne pour rendre hommage au révolutionnaire, mais il y eut peu de monde et pour ainsi dire pas d'échos à cette manifestation.

Robespierre n'en finit donc pas de rester au purgatoire de l'Histoire, quand ce n'est pas dans son enfer. Il est fort probable qu'il n'en sortira jamais. À tort ou à raison ? Le personnage est trop complexe pour qu'on puisse répondre à cette question. Il reste trop lié aux massacres de la guillotine pour qu'il puisse en être autrement.

On peut peut-être laisser le mot de la fin à Robert Escarpit qui, dans un de ses célèbres billets du *Monde*, écrivit le 12 mai 1958, à la veille du processus du retour du général de Gaulle et pour l'anniversaire du deuxième centenaire de la naissance de Robespierre :

> J'éprouve par goût plus de sympathie pour Danton que pour l'implacable Artésien et mes convictions sont plus girondines que montagnardes. Mais Robespierre est Robespierre. C'est un des très rares hommes de notre histoire dont on peut dire que pendant un court instant, il a été la France, et, ce qui est peut-être plus difficile encore, le peuple français. C'est un honneur qui ne pardonne pas. Quand on est entré ainsi dans la gloire, le plus difficile est d'en sortir. Tout le monde ne réussit pas son Neuf Thermidor.

# ANNEXES

# REPÈRES CHRONOLOGIQUES

1758. *6 mai* : naissance de Maximilien Marie-Isidore à Arras de François de Robespierre, avocat, et de Jacqueline Marguerite Carraut, fille d'un brasseur artésien.
1759. Naissance de Charlotte de Robespierre qui laissera des *Mémoires* où elle parlera, pour l'exalter, de son frère.
1761. Naissance d'Henriette de Robespierre.
1763. Naissance d'Augustin de Robespierre.
1764. Mort en couches de la mère de Maximilien de Robespierre qui est âgé alors de six ans. Elle laisse quatre enfants. Le père disparaît et ne reviendra plus guère les voir.
1765. Le tout jeune Maximilien est élevé par son grand-père maternel et il fait ses études au collège d'Arras.
1769. Bon élève, âgé de onze ans, Maximilien obtient une bourse pour poursuivre ses études au collège Louis-le-Grand à Paris où il sera pensionnaire de longues années.
1769-1775. De l'avis du principal du collège, qui pourtant ne le ménagera pas dans ses souvenirs, Maximilien est un excellent élève, fasciné par l'histoire romaine. Mais il est solitaire et supporte mal la pauvreté de ses vêtements en regard de ceux de ses camarades, comme le futur révolutionnaire Camille Desmoulins.
1775. Parce qu'il est le meilleur élève de sa classe, Maximilien est chargé de faire un compliment au roi Louis XVI et à la reine Marie-Antoinette qui viennent à passer devant le collège, après le couronnement à Reims.
1777. Mort du père de Maximilien à Munich.
1780. Maximilien est reçu bachelier en droit. Il a vingt-deux ans.

1781. Il devient avocat, après avoir passé une licence en droit, et plaide au barreau de Paris. Il peut compter sur une nouvelle bourse que ses maîtres lui ont décernée, et son frère Augustin, qui fait des études également à Louis-le-Grand, se voit rétrocéder en sa faveur la bourse qui avait été octroyée à Maximilien.
À la fin de l'année, il revient à Arras pour y vivre avec sa sœur Charlotte qui a été prise en charge par les sœurs d'un couvent. Ils s'installent tous les deux rue du Saumon dans une petite maison, et Maximilien s'inscrit au barreau d'Arras.
1782. Il plaide quelques causes et devient juge au tribunal de l'Évêché. Il s'installe alors dans un quartier moins modeste et plus bourgeois, rue des Jésuites. Il travaille beaucoup, fréquente une société littéraire, les Rosati, s'essaye à des poèmes et à des madrigaux. Il est contraint, bouleversé, de signer une condamnation à mort. À cette époque, il le supporte mal.
1784. Robespierre est reçu à l'Académie des belles-lettres d'Arras, rédige des textes pour des concours littéraires.
1787. Il commence à s'intéresser à la politique devant la crise financière que traverse la France à laquelle le ministre Calonne tente de trouver des solutions, mais en vain.
1788. Robespierre, dans l'agitation de la préparation des États généraux, publie une brochure : « À la nation artésienne, sur la nécessité de réformer les États d'Artois. »
1789. C'est la corporation des savetiers qui charge Robespierre de rédiger leur cahier de doléances en vue des États généraux où il sera finalement élu. Il quitte Arras à la fin du mois d'avril avec quelques députés.
Robespierre, député du tiers état, défile le 5 mai devant le roi, puis participe aux premiers travaux des États généraux, fréquente les cafés où il rencontre d'autres députés, est reçu par Necker et sa fille, la future Mme de Staël.
*20 juin* : Robespierre se rallie au serment du Jeu de paume qui entend transformer les États généraux en Assemblée afin de donner une Constitution à la France
*9 juillet* : Robespierre avec quelques collègues demande au roi de retirer les troupes qui encerclent Paris.
*14 juillet* : prise de la Bastille.
*4 août* : la noblesse accepte l'abolition des privilèges.

*20 juillet* : visite de la Bastille qui commence à être détruite pierre par pierre.

*Août* : première rédaction de la *Déclaration des droits de l'homme et du citoyen*. Il y en aura plusieurs, dont certaines proposées par Robespierre.

Publication à la fin septembre de son *Discours contre le veto royal, soit absolu, soit suspensif, qu'on veut introduire dans la future Constitution de 1791*.

Journées des *6 et 7 octobre* par lesquelles le roi et sa famille sont contraints par des émeutiers venus de Paris de gagner les Tuileries. Les députés de l'Assemblée constituante rallient la capitale où ils vont siéger.

1789-90. Robespierre s'installe dans un petit appartement rue de Saintonge. Il va désormais rythmer sa vie sur les événements de la Révolution française (qui sont cités dans cette biographie) et sur ses interventions soit à l'Assemblée constituante, soit au club des Jacobins, ce qui nous paraît primordial. Dans la première, il ne sera pas toujours écouté et le plus souvent hué, car il manque d'éloquence, au contraire d'un Mirabeau et d'un Danton. Mais Robespierre prononcera des discours qui, pour la plupart, seront imprimés, surtout lorsqu'il aura été empêché par ses collègues de les prononcer et qui sont devenus pour beaucoup d'entre eux célèbres. Nous en citons dans cette chronologie les principaux.

1791. *27-28 avril* : *Discours sur l'organisation des gardes nationales*. Ce discours a été publié auparavant à la mi-décembre 1791.

*16 mai. Discours sur la réélection des membres de l'Assemblée nationale.*

*30 mai* : *Discours contre la peine de mort.*

*22 juin* : *Discours sur la fuite du roi*, prononcé aux Jacobins.

*17 juillet* : émeute du Champ-de-Mars réprimée par la garde nationale conduite par La Fayette.

*Août* : Robespierre s'installe jusqu'à sa mort chez Duplay, entrepreneur de menuiserie, rue Saint-Honoré.

*22 août* : *Discours sur la liberté de la presse*, prononcé en mai à la Société des amis de la Constitution.

*30 septembre* : une fois la Constitution rédigée, la Constitution civile du clergé votée, la séparation des pouvoirs approuvée, l'Assemblée nationale constituante se sépare. Aucun de ses membres ne sera rééligible dans l'Assemblée législative qui succède, parmi lesquels naturellement Robespierre.

*18 décembre* : *Premier discours contre la guerre*, prononcé aux Jacobins.

1792. *2 janvier* : *Second discours contre la guerre*, prononcé aux Jacobins.

*27 avril* : *Réponse aux discours de Brissot et de Guadet, partisans girondins d'une France fédérale*, prononcé aux Jacobins.

*Discours sur le respect dû aux lois et aux autorités constituées*, qui ne sera pas prononcé mais paraîtra dans *Le Défenseur de la Constitution* le 17 juin.

Journée du 20 juin et journée du 10 août qui s'achève par la destitution de Louis XVI.

*21 septembre* : proclamation de la République par la Convention nationale, dont Robespierre fait partie.

*28 octobre* : *Sur l'influence de la calomnie sur la Révolution*, discours prononcé aux Jacobins.

*2 décembre* : *Opinion sur les subsistances*, discours prononcé devant la Convention nationale.

*3 décembre* : *Premier discours sur le jugement de Louis XVI*, prononcé à la Convention nationale.

*28 décembre* : *Second discours sur le jugement de Louis XVI*, prononcé à la Convention.

1793. *21 janvier* : Louis XVI est décapité.

*10 avril* : « Discours contre Brissot et les Girondins » publié dans *Lettres à ses commettants*.

*Avril* : début de la Terreur. Robespierre y est impliqué comme membre du Comité de salut public qui va faire voter toutes les lois répressives.

*10 mai* : discours devant la Convention *Sur la Constitution à donner à la France*.

*31 mai et 2 juin* : chute des Girondins, l'élément modéré de la Convention, à laquelle Robespierre n'est pas étranger.

*13 juillet* : mort de Marat, assassiné par Charlotte Corday.

*16 octobre* : Marie-Antoinette est décapitée.

*1$^{er}$ frimaire, an II, 21 novembre* : *Discours pour la liberté des cultes*, prononcé aux Jacobins.

*15 frimaire, 5 décembre* : *Réponse de la Convention nationale aux manifestes des rois ligués contre la République*.

*27 brumaire, 17 décembre : Rapport prononcé à la Convention sur la situation politique de la République.*
*5 nivôse, 25 décembre : Discours fait au nom du Comité de salut public devant la Convention sur les principes du gouvernement révolutionnaire.*

1794. *17 pluviôse, 5 février : Sur les principes de morale politique qui doivent guider la Convention nationale dans l'administration intérieure de la République.*
*4 germinal, 24 mars* : le Comité de salut public fait exécuter les Hébertistes qui rêvent d'une révolution plus radicale.
*16 germinal, 5 avril* : le Comité de salut public fait exécuter les partisans de Danton dont Camille Desmoulins, camarade de classe de Robespierre, jugés trop modérés. Robespierre, ayant éliminé tous ses adversaires, apparaît comme le maître de la France. D'où l'accusation de dictature portée contre lui.
*18 floréal, 7 mai* : Rapport sur les idées religieuses et morales prononcé devant la Convention. Organisation par Robespierre de la fête de l'Être suprême et réorganisation de l'armée qui aboutit en juin à la victoire de Fleurus dont Carnot est l'instigateur.
*7 prairial, 26 mai : Sur les ennemis de la nation*, discours prononcé à la Convention.
Robespierre fait voter la loi du 22 prairial (10 juin) qui donne tout pouvoir discrétionnaire au Tribunal révolutionnaire. Il semble convaincu que la Terreur sera instituée pour longtemps.
*8 thermidor, 26 juillet* : dernier discours de Robespierre à la Convention. Robespierre et ses amis, parmi lesquels Saint-Just, Couthon, son frère Augustin, sont arrêtés et déclarés hors la loi, donc ils n'auront droit à aucun procès.
*9 thermidor, 27 juillet* : exécution de Robespierre et de ses amis.

# RÉFÉRENCES BIBLIOGRAPHIQUES

LES SOURCES

Essentiellement : *Robespierre, Œuvres complètes*, 10 tomes, reprise de l'édition de la Société des études robespierristes de 1939, Miraval, 2008.

Tous les journaux parus sous la Révolution française et en particulier les plus célèbres non seulement par leur impact mais par leurs dirigeants : *L'Ami du peuple* de Jean-Paul Marat, *Les Révolutions de France et de Brabant* de Camille Desmoulins, qui a auparavant dirigé *Le Père Duchesne* de Jacques Hébert ; *Les Actes des Apôtres* de Peletier, d'obédience royaliste, où écrit Rivarol ; *Le Moniteur universel* qui, avec *Le Mercure de France* de Malet du Pan, est un journal d'information et exclut la polémique et correspond aujourd'hui au *Journal officiel* ; *Le Journal des Jacobins* qui, en fait, se nomme *Journal des Débats de la Société des amis de la Constitution, séante aux Jacobins à Paris* où sont imprimés tous les discours que Robespierre a prononcés devant cette Institution ; *Le Défenseur de la Constitution*, dirigé un moment par Robespierre. Mais on peut compter quelque mille cinq cents périodiques dans toute la France, dont certains, comme *Les États généraux*, dirigé par Mirabeau, n'aura qu'un seul numéro, avant d'être interdit !

Les *Mémoires* de l'abbé Proyart qui a connu Robespierre adolescent à Louis-le-Grand, qui hait le personnage mais qui apporte des témoignages de première main sur la jeunesse du révolutionnaire : *La Vie et les Crimes de Robespierre*, Augsbourg, 1795.

Bien entendu, il y a également les Mémoires de ceux qui ont survécu à Robespierre et ont été ses ennemis implacables. Aussi doivent-ils être tenus comme des livres de curiosités et non point comme des livres d'histoire dont les arguments et les jugements sont à la fois partisans et suspects.

On peut faire une mention spéciale aux *Mémoires* de Charlotte Robespierre (Nouveau Monde Éditions, 2006), sa sœur, qui sont évidemment eux aussi fort peu crédibles, tant la malheureuse essaye de justifier les actes de son frère, mais qui nous renseignent utilement et semble-t-il avec quelque vérité sur la jeunesse de Robespierre.

## BIOGRAPHIES ET OUVRAGES GÉNÉRAUX SUR LA RÉVOLUTION FRANÇAISE

Ils sont tellement abondants qu'ils formeraient à eux seuls un ouvrage. Mais incontestablement, ils se copient souvent les uns les autres. Nous nous en tiendrons donc à quelques ouvrages qui nous paraissent capitaux.

Albert Mathiez, *La Révolution française*, 3 tomes, Éditions Armand Colin, 1922-1927 : un des grands maîtres de l'Université au XX$^e$ siècle sur la Révolution française à laquelle, il ne s'en cache pas, il est entièrement favorable. On a publié de lui des notes qu'il avait laissées pour rédiger un ouvrage sur Robespierre : *Études sur Robespierre*, Messidor/Éditions sociales, 1988. Mort brutalement en 1932 alors qu'il donnait un cours à la Sorbonne, il aura de nombreux disciples, parmi lesquels Albert Soboul, qui fut un de nos professeurs, et auquel on doit un ouvrage sur *La Révolution française*, PUF, 1989, un autre sur *Les Sans-Culottes*, Seuil, 1968. Il ne cachait pas son appartenance au parti communiste.

Si on ne peut passer sous silence la très belle synthèse de Georges Lefebvre, *La Révolution française*, dans la collection « Peuples et Civilisations », PUF, 1951, il est un ouvrage en deux tomes qui, à mon sens, n'a pas été dépassé par l'abondance de sa documentation, c'est celui de Gérard Walter, dans la collection « Leurs Figures », *Robespierre, sa vie, son œuvre*, Gallimard, 1961.

On doit aussi à Gérard Walter, qui aime laisser s'exprimer Robespierre, son entourage, ses contemporains et ses historiens du XIX$^e$ siècle, une *Histoire de la Terreur, 1793-1794* (Albin Michel, 1938), ainsi que dans *Le Mémorial des siècles, XVIII$^e$ siècle*, les événe-

*ments, La Révolution française* (Albin Michel, 1967). Trois ouvrages capitaux auxquels ce livre doit beaucoup.

On ne saurait non plus oublier le *Robespierre* (Club français du livre, 1956) de Jean Massin, d'inspiration ouvertement marxiste, Marx et Lénine étant souvent cités, mais qui, dans la perspective nécessairement partisane qu'il donne à son personnage, réussit à le rendre à la fois logique, implacable, mais sans cruauté gratuite.

Une plus récente biographie, à la fois importante non seulement par sa documentation, mais aussi par les jugements portés sur le révolutionnaire qui sont parfois d'une très belle tenue et surtout ouvrent des perspectives intéressantes sur Robespierre et son caractère, est due à Laurent Dingli, *Robespierre* (Flammarion 2004). Outre la clarté et surtout l'énorme travail fourni pour être le plus précis possible, l'auteur a joint à son ouvrage de nombreuses notes, un index et une bibliographie impressionnante. On doit saluer ce travail imposant où l'auteur, tout en ne cachant pas son antipathie pour Robespierre, tente d'en comprendre les énigmes.

Il serait injuste d'omettre un remarquable petit ouvrage : Marc Bouloiseau, *Robespierre* (PUF, coll. « Que sais-je ? », 1957), qui fait une synthèse assez éblouissante et dans tous les cas très convaincante à la fois de la pensée et des actes de Robespierre.

D'autres biographies et études sont de première importance, notamment pour expliquer la psychologie si complexe de Robespierre :

Jean Artarit, *Robespierre*, Éditions du CNRS, 2009.

Pierre Bessand-Massenet, *Robespierre*, Éditions de Fallois, 2001.

Françoise Brunel, *Thermidor, la chute de Robespierre*, Éditions Complexe, 1989.

Max Gallo, *L'Homme Robespierre, histoire d'une solitude*, Perrin, 2008.

Romain Rolland, *Théâtre de la Révolution, Robespierre*, Albin Michel, 1939. Une curiosité qui n'est pas sans intérêt par l'auteur d'*Au-dessus de la mêlée* et prix Nobel de littérature.

Il existe également sur les amis politiques de Robespierre des ouvrages innombrables, notamment sur Saint-Just. Ainsi qu'une pléiade de monographies diverses sur tel ou tel point de la vie et de l'œuvre de Robespierre. Il est impossible de les citer, mais nous conseillons aux lecteurs qui souhaiteraient en apprendre encore davantage sur Robespierre de se reporter à la bibliographie du tome II du *Robespierre* de Gérard Walter, précédemment cité. On peut dire que celle-ci est exhaustive.

# NOTES

### ENFANCE, ADOLESCENCE,
### JEUNESSE STUDIEUSES ET SOLITAIRES

1. L'abbé Proyart, *Vie de Maximilien Ropespierre*, M. Théry, 1850.
2. *Ibid.*
3. Camille Desmoulins, in *Révolutions de France et de Brabant*, octobre 1792.
4. Romain Rolland, *Théâtre de la Révolution, Robespierre*, Albin Michel, 1939.
5. *Mémoires de Charlotte Robespierre sur ses deux frères*, Paris, Dépôt Central, 1835.
6. Robespierre, *Œuvres complètes*, Miraval, 2008.
7. *Ibid.*
8. *Ibid.*
9. *Ibid.*
10. *Ibid.*
11. *Ibid.*
12. *Ibid.*
13. Charles de Lacretelle, in *Le Mercure de France*, 1784.
14. Montesquieu, *L'Esprit des lois*, 1748.
15. Robespierre, *Œuvres complètes*, *op. cit.*
16. Jean-Jacques Rousseau, *Profession de foi du Vicaire savoyard*, Gallimard, coll. « Folio essais », 2010.

## SES DÉBUTS EN POLITIQUE

1. *M. de Robespierre*, s.d., nouvelle édition 1789.
2. *Ibid.*
3. *Ibid.*
4. *Ibid.*
5. *Ibid.*
6. *Ibid.*
7. *Ibid.*
8. L'abbé Proyart, *Vie de Maximilien Ropespierre, op. cit.*
9. *Histoire de France par les chansons. La Révolution*, Gallimard, 1957.
10. Robespierre, *Œuvres complètes, op. cit.*
11. Cité par Jean Massin, *Robespierre*, Club français du livre, 1956.
12. Révolution française, *Histoire de dix ans*, Pagnerre éditeur, 1841, tome 1.
13. Robespierre, *Œuvres complètes, op. cit.*
14. René de Chateaubriand, *Mémoires d'outre-tombe*, Gallimard, coll. « Quarto », 1997.
15. Robespierre, *Œuvres complètes, op. cit.*
16. *Ibid.*
17. *Ibid.*
18. *Ibid.*
19. *Ibid.*
20. *Ibid.*
21. *Ibid.*
22. *Ibid.*
23. *Ibid.*
24. *Ibid.*

## DE L'ASSEMBLÉE CONSTITUANTE AU CLUB DES JACOBINS

1. Robespierre, *Œuvres complètes, op. cit.*
2. *Ibid.*
3. *Ibid.*
4. *Ibid.*
5. *Ibid.*
6. *Ibid.*
7. *Ibid.*

8. *Ibid.*
9. *Ibid.*
10. *Ibid.*
11. *Ibid.*
12. *Ibid.*
13. *Ibid.*
14. Camille Desmoulins, *Les Révolutions de France et de Brabant*, mars 1791.
15. Robespierre, *Œuvres complètes, op. cit.*
16. *Ibid.*
17. *Ibid.*
18. *Ibid.*
19. *Ibid.*
20. Lettre à Robespierre du club patriotique de Toulon, avril 1790. Cité par Gérard Walter, *Robespierre*, Gallimard, 1961.
21. *Ibid.*
22. *Ibid.*
23. *Ibid.*
24. *Ibid.*
25. *Ibid.*
26. *Ibid.*
27. *Ibid.*
28. Édouard Herriot, *Le Rappel*, 3 septembre 1913.

## LA QUESTION DE LA MONARCHIE

1. Robespierre, *Œuvres complètes, op. cit.*
2. *Ibid.*
3. *Ibid.*
4. *Ibid.*
5. *Ibid.*
6. *Ibid.*
7. Cité par Camille Desmoulins, *Les Révolutions de France et de Brabant, op. cit.*
8. Robespierre, *Œuvres complètes, op. cit.*
9. *Ibid.*
10. *Ibid.*
11. Séance du club des Jacobins du 22 juin 1791, Robespierre, *Œuvres complètes, op. cit.*
12. *Ibid.*

13. Robespierre, *Œuvres complètes, op. cit.*
14. Séance de la Constituante du 15 juillet 1791, Paris, Imprimerie nationale, 1791.
15. Robespierre, *Œuvres complètes, op. cit.*
16. *Ibid.*
17. « Lettre des Marseillais » à Robespierre du 18 avril 1791, Robespierre, *Œuvres complètes, op. cit.*
18. *Ibid.*
19. *Ibid.*
20. *Ibid.*
21. *Ibid.*
22. *Ibid.*
23. *Ibid.*
24. *Ibid.*
25. *Ibid.*
26. *Ibid.*
27. Camille Desmoulins, discours au Club des Jacobins du 21 octobre 1791, cité par Alphonse Aulard, *La Société des Jacobins*, 6 vol., 1889-1897.
28. Intervention de Robespierre du 30 septembre 1791, *ibid.*

ROBESPIERRE DIRIGE LA RÉVOLUTION
DEPUIS LE CLUB DES JACOBINS

1. Robespierre, *Œuvres complètes, op. cit.*
2. *Ibid.*
3. Cicéron, *Œuvres*, Pancoucke, 1838, t. 16.
4. Robespierre, *Œuvres complètes, op. cit.*
5. *Ibid.*
6. *Ibid.*
7. *Ibid.*
8. *Ibid.*
9. *Ibid.*
10. *Ibid.*
11. *Ibid.*
12. *Ibid.*
13. *Ibid.*
14. *Ibid.*
15. *Ibid.*

16. *Ibid.*
17. *Ibid.*
18. *Ibid.*
19. Brissot, *Mémoires et Testament politique*, 4 vol., 1829-1832.
20. Robespierre, *Œuvres complètes, op. cit.*
21. *Ibid.*
22. *Ibid.*
23. *Ibid.*
24. *Ibid.*
25. Jean-Jacques Rousseau, *Profession de foi du Vicaire savoyard, op. cit.*
26. Robespierre, *Œuvres complètes, op. cit.*
27. *Ibid.*
28. *Ibid.*
29. *Ibid.*
30. *Ibid.*
31. *Ibid.*

### L'INCORRUPTIBLE

1. Robespierre, *Œuvres complètes, op. cit.*
2. *Ibid.*
3. *Ibid.*
4. *Ibid.*
5. Platon, *La République*.
6. Robespierre, *Œuvres complètes, op. cit.*
7. *Ibid.*
8. *Ibid.*
9. *Ibid.*
10. *Ibid.*
11. *Ibid.*
12. *Ibid.*
13. *Ibid.*
14. *Ibid.*
15. *Ibid.*
16. *Ibid.*
17. *Ibid.*
18. Gérard Walter, *Histoire de la Terreur, 1793-1794*, Albin Michel, 1938.
19. Billet conservé aux Archives nationales.

## PROCLAMATION DE LA RÉPUBLIQUE : ROBESPIERRE SIÈGE À LA CONVENTION

1. Robespierre, *Œuvres complètes*, *op. cit.*
2. *Ibid.*
3. Montesquieu, *De l'esprit des lois*, Gallimard, coll. « Folio essais », 1995.
4. Robespierre, *Œuvres complètes*, *op. cit.*
5. *Ibid.*
6. *Ibid.*
7. *Ibid.*
8. *Ibid.*
9. *Ibid.*
10. *Ibid.*
11. *Ibid.*
12. *Ibid.*
13. *Ibid.*
14. *Ibid.*
15. *Ibid.*
16. *Ibid.*
17. *Ibid.*
18. *Ibid.*
19. *Discours à la Convention*, in *Discours*, Fasquelle, 1920.
20. *Ibid.*
21. *Ibid.*
22. *Ibid.*
23. *Ibid.*
24. *Ibid.*
25. *Ibid.*
26. *Ibid.*
27. *Ibid.*
28. *Ibid.*
29. *Ibid.*
30. *Ibid.*
31. *Ibid.*
32. *Ibid.*

## VERS UNE RADICALISATION
## DE LA RÉVOLUTION

1. Robespierre, *Œuvres complètes, op. cit.*
2. *Ibid.*
3. *Ibid.*
4. *Ibid.*
5. *Ibid.* Discours de Pétion à la Convention, cité par Jean Massin, *Robespierre, op. cit.*
6. *Ibid.*
7. *Ibid.* Cité par Laurent Dingli, *Robespierre*, Flammarion, 2004.
8. *Ibid.*
9. *Ibid.*
10. *Ibid.*
11. Robespierre, *Œuvres complètes, op. cit.*
12. *Ibid.*
13. *Ibid.*
14. *Ibid.*
15. *Ibid.*
16. *Ibid.*
17. *Ibid.*
18. *Ibid.*
19. *Ibid.*
20. *Ibid.*
21. *Ibid.*
22. *Ibid.*
23. *Ibid.*
24. *Ibid.*
25. *Ibid.*
26. *Ibid.*
27. *Ibid.*
28. *Ibid.*
29. *Ibid.*
30. *Ibid.*

## LES PRÉMICES DE LA TERREUR

1. Robespierre, *Œuvres complètes, op. cit.*
2. *Ibid.*

3. *Ibid.*
4. Camille Desmoulins, *Les Révolutions de France et de Brabant*, *op. cit.*
5. Robespierre, *Œuvres complètes*, *op. cit.*
6. *Ibid.*
7. *Ibid.*
8. *Ibid.*
9. *Ibid.*
10. *Ibid.*
11. *Ibid.*
12. *Ibid.*
13. *Ibid.*
14. *Ibid.*
15. *Ibid.*
16. *Ibid.*
17. *Ibid.*
18. *Ibid.*
19. *Ibid.*
20. Comte Colchen, *Mémoires*, publié par H. de Montbas dans la *Revue des Deux Mondes*, 15 septembre 1952.
21. Robespierre, *Œuvres complètes*, *op. cit.*
22. *Ibid.*
23. *Ibid.*
24. *Ibid.*
25. *Ibid.*
26. *Ibid.*
27. *Ibid.*
28. *Ibid.*
29. *Ibid.*

### VERS UNE RÉVOLUTION PERMANENTE

1. Robespierre, *Œuvres complètes*, *op. cit.*
2. *Ibid.*
3. *Ibid.*
4. Albert Mathiez, *La Révolution française*, Armand Colin, 1822-1827.
5. *Ibid.*
6. *Ibid.*
7. *Ibid.*

8. Charles de Lacretelle, *Histoire de France pendant le XVIII⁰ siècle*, Librairie Delauney, 1830.
9. Robespierre, *Œuvres complètes, op. cit.*
10. *Ibid.*
11. *Ibid.*
12. *Ibid.*
13. *Ibid.*
14. *Ibid.*
15. *Ibid.*
16. *Ibid.*
17. *Ibid.*
18. *Ibid.*
19. *Ibid.*
20. *Ibid.*
21. *Ibid.*
22. *Ibid.*
23. *Ibid.*
24. *Ibid.*

UNE RÉVOLUTION IDÉALE PAR LA TERREUR ?

1. Robespierre, *Œuvres complètes, op. cit.*
2. *Ibid.*
3. *Ibid.*
4. *Ibid.*
5. *Ibid.*
6. *Ibid.*
7. *Ibid.*
8. *Ibid.*
9. *Charles Nodier. Souvenirs de la Révolution française et de l'Empire*, Paris, Charpentier, s.d.
10. *Benjamin Constant, Des effets de la Terreur*, 1797.
11. Robespierre, *Œuvres complètes, op. cit.*
12. *Ibid.*
13. *Ibid.*
14. *Ibid.*
15. *Ibid.*
16. *Ibid.*

## UN DICTATEUR DÉGUISÉ ?

1. Robespierre, *Œuvres complètes*, *op. cit.*
2. *Ibid.*
3. *Ibid.*
4. Joseph Fouché, *Mémoires*, Paris, 1824, t. I.
5. Robespierre, *Œuvres complètes*, *op. cit.*
6. *Ibid.*
7. Jacques-Nicolas Billaud-Varenne, *Mémoires*, Planchu-Domère, Librairies, 1821.
8. Robespierre, *Œuvres complètes*, *op. cit.*
9. Helena Maria Williams, *Souvenirs sur la Révolution française*, Paris, Champion, 1930.
10. Robespierre, *Œuvres complètes*, *op. cit.*
11. *Ibid.*
12. Joseph de Maistre, *Considérations sur la France*, Londres, s.éd., 1797.

## DERNIER DISCOURS DE ROBESPIERRE : SON TESTAMENT POLITIQUE

1. Robespierre, *Œuvres complètes*, *op. cit.*
2. *Ibid.*
3. *Ibid.*
4. *Ibid.*

## LES DERNIÈRES HEURES

1. Robespierre, *Œuvres complètes*, *op. cit.*
2. *Ibid.*
3. Georges Couthon, *Documents inédits sur la Révolution française*, édition établie par Francisque Mège, A. Aubry, 1872.
4. Robespierre, *Œuvres complètes*, *op. cit.*
5. *Ibid.*
6. Bernard Barère, *Mémoires*, publiées par MM. Hyppolyte Carnet et David d'Angers, Bruxelles, Méline, Cans et Compagnie, 1842.
7. Pierre Larousse, *Grand Dictionnaire universel du XIX$^e$ siècle* (1866-1877), article « Legendre ».
8. Déclaration des droits de l'homme.

9. Cité par Gérard Walter, *Robespierre*, op. cit.

10. *Précis historique des événements qui se sont passés dans la soirée du Neuf Thermidor, adressé au Ministre de la Guerre, le 30 Fructidor an X*, par C. A. Merda, Paris, Beaudoin frères, 1825.

11. *Précis historique de la vie des crimes de Robespierre*, Imp. Delange, 1797.

12. Cité par Gérard Walter, *Robespierre*, op. cit.

13. *Histoire de France par les chansons*, op. cit.

## ROBESPIERRE NE SE CONCLUT PAS

1. *Souvenirs du comte de Montgaillard*, Paris, Ollendorf, 1895.

2. *Mémorial de Sainte-Hélène par le comte de Las Cases*, Gallimard, coll. « Bibliothèque de La Pléiade », 1999.

3. Adolphe Thiers, *Histoire de la Révolution française*, Bruxelles, A. Jamar, 1840.

4. Armand Carrel, *Rapport à la Société de défense de la liberté de la presse*, Michel Levy Frères, 1842.

5. Alphonse de Lamartine, *Histoire des Girondins*, Paris, Furne et Cie/W. Coquebert éd., 1847.

6. George Sand, *Histoire de ma Vie*, Gallimard, coll. « Quarto », 2004.

7. Jules Michelet, *Histoire de la Révolution française*, Chamerot, Libraire-éditeur, 1847.

8. Jean Jaurès, « Histoire sociale de la révolution française », in *Œuvres*, Fayard, 2000.

9. Victor Hugo, *Quatrevingt-Treize*, édition de Bernard Leuilliot, Le Livre de Poche classique, 2001.

| | |
|---|---|
| *Avertissement* | 9 |
| Enfance, adolescence, jeunesse studieuses et solitaires | 12 |
| Ses débuts en politique | 33 |
| De l'Assemblée constituante au club des Jacobins | 55 |
| La question de la monarchie | 77 |
| Robespierre dirige la Révolution depuis le club des Jacobins | 99 |
| L'Incorruptible | 122 |
| Proclamation de la République : Robespierre siège à la Convention | 143 |
| Vers une radicalisation de la Révolution | 167 |
| Les prémices de la Terreur | 188 |
| Vers une révolution permanente | 213 |
| Une révolution idéale par la Terreur ? | 231 |
| Un dictateur déguisé ? | 250 |
| Dernier discours de Robespierre : son testament politique | 267 |
| Les dernières heures | 282 |
| Robespierre ne se conclut pas | 300 |

## ANNEXES

*Repères chronologiques*   315
*Références bibliographiques*   320
*Notes*   323

## FOLIO BIOGRAPHIES

*Alexandre le Grand*, par JOËL SCHMIDT

*Lou Andreas-Salomé*, par DORIAN ASTOR

*Attila*, par ÉRIC DESCHODT. Prix « Coup de cœur en poche 2006 » décerné par *Le Point*.

*Joséphine Baker*, par JACQUES PESSIS

*Balzac*, par FRANÇOIS TAILLANDIER

*Baudelaire*, par JEAN-BAPTISTE BARONIAN

*Beethoven*, par BERNARD FAUCONNIER

*Sarah Bernhardt*, par SOPHIE AUDE PICON

*Bouddha*, par SOPHIE ROYER

*James Brown*, par STÉPHANE KOECHLIN

*Maria Callas*, par RENÉ DE CECCATTY

*Calvin*, par JEAN-LUC MOUTON

*Camus*, par VIRGIL TANASE

*Le Caravage*, par GÉRARD-JULIEN SALVY

*Casanova*, par MAXIME ROVERE

*Céline*, par YVES BUIN

*Jules César*, par JOËL SCHMIDT

*Cézanne*, par BERNARD FAUCONNIER. Prix de biographie de la ville de Hossegor 2007.

*Chaplin*, par MICHEL FAUCHEUX

*Chopin*, par PASCALE FAUTRIER

*Cléopâtre*, par JOËL SCHMIDT

*Albert Cohen*, par FRANCK MÉDIONI

*Colette*, par MADELEINE LAZARD

*Christophe Colomb*, par MARIE-FRANCE SCHMIDT

*Marie Curie*, par JANINE TROTEREAU

*James Dean*, par JEAN-PHILIPPE GUERAND

*Debussy*, par ARIANE CHARTON

*Dickens*, par JEAN-PIERRE OHL

*Diderot*, par RAYMOND TROUSSON

*Marlene Dietrich*, par JEAN PAVANS

*Dostoïevski*, par VIRGIL TANASE

*Albert Einstein*, par LAURENT SEKSIK

*Fellini*, par BENITO MERLINO

*Flaubert*, par BERNARD FAUCONNIER

*Freud*, par RENÉ MAJOR et CHANTAL TALAGRAND

*Gandhi*, par CHRISTINE JORDIS. Prix du livre d'histoire de la ville de Courbevoie 2008.

*Federico García Lorca*, par ALBERT BENSOUSSAN

*De Gaulle*, par ÉRIC ROUSSEL

*Geronimo*, par OLIVIER DELAVAULT

*Goya*, par MARIE-FRANCE SCHMIDT

*Jimi Hendrix*, par FRANCK MÉDIONI

*Billie Holiday*, par SYLVIA FOL

*Victor Hugo*, par SANDRINE FILLIPETTI

*Ibsen*, par JACQUES DE DECKER

*Jésus*, par CHRISTIANE RANCÉ

*Janis Joplin*, par JEAN-YVES REUZEAU

*Kafka*, par GÉRARD-GEORGES LEMAIRE

*Gene Kelly*, par ALAIN MASSON

*Kerouac*, par YVES BUIN

*Martin Luther King*, par ALAIN FOIX

*Lapérouse*, par ANNE PONS

*Franz Liszt*, par FRÉDÉRIC MARTINEZ

*Louis XIV*, par ÉRIC DESCHODT

*Louis XVI*, par BERNARD VINCENT

*Auguste et Louis Lumière*, par MICHEL FAUCHEUX

*Machiavel*, par HUBERT PROLONGEAU

*Maupassant*, par FRÉDÉRIC MARTINEZ

*Bob Marley*, par JEAN-PHILIPPE DE TONNAC

*Michel-Ange*, par NADINE SAUTEL

*Mishima*, par JENNIFER LESIEUR

*Modigliani,* par CHRISTIAN PARISOT
*Molière,* par CHRISTOPHE MORY
*Marilyn Monroe,* par ANNE PLANTAGENET
*Moïse,* par CHARLES SZLAKMANN
*Jim Morrison,* par JEAN-YVES REUZEAU
*Mozart,* par JEAN BLOT
*Musset,* par ARIANE CHARTON
*Napoléon,* par PASCALE FAUTRIER
*Nerval,* par GÉRARD COGEZ
*Nietzsche,* par DORIAN ASTOR
*Pasolini,* par RENÉ DE CECCATTY
*Pasteur,* par JANINE TROTEREAU
*Picasso,* par GILLES PLAZY
*Marco Polo,* par OLIVIER GERMAIN-THOMAS
*Louis Renault,* par JEAN-NOËL MOURET
*Rimbaud,* par JEAN-BAPTISTE BARONIAN. Prix littéraire 2011 du parlement de la Fédération Wallonie Bruxelles.
*Robespierre,* par JOËL SCHMIDT
*Rousseau,* par RAYMOND TROUSSON
*Shakespeare,* par CLAUDE MOURTHÉ
*Stendhal,* par SANDRINE FILLIPETTI
*Jacques Tati,* par JEAN-PHILIPPE GUERAND
*Tchekhov,* par VIRGIL TANASE
*Toussaint Louverture,* par ALAIN FOIX
*Van Gogh,* par DAVID HAZIOT. Prix d'Académie 2008 décerné par l'Académie française (fondation Le Métais-Larivière).
*Verlaine,* par JEAN-BAPTISTE BARONIAN
*Boris Vian,* par CLAIRE JULLIARD
*Léonard de Vinci,* par SOPHIE CHAUVEAU
*Wagner,* par JACQUES DE DECKER
*Andy Warhol,* par MERIAM KORICHI
*Oscar Wilde,* par DANIEL SALVATORE SCHIFFER

*Tennessee Williams*, par LILIANE KERJAN. Prix du Grand Ouest des écrivains de l'Ouest 2011.

*Virginia Woolf*, par ALEXANDRA LEMASSON

*Stefan Zweig*, par CATHERINE SAUVAT

# COLLECTION FOLIO

*Dernières parutions*

5170. Léon Tolstoï — *Le Diable*
5171. J.G. Ballard — *La vie et rien d'autre*
5172. Sebastian Barry — *Le testament caché*
5173. Blaise Cendrars — *Dan Yack*
5174. Philippe Delerm — *Quelque chose en lui de Bartleby*
5175. Dave Eggers — *Le grand Quoi*
5176. Jean-Louis Ezine — *Les taiseux*
5177. David Foenkinos — *La délicatesse*
5178. Yannick Haenel — *Jan Karski*
5179. Carol Ann Lee — *La rafale des tambours*
5180. Grégoire Polet — *Chucho*
5181. J.-H. Rosny Aîné — *La guerre du feu*
5182. Philippe Sollers — *Les Voyageurs du Temps*
5183. Stendhal — *Aux âmes sensibles*
5184. Alexandre Dumas — *La main droite du sire de Giac et autres nouvelles*
5185. Edith Wharton — *Le miroir* suivi de *Miss Mary Pask*
5186. Antoine Audouard — *L'Arabe*
5187. Gerbrand Bakker — *Là-haut, tout est calme*
5188. David Boratav — *Murmures à Beyoğlu*
5189. Bernard Chapuis — *Le rêve entouré d'eau*
5190. Robert Cohen — *Ici et maintenant*
5191. Ananda Devi — *Le sari vert*
5192. Pierre Dubois — *Comptines assassines*
5193. Pierre Michon — *Les Onze*
5194. Orhan Pamuk — *D'autres couleurs*
5195. Noëlle Revaz — *Efina*
5196. Salman Rushdie — *La terre sous ses pieds*
5197. Anne Wiazemsky — *Mon enfant de Berlin*

| | | |
|---|---|---|
| 5198. | Martin Winckler | *Le Chœur des femmes* |
| 5199. | Marie NDiaye | *Trois femmes puissantes* |
| 5200. | Gwenaëlle Aubry | *Personne* |
| 5201. | Gwenaëlle Aubry | *L'isolée* suivi de *L'isolement* |
| 5202. | Karen Blixen | *Les fils de rois et autres contes* |
| 5203. | Alain Blottière | *Le tombeau de Tommy* |
| 5204. | Christian Bobin | *Les ruines du ciel* |
| 5205. | Roberto Bolaño | *2666* |
| 5206. | Daniel Cordier | *Alias Caracalla* |
| 5207. | Erri De Luca | *Tu, mio* |
| 5208. | Jens Christian Grøndahl | *Les mains rouges* |
| 5209. | Hédi Kaddour | *Savoir-vivre* |
| 5210. | Laurence Plazenet | *La blessure et la soif* |
| 5211. | Charles Ferdinand Ramuz | *La beauté sur la terre* |
| 5212. | Jón Kalman Stefánsson | *Entre ciel et terre* |
| 5213. | Mikhaïl Boulgakov | *Le Maître et Marguerite* |
| 5214. | Jane Austen | *Persuasion* |
| 5215. | François Beaune | *Un homme louche* |
| 5216. | Sophie Chauveau | *Diderot, le génie débraillé* |
| 5217. | Marie Darrieussecq | *Rapport de police* |
| 5218. | Michel Déon | *Lettres de château* |
| 5219. | Michel Déon | *Nouvelles complètes* |
| 5220. | Paula Fox | *Les enfants de la veuve* |
| 5221. | Franz-Olivier Giesbert | *Un très grand amour* |
| 5222. | Marie-Hélène Lafon | *L'Annonce* |
| 5223. | Philippe Le Guillou | *Le bateau Brume* |
| 5224. | Patrick Rambaud | *Comment se tuer sans en avoir l'air* |
| 5225. | Meir Shalev | *Ma Bible est une autre Bible* |
| 5226. | Meir Shalev | *Le pigeon voyageur* |
| 5227. | Antonio Tabucchi | *La tête perdue de Damasceno Monteiro* |
| 5228. | Sempé-Goscinny | *Le Petit Nicolas et ses voisins* |
| 5229. | Alphonse de Lamartine | *Raphaël* |

| | | |
|---|---|---|
| 5230. | Alphonse de Lamartine | *Voyage en Orient* |
| 5231. | Théophile Gautier | *La cafetière et autres contes fantastiques* |
| 5232. | Claire Messud | *Les Chasseurs* |
| 5233. | Dave Eggers | *Du haut de la montagne, une longue descente* |
| 5234. | Gustave Flaubert | *Un parfum à sentir ou Les Baladins* suivi de *Passion et vertu* |
| 5235. | Carlos Fuentes | *En bonne compagnie* suivi de *La chatte de ma mère* |
| 5236. | Ernest Hemingway | *Une drôle de traversée* |
| 5237. | Alona Kimhi | *Journal de Berlin* |
| 5238. | Lucrèce | *« L'esprit et l'âme se tiennent étroitement unis »* |
| 5239. | Kenzaburô Ôé | *Seventeen* |
| 5240. | P.G. Wodehouse | *Une partie mixte à trois et autres nouvelles du green* |
| 5241. | Melvin Burgess | *Lady* |
| 5242. | Anne Cherian | *Une bonne épouse indienne* |
| 5244. | Nicolas Fargues | *Le roman de l'été* |
| 5245. | Olivier Germain-Thomas | *La tentation des Indes* |
| 5246. | Joseph Kessel | *Hong-Kong et Macao* |
| 5247. | Albert Memmi | *La libération du Juif* |
| 5248. | Dan O'Brien | *Rites d'automne* |
| 5249. | Redmond O'Hanlon | *Atlantique Nord* |
| 5250. | Arto Paasilinna | *Sang chaud, nerfs d'acier* |
| 5251. | Pierre Péju | *La Diagonale du vide* |
| 5252. | Philip Roth | *Exit le fantôme* |
| 5253. | Hunter S. Thompson | *Hell's Angels* |
| 5254. | Raymond Queneau | *Connaissez-vous Paris ?* |
| 5255. | Antoni Casas Ros | *Enigma* |
| 5256. | Louis-Ferdinand Céline | *Lettres à la N.R.F.* |
| 5257. | Marlena de Blasi | *Mille jours à Venise* |
| 5258. | Éric Fottorino | *Je pars demain* |
| 5259. | Ernest Hemingway | *Îles à la dérive* |

| | | |
|---|---|---|
| 5260. | Gilles Leroy | *Zola Jackson* |
| 5261. | Amos Oz | *La boîte noire* |
| 5262. | Pascal Quignard | *La barque silencieuse (Dernier royaume, VI)* |
| 5263. | Salman Rushdie | *Est, Ouest* |
| 5264. | Alix de Saint-André | *En avant, route!* |
| 5265. | Gilbert Sinoué | *Le dernier pharaon* |
| 5266. | Tom Wolfe | *Sam et Charlie vont en bateau* |
| 5267. | Tracy Chevalier | *Prodigieuses créatures* |
| 5268. | Yasushi Inoué | *Kôsaku* |
| 5269. | Théophile Gautier | *Histoire du Romantisme* |
| 5270. | Pierre Charras | *Le requiem de Franz* |
| 5271. | Serge Mestre | *La Lumière et l'Oubli* |
| 5272. | Emmanuelle Pagano | *L'absence d'oiseaux d'eau* |
| 5273. | Lucien Suel | *La patience de Mauricette* |
| 5274. | Jean-Noël Pancrazi | *Montecristi* |
| 5275. | Mohammed Aïssaoui | *L'affaire de l'esclave Furcy* |
| 5276. | Thomas Bernhard | *Mes prix littéraires* |
| 5277. | Arnaud Cathrine | *Le journal intime de Benjamin Lorca* |
| 5278. | Herman Melville | *Mardi* |
| 5279. | Catherine Cusset | *New York, journal d'un cycle* |
| 5280. | Didier Daeninckx | *Galadio* |
| 5281. | Valentine Goby | *Des corps en silence* |
| 5282. | Sempé-Goscinny | *La rentrée du Petit Nicolas* |
| 5283. | Jens Christian Grøndahl | *Silence en octobre* |
| 5284. | Alain Jaubert | *D'Alice à Frankenstein (Lumière de l'image, 2)* |
| 5285. | Jean Molla | *Sobibor* |
| 5286. | Irène Némirovsky | *Le malentendu* |
| 5287. | Chuck Palahniuk | *Pygmy (à paraître)* |
| 5288. | J.-B. Pontalis | *En marge des nuits* |
| 5289. | Jean-Christophe Rufin | *Katiba* |
| 5290. | Jean-Jacques Bernard | *Petit éloge du cinéma d'aujourd'hui* |
| 5291. | Jean-Michel Delacomptée | *Petit éloge des amoureux du silence* |

| | | |
|---|---|---|
| 5292. | Mathieu Terence | *Petit éloge de la joie* |
| 5293. | Vincent Wackenheim | *Petit éloge de la première fois* |
| 5294. | Richard Bausch | *Téléphone rose* et autres nouvelles |
| 5295. | Collectif | *Ne nous fâchons pas! Ou L'art de se disputer au théâtre* |
| 5296. | Collectif | *Fiasco! Des écrivains en scène* |
| 5297. | Miguel de Unamuno | *Des yeux pour voir* |
| 5298. | Jules Verne | *Une fantaisie du docteur Ox* |
| 5299. | Robert Charles Wilson | *YFL-500* |
| 5300. | Nelly Alard | *Le crieur de nuit* |
| 5301. | Alan Bennett | *La mise à nu des époux Ransome* |
| 5302. | Erri De Luca | *Acide, Arc-en-ciel* |
| 5303. | Philippe Djian | *Incidences* |
| 5304. | Annie Ernaux | *L'écriture comme un couteau* |
| 5305. | Élisabeth Filhol | *La Centrale* |
| 5306. | Tristan Garcia | *Mémoires de la Jungle* |
| 5307. | Kazuo Ishiguro | *Nocturnes. Cinq nouvelles de musique au crépuscule* |
| 5308. | Camille Laurens | *Romance nerveuse* |
| 5309. | Michèle Lesbre | *Nina par hasard* |
| 5310. | Claudio Magris | *Une autre mer* |
| 5311. | Amos Oz | *Scènes de vie villageoise* |
| 5312. | Louis-Bernard Robitaille | *Ces impossibles Français* |
| 5313. | Collectif | *Dans les archives secrètes de la police* |
| 5314. | Alexandre Dumas | *Gabriel Lambert* |
| 5315. | Pierre Bergé | *Lettres à Yves* |
| 5316. | Régis Debray | *Dégagements* |
| 5317. | Hans Magnus Enzensberger | *Hammerstein ou l'intransigeance* |
| 5318. | Éric Fottorino | *Questions à mon père* |
| 5319. | Jérôme Garcin | *L'écuyer mirobolant* |
| 5320. | Pascale Gautier | *Les vieilles* |
| 5321. | Catherine Guillebaud | *Dernière caresse* |
| 5322. | Adam Haslett | *L'intrusion* |

| | | |
|---|---|---|
| 5323. | Milan Kundera | *Une rencontre* |
| 5324. | Salman Rushdie | *La honte* |
| 5325. | Jean-Jacques Schuhl | *Entrée des fantômes* |
| 5326. | Antonio Tabucchi | *Nocturne indien* (à paraître) |
| 5327. | Patrick Modiano | *L'horizon* |
| 5328. | Ann Radcliffe | *Les Mystères de la forêt* |
| 5329. | Joann Sfar | *Le Petit Prince* |
| 5330. | Rabaté | *Les petits ruisseaux* |
| 5331. | Pénélope Bagieu | *Cadavre exquis* |
| 5332. | Thomas Buergenthal | *L'enfant de la chance* |
| 5333. | Kettly Mars | *Saisons sauvages* |
| 5334. | Montesquieu | *Histoire véritable et autres fictions* |
| 5335. | Chochana Boukhobza | *Le Troisième Jour* |
| 5336. | Jean-Baptiste Del Amo | *Le sel* |
| 5337. | Bernard du Boucheron | *Salaam la France* |
| 5338. | F. Scott Fitzgerald | *Gatsby le magnifique* |
| 5339. | Maylis de Kerangal | *Naissance d'un pont* |
| 5340. | Nathalie Kuperman | *Nous étions des êtres vivants* |
| 5341. | Herta Müller | *La bascule du souffle* |
| 5342. | Salman Rushdie | *Luka et le Feu de la Vie* |
| 5343. | Salman Rushdie | *Les versets sataniques* |
| 5344. | Philippe Sollers | *Discours Parfait* |
| 5345. | François Sureau | *Inigo* |
| 5346 | Antonio Tabucchi | *Une malle pleine de gens* |
| 5347. | Honoré de Balzac | *Philosophie de la vie conjugale* |
| 5348. | De Quincey | *Le bras de la vengeance* |
| 5349. | Charles Dickens | *L'Embranchement de Mugby* |
| 5350. | Epictète | *De l'attitude à prendre envers les tyrans* |
| 5351. | Marcus Malte | *Mon frère est parti ce matin...* |
| 5352. | Vladimir Nabokov | *Natacha et autres nouvelles* |
| 5353. | Conan Doyle | *Un scandale en Bohême* suivi de *Silver Blaze. Deux aventures de Sherlock Holmes* |
| 5354. | Jean Rouaud | *Préhistoires* |
| 5355. | Mario Soldati | *Le père des orphelins* |
| 5356. | Oscar Wilde | *Maximes et autres textes* |

| | | |
|---|---|---|
| 5357. | Hoffmann | *Contes nocturnes* |
| 5358. | Vassilis Alexakis | *Le premier mot* |
| 5359. | Ingrid Betancourt | *Même le silence a une fin* |
| 5360. | Robert Bobert | *On ne peut plus dormir tranquille quand on a une fois ouvert les yeux* |
| 5361. | Driss Chraïbi | *L'âne* |
| 5362. | Erri De Luca | *Le jour avant le bonheur* |
| 5363. | Erri De Luca | *Première heure* |
| 5364. | Philippe Forest | *Le siècle des nuages* |
| 5365. | Éric Fottorino | *Cœur d'Afrique* |
| 5366. | Kenzaburô Ôé | *Notes de Hiroshima* |
| 5367. | Per Petterson | *Maudit soit le fleuve du temps* |
| 5368. | Junichirô Tanizaki | *Histoire secrète du sire de Musashi* |
| 5369. | André Gide | *Journal. Une anthologie (1899-1949)* |
| 5370. | Collectif | *Journaux intimes. De Madame de Staël à Pierre Loti* |
| 5371. | Charlotte Brontë | *Jane Eyre* |
| 5372. | Héctor Abad | *L'oubli que nous serons* |
| 5373. | Didier Daeninckx | *Rue des Degrés* |
| 5374. | Hélène Grémillon | *Le confident* |
| 5375. | Erik Fosnes Hansen | *Cantique pour la fin du voyage* |
| 5376. | Fabienne Jacob | *Corps* |
| 5377. | Patrick Lapeyre | *La vie est brève et le désir sans fin* |
| 5378. | Alain Mabanckou | *Demain j'aurai vingt ans* |
| 5379. | Margueritte Duras François Mitterrand | *Le bureau de poste de la rue Dupin* et autres entretiens |
| 5380. | Kate O'Riordan | *Un autre amour* |
| 5381. | Jonathan Coe | *La vie très privée de Mr Sim* |
| 5382. | Scholastique Mukasonga | *La femme aux pieds nus* |
| 5383. | Voltaire | *Candide ou l'Optimisme. Illustré par Quentin Blake* |
| 5384. | Benoît Duteurtre | *Le retour du Général* |

| | | |
|---|---|---|
| 5385. | Virginia Woolf | *Les Vagues* |
| 5386. | Nik Cohn | *Rituels tribaux du samedi soir et autres histoires américaines* |
| 5387. | Marc Dugain | *L'insomnie des étoiles* |
| 5388. | Jack Kerouac | *Sur la route. Le rouleau original* |
| 5389. | Jack Kerouac | *Visions de Gérard* |
| 5390. | Antonia Kerr | *Des fleurs pour Zoë* |
| 5391. | Nicolaï Lilin | *Urkas! Itinéraire d'un parfait bandit sibérien* |
| 5392. | Joyce Carol Oates | *Zarbie les Yeux Verts* |
| 5393. | Raymond Queneau | *Exercices de style* |
| 5394. | Michel Quint | *Avec des mains cruelles* |
| 5395. | Philip Roth | *Indignation* |
| 5396. | Sempé-Goscinny | *Les surprises du Petit Nicolas. Histoires inédites-5* |
| 5397. | Michel Tournier | *Voyages et paysages* |
| 5398. | Dominique Zehrfuss | *Peau de caniche* |
| 5399. | Laurence Sterne | *La Vie et les Opinions de Tristram Shandy, Gentleman* |
| 5400. | André Malraux | *Écrits farfelus* |
| 5401. | Jacques Abeille | *Les jardins statuaires* |
| 5402. | Antoine Bello | *Enquête sur la disparition d'Émilie Brunet* |
| 5403. | Philippe Delerm | *Le trottoir au soleil* |
| 5404. | Olivier Marchal | *Rousseau, la comédie des masques* |
| 5405. | Paul Morand | *Londres* suivi de *Le nouveau Londres* |
| 5406. | Katherine Mosby | *Sanctuaires ardents* |
| 5407. | Marie Nimier | *Photo-Photo* |
| 5408. | Arto Paasilinna | *Le potager des malfaiteurs ayant échappé à la pendaison* |
| 5409. | Jean-Marie Rouart | *La guerre amoureuse* |
| 5410. | Paolo Rumiz | *Aux frontières de l'Europe* |
| 5411. | Colin Thubron | *En Sibérie* |
| 5412. | Alexis de Tocqueville | *Quinze jours dans le désert* |

| | |
|---|---|
| 5413. Thomas More | *L'Utopie* |
| 5414. Madame de Sévigné | *Lettres de l'année 1671* |
| 5415. Franz Bartelt | *Une sainte fille et autres nouvelles* |
| 5416. Mikhaïl Boulgakov | *Morphine* |
| 5417. Guillermo Cabrera Infante | *Coupable d'avoir dansé le cha-cha-cha* |
| 5418. Collectif | *Jouons avec les mots. Jeux littéraires* |
| 5419. Guy de Maupassant | *Contes au fil de l'eau* |
| 5420. Thomas Hardy | *Les Intrus de la Maison Haute précédé d'un autre conte du Wessex* |
| 5421. Mohamed Kacimi | *La confession d'Abraham* |
| 5422. Orhan Pamuk | *Mon père et autres textes* |
| 5423. Jonathan Swift | *Modeste proposition et autres textes* |
| 5424. Sylvain Tesson | *L'éternel retour* |
| 5425. David Foenkinos | *Nos séparations* |
| 5426. François Cavanna | *Lune de miel* |
| 5427. Philippe Djian | *Lorsque Lou* |
| 5428. Hans Fallada | *Le buveur* |
| 5429. William Faulkner | *La ville* |
| 5430. Alain Finkielkraut (sous la direction de) | *L'interminable écriture de l'Extermination* |
| 5431. William Golding | *Sa majesté des mouches* |
| 5432. Jean Hatzfeld | *Où en est la nuit* |
| 5433. Gavino Ledda | *Padre Padrone. L'éducation d'un berger Sarde* |
| 5434. Andrea Levy | *Une si longue histoire* |
| 5435. Marco Mancassola | *La vie sexuelle des super-héros* |
| 5436. Saskia Noort | *D'excellents voisins* |
| 5437. Olivia Rosenthal | *Que font les rennes après Noël ?* |
| 5438. Patti Smith | *Just Kids* |

*Composition Bussière*
*Impression Maury-Imprimeur*
*45330 Malesherbes*
*le 10 octobre 2012.*
*Dépôt légal : octobre 2012.*
*1$^{er}$ dépôt légal dans la collection : avril 2011.*
*Numéro d'imprimeur : 176675.*

ISBN 978-2-07-043980-5. / Imprimé en France.

249401